人文叢書
傳記類

外交生涯 縱橫談

——芮正皋回憶錄

芮正皋 著

三民書局

國家圖書館出版品預行編目資料

外交生涯縱橫談：芮正皋回憶錄／芮正皋著.－－
　初版一刷.－－臺北市：三民，2013
　　面；　　公分

　ISBN 978－957－14－5848－9　（平裝）
　1. 芮正皋 2. 外交人員 3. 回憶錄

783.3886　　　　　　　　　　　　　　102017863

© 外交生涯縱橫談
—— 芮正皋回憶錄

著 作 人	芮正皋
責任編輯	陳思顯
美術設計	蕭伊寂
發 行 人	劉振強
發 行 所	三民書局股份有限公司
	地址　臺北市復興北路386號
	電話　(02)25006600
	郵撥帳號　0009998-5
門 市 部	(復北店)臺北市復興北路386號
	(重南店)臺北市重慶南路一段61號
出版日期	初版一刷　2013年9月
編　　號	S 782520

行政院新聞局登記證局版臺業字第○二○○號

有著作權·不准侵害

ISBN　978-957-14-5848-9　（平裝）

謹以至誠將此書獻給我的母親芮方氏

序

　　我國外交界前輩芮正皋大使於退休後籌組卸任使節聯誼會每季聚餐一次，我自公職退休後，每次參加餐敘，常向先進使節建議利用退休閒暇時間將以往在工作崗位上捍衛國家權益的經驗，撰寫成書，一方面為史家提供官文書以外的一手資料，另方面亦可供新進同仁參考借鏡。數年來，已有數位同仁響應。

　　正皋兄於七、八年前移居澳大利亞雪梨市，由於擺脫在國內時講學撰文的沉重壓力，乃開始撰寫回憶錄。最近半年來承正皋兄虛懷若谷、匡正後進的精神，每草成一節都經由電郵交下供我拜讀。我素悉正皋兄法語造詣精深，在外交部深受同仁推崇；他退休後又常為英文《中國郵報》撰寫社論，然而過去很少看到他的中文作品。讀了若干章節後才瞭解正皋兄國學造詣深厚，詩詞歌賦無所不曉。每次由電郵中收到他的中文新著，我都渴望立即能閱讀完畢；而每讀完一節我都感到自己又學到一些新知，並且盼望能很快地獲得下一節。

　　一般認為從事外交工作的朋友大概都是理性重於感性；但是正皋兄確是一位感情豐富的卓越外交官。正皋兄在第三章「對非工作」有一節講述「水利技師冤死，法國醫師遣返」，文中充分表現他的正義感以及捍衛國家利益勇往直前的工作精神，這是外交人員最重要的態度，這篇文字應為外交後進提供最佳教材。

　　正皋兄是一位極度自抑的人，上世紀九〇年代時，他已退休，我曾多次請他前往紐約為「聯合國工作小組」同仁擔任顧問，每次大概二～三月。他每次單人獨騎帶了一個手提電腦（那時正皋兄已退休且

已年逾七旬）去和很多友邦或無邦交國家的重要官員會晤，經常一談二～三小時，每週最少有十次約會，可以說是十分辛苦的。他基於對國家的「忠」和對朋友的「信」，全力以赴，從無一句怨言。當時經費拮据，他住的旅館相當簡陋，出差費也不敷使用，他卻甘之如飴。每次出差回來很快送了一疊的談話要點和他非常敏銳（penetrating）的觀察，我要很長時間才能讀完，我請教他怎麼能有如此詳盡的記錄，他拍拍手提電腦告訴我，這全是依賴它。那時我還是「電腦文盲」，心中十分佩服，嘴裡卻不知該說什麼。這些貢獻由於他的自抑都沒有寫下來，我覺得有補充的必要。由以上的敘述我們可以肯定正皋兄的工作精神是「忠、信、勤、廉」，他真是外交界的楷模典範。

錢　復

前外交部長、前監察院長

前　言

芮大使——職業外交官的典範

　　芮正皋大使今年高壽九十五歲，是中華民國外交界的前輩先進。1951 年，他在法國榮獲巴黎大學的法學博士學位，當時的外交部政務次長沈昌煥先生愛才，延攬他進入外交部歐洲司擔任專員，那時我還沒進臺灣大學念書；1968 年，他出任駐象牙海岸大使，我才留美返國，經當時擔任外交部北美司科長的錢復先生甄試及格，到北美司擔任專員。論職位、論資歷、論年齒，都不可能有機緣與芮大使相識。

　　人生如夢，緣分來了，就會相遇相識。1971 年 3 月，魏道明部長派我到紐約中華民國常駐聯合國代表團擔任三等祕書。大約是那年 8、9 月間，各地支援我代表團工作的駐外使節紛紛前來紐約報到。碰巧我被長官指派前往機場迎接駐象牙海岸的芮正皋大使進城。一見面，挺拔的芮大使就告訴我一個好消息。他說象國總統伍弗布尼已經當面向他作出承諾，全力支持我國在聯合國的代表權，並已指示其駐聯合國常任代表，完全依照中華民國代表團的動向投票。我當場就直說，大使恐怕又得立刻回象國一趟了！他問我何故？我說，據我瞭解，美方對我方不能公開支持美案的立場表示諒解，但希望我方不要反對我國盟友投票支持美政府所提能顧全臺海兩岸政府的折衷方案「雙重代表權案」，亦即「一國兩席案」，意即中華人民共和國政府入會取得安理會及聯大的席位，而中華民國政府則維持其在聯大的席位。

　　果然不出所料，芮大使第二天會見我駐聯合國常任代表劉鍇大使

後，又匆匆飛回象京阿比尚去遊說伍弗布尼總統支持美案去了。儘管芮大使順利完成了他的使命，但世界大勢所趨，美國也已無能為力。最後，美國所提「雙重代表權案」未及表決，排除我方的「阿爾巴尼亞案」就先通過了。事實上，蔣中正總統深知中共早已公開宣示，絕不接受任何「兩個中國」、「一中一臺」的安排，縱令大會通過美國維護我在聯大席位的折衷案，中共也絕不會派代表與會。事後證明，蔣總統不願「自取其辱」的決策是正確的。

這次偶然的機會，讓我領略到芮大使高明的外交手腕，令人欽佩。

芮大使從 1968 年升任駐象牙海岸大使，與伍弗布尼總統建立了良好與密切的關係，直至我被迫退出聯合國十二年後的 1983 年，中共在國際上的影響力大增，象國始成為非洲大國中少數最後承認中共的國家之一。在艱困的外交處境中，芮大使孤軍奮鬥前後十五年，誠屬不易。芮大使是我國外交史上在單一國家任職最久的大使，使他與「非洲先生」楊西崑、資深大使丁懋時並稱為「非洲三劍客」。

與芮大使相識近四十年，亦友亦師，承他不棄，時時不忘指點、鼓勵。記得 1990 年春，我奉派出任駐英國代表。經二年多的努力，促成了剛卸任英國首相不久的柴契爾夫人於 1992 年 8 月底訪臺，她示意要我陪伴她來訪，未能如願，乃在訪問期間的一次盛大餐會中公開讚揚我對促進臺灣與英國雙邊關係所作的貢獻，芮大使在場抓住答問的機會，敦促柴夫人從旁協助我提升雙方關係，獲得柴氏正面回應，見諸行動，可見芮大使時時不忘對老友伸出援手，令人感動。

近十年來，芮大使因臺灣氣候潮濕、老來體質不能適應，遂移居氣候宜人的澳大利亞雪梨，全心全力「投資健康，投資知識」，每天除了健身就是上網搜尋新知，透過網路與友人聯絡，無時或閒。更難得的是，芮大使壽登耄耋，仍然利用時間，一字一句地在電腦鍵盤上打

錄下他光輝燦爛的人生閱歷，介紹他認識的名人好友，尤其不忘當代知識分子的責任，關心兩岸的關係與復合，希望早日洗雪甲午戰爭的國恥，消弭相互殘殺的內鬥。

認識芮大使的人都知道他是一位能文能武，多才多藝，與人為善，熱愛國家的傑出外交官。在我的心目中，他是職業外交官的典範。

戴瑞明

前駐教廷大使

自　序

　　自從初生撰寫《回憶錄》之心至今，晃眼之間，又是數度寒暑過去了。如今，忽然發覺全書已經大體成形，再略經增刪後便可付梓了，不禁喜從中來：以我這樣一個九十餘歲的垂垂老人，在數年之內主要依靠自己的體力和腦力，完成三十餘萬字的此書，實在不免興起自豪和「自得」之感。然而，靜下心來仔細想想，卻又感到，若無諸多親友的熱情支持和鼎力相助，此書恐怕至今仍在「初稿」階段，距正式出版還遙遙無期。有鑒於此，便想借「自序」的方式，談談我撰寫此書的來龍去脈，並對幫助過我的諸位親友致以最誠摯的謝意。

　　我之決定撰寫這一《回憶錄》，可以說，有個「遠因」起了很大的推動作用，此即中華民國前外交部長、監察院院長錢復（君復）先生的影響與啟發。記得是在 2006 年，我從澳洲去臺北，到國泰慈善基金會董事長辦公室拜訪錢復先生時（他一年前剛卸任監察院院長），他送了我不久前出版的《錢復回憶錄》，卷一、卷二，厚厚的兩大冊。我欣喜拜謝，攜歸澳洲後，常置案頭，不僅將它作為充實生活的讀物，還往往用作為查閱資料的「參考工具書」。每當翻閱《錢復回憶錄》時，總禁不住暗暗欽佩：如他這樣公務繁忙的人物，居然還能擠出時間，親筆撰寫如此詳實，並頗具學術性的著述，實在難能可貴。而對照自己，我在當時卻連撰寫回憶錄的念頭都沒有，遑論執筆的實際行動了！不過，錢復先生的贈書之舉，卻猶如在我的心田播下了一顆種子，漸漸地發育、萌芽和苞殖，竟至成為我不久後決定撰寫這一《回憶錄》的重要促成因素。

　　自思我這一生的經歷，雖然談不上「傳奇」，卻也是夠「複雜」
的。就個人的婚姻和家庭情況而言，如我在本書最末一章〈結語〉後
的〈書外餘言〉中所述，在 1947 年前赴法國公費留學前，就已與潘詠
馥女士結婚，並生有三個子女（當時，次子尚在母腹）。但是，此後由
於國內環境的翻天覆地變化，我為了謀職和生存，經友人規勸，決定
前赴臺灣，從而與大陸勢同陰陽兩界，無法往來，遂在臺灣又和劉嶼
梅女士組成了另一個家庭，並育有三子。

　　此外，我這一生遭遇到的國際大環境和政治大形勢，卻也真稱得
上「翻天覆地」和「紛雜多變」，在某些方面至今猶然：我年輕時正值
二次大戰爆發，上海又是各方勢力爭奪的焦點，令人終日憂心忡忡。
我剛赴法國留學，志在學成報國之時，卻又逢故鄉的政權更迭，並且
國、共竟成了不共戴天的仇家。因我迫於生計，謀職於臺灣，則竟又
從此難返故鄉，見不得爹娘和妻小，成了中國大陸的「陌路人」。至於
我在臺灣的外交職業，更令我處於國際政治鬥爭的漩渦之中，進退皆
難，只有順勢而作某些努力。晚年靜思，這樣的「公」、「私」經歷，
其實也確實不是任何人都會輕易遭遇的，我「有幸」而得此際遇，雖
有種種「不如意」事，卻也不乏「不平凡」事；這些事情，於我可能
因習以為常而視若無睹了，但於人，特別是年輕人乃至後世人，卻可
能從中汲取某些知識和啟發，倒也不無教益和價值。一念及此，我便
禁不住「自我激勵」、「熱血沸騰」起來了（這是我的優點，也是缺點；
無論如何，總是我的特點吧），於是傾向於《回憶錄》的實際操作。

　　當然，我撰寫這本《回憶錄》，也還有一個「實用主義」的目的在
內。人們常說，「生命在於運動」；不少老人便循此教誨，每天花費相
當的時間作些體育鍛鍊。而我則認為，一般人對於此語的認識，恐怕
有失偏頗，蓋因「運動」二字應該不僅包括體育運動，還當包括腦力

活動，所謂「腦力激盪」；對於老人而言，恐怕後者更為重要。有鑒於此，我正好借這撰書的機會來鍛煉鍛煉自己的腦力，從而延長自己的生命力。這既可解老年人的「寂寞」，又可多留些「成果」給後人，豈非一舉兩得？利用電腦錄入和修改文字、查找資料、與人通信，以及將語音轉變為文字等等的「高科技」（對我而言確是「高科技」）的學習和使用過程，令我的身、心都獲得了莫大的享受。這確是始所未料的，可以稱得上是我撰寫此書的「副產品」吧。不管怎樣，這一「實用主義」想法，既成了撰寫本書的動力之一，也已經證實為十分有效，在此說出來，也頗有與讀者們「共用」的意思在內。

本書最終得以在臺灣付梓，也基於另外一個因素，則是北京東方出版社的許劍秋社長的鼓勵了。2009 年 2 月間，人民出版社屬下的東方音像電子出版社社長許劍秋前來澳洲雪梨考察，因我的好友錢俊的介紹而使我有緣識荊，承許社長厚意，於某日光臨我家，言談甚洽。許社長竭力鼓勵我撰寫《回憶錄》，並承諾他將盡力協助此書出版。許先生的熱情支持和誠懇態度令我十分感動，於是加強了我撰寫《回憶錄》的決心。

可是，世事變幻無常。由於非為許社長的職權所能控制的種種因素，我的書稿在大陸有關單位歷時兩年多的「審批」過程中，仍在原地踏步，毫無進展。

幸而，峰迴路轉，出現了陸游〈遊山西村〉「山重水複疑無路，柳暗花明又一村」的境界。這由於我的貴人錢復先生的及時建議與熱心協助，及他與三民書局多年的交誼，最後還是由他從中促成了我與三民書局簽訂出版合約。

回想七、八年前錢復先生贈我他所著《回憶錄》（「播下種子」），其中經過一段「難產期」（北京「審批」），最後還是由他扮演了「產生

婆」的角色，才使拙作在臺灣出版，其中過程迂迴曲折，無意中實踐了《大學》所揭櫫的「物有本末，事有終始」的「大道」，豈不妙哉。

更為巧合的是，我在淡江大學歐洲研究所任教時所著《法國憲法與「雙頭政治」》、我內兄劉渭平教授所著《小藜光閣隨筆》，以及稍後北京大學法學院先兄芮沐教授遺著《民法法律行為理論之全部》(透過其得意弟子李楨的遺孀許婉清女士之安排)，這些著作在表面上毫無關連各自個別運作的情況下，分別和三民書局結了「緣」，由三民書局出版或總經銷，前後歷時數十年。如今我又步它們的後塵，添加了這本《外交生涯縱橫談》的拙作加入了三民的陣容，使先前的「個別結緣」現象，形成目前的「環環相扣」「一氣呵成」的氣勢。若稱之謂「文壇佳話」應不為過吧。

我的《回憶錄》寫作一旦進入「實際操作」階段，諸多具體事務便紛至沓來，而對於我這個年逾九十的老人來說，有些事情更是窮於應付，乃至一籌莫展了。幸得同在雪梨的華裔「忘年交」一位好朋友錢俊先生古道熱腸，自始至終熱情相助。不僅為我解決資料整理、照片翻攝、光碟刻錄等等繁瑣雜事，更為我多方設法，牽線搭橋，往返聯繫，雖然最終未能在北京由「東方」出版，但錢俊君為本書在臺灣出版的過程中也曾階段性地付出了許多心血和勞力。因此，我不能「過河拆橋」，在此仍須向他鄭重致謝。他是謙謙君子，從不以助人之舉為「資本」，這令我更生謝意和歉意。同時，我對東方出版社的許劍秋先生的鼓勵與熱忱也並未忘懷，始終感銘，因為他已經在他職權範圍內盡了最大的努力；他和眾人一樣，一時也無法改變當前大環境下存在的若干「自我羈絆」措施。

上文已經提及，我之所以決定撰寫本書，原因之一即是向世人談談我這不算「傳奇」卻頗不平凡的一生際遇，其中包括對自己的婚姻

和家庭情況作出交待和懺悔。不料，在撰寫本書的過程中，卻使我暮年的生活中又增添了令我欣喜、甚至喜出望外的動人色彩。

事情是這樣的：當我與中國大陸上的一女、二子（當時妻子已經去世）恢復聯繫後不久（具體過程見〈書外餘言〉），我向當時在上海社會科學院歷史研究所擔任副所長和研究員的次子芮傳明試著提出了自己撰寫《回憶錄》的設想。出乎意料的是，他不但沒有因為過去六十年來的不愉快回憶以及對我的幾乎完全不瞭解而否定我的想法，反而表達了熱情的支持，並且很快地提出了若干建設性建議和列出了初步的寫作提綱；在日後的進程中，還經常建議我增刪什麼內容，或者提醒我注意什麼要點。直至書稿基本成形，他又主動表示，鑒於我年邁體衰，腦力和體力都難以勝任繁重的工作，故願意代替我通校全稿，保證品質。

這令我大感輕鬆，乃至「興奮異常」，「感慨萬千」！這不僅是因為他幫我大大減輕了我用於書稿的工作量，更因為我深深體會到，以我們這對六十餘年未見面，且長期「各為其主」的父子而論，最終竟能如此默契地配合，合作完成這本《回憶錄》，恐怕多數世人都會用「父子天性」、「世紀奇蹟」等來理解和命名了。但是，我知道，主要的原因恐怕還在於他敦厚的天性和寬廣的胸懷，他當是抱著充分理解和寬容的心態來對待和處理這「一甲子隔閡」和我本人晚年一個「心靈寄託」。每念及此，我便認為本書的價值不僅在於其內容為世人提供了某些知識與經驗，更在於其撰寫過程展示和加強了我們父子之間的親情以及我兒子的善良心靈。這是彌足珍貴的，也是我極其為之自豪的。因此，這段「佳話」也就值得在此一提。

有關本書的內容，在此有一點小小的說明：本書原設有第六章〈人物雜憶〉，其中列有葉公超、胡宗南、李模、芮沐、錢復、徐煥廷、李

登輝等各篇。但以全書篇幅過多（31 萬字），復以性質與本書較為不類，隨徇編輯部門的善意建議，把第六章「割愛」刪去，全書字數也削減為少於 20 萬字（第六章內容將於日後另出專書）。此一不得已的措施，雖然目前不無缺憾，但若因追求「二者兼得」而導致「二者皆失」，則將是更大的損失和遺憾。謹在此陳明，並向未列的諸君或其家屬致歉，請求諒解。

最後，對於本書的成功面世，除上文提到的錢復先生對我厚愛、自始至終全程鼓勵和支持，又為本書撰寫了〈序〉，並且審閱各篇，指出不少錯誤之處，功不可沒；戴瑞明先生也在百忙中撰寫了〈前言〉，再度表達我的感激之忱。最後，我特別感謝卓訓鵬先生對於我電腦操作方面的熱心指導、編排打字、電腦修理等寶貴的協助，如此等等。我謹在此一併致深刻的謝意。

數千年來逐步形成的中華民族，既有悠久的歷史和燦爛的文化傳統，也不乏苦難的歲月和曲折的遭遇。古諺「多難興邦」，非指為了「興邦」而樂於「多難」，而顯然是指當「多難」客觀地降臨於民族時，往往反而能激發國人發憤圖強，積極改革，闖出一片新天地。我想，此語於我國、我個人，都不無啟示。我在《回憶錄》中所涉及的，固然只是中華民族「多難」時期的某些人和事，但是，人物所展現的良好品格和事件揭示的深層思考，卻完全可能為日後中華民族的進步作出若干貢獻。這正是我所期望的。此外，我以此書描述了我將近一生的「公事」和「私事」，旨在向世人有個交待，向家人也有個交待；凡是正確的，我堅持，凡是錯誤的，我懺悔。希望親友們能對我有更深的瞭解、理解和諒解；希望借著此書的面世，我能為時代和我個人有意無意導致的「多難」家庭聊作補償，至少，讓殘缺的「親情」能有進一步的彌補與「滋潤」。我指望著「奇蹟」的發生。實所馨禱！

外交生涯縱橫談
——芮正皋回憶錄

第一章

初出茅盧　赴法求學

就讀震旦

上海震旦大學由天主教耶穌會主辦，以法文為基礎。另一所天主教大學則以英文為主，即天津的輔仁大學。值得一提的是，復旦大學是從震旦大學分離出去的。1905 年，震旦大學的校董馬相伯認為天主教神父的管理過於嚴格，便建議改革，卻遭神父反對。一怒之下，馬相伯就脫離震旦，另外創立一所大學，取名「復旦」，即是「復興震旦」之意。但實際上此名之義可有數種解釋：既可謂復興震旦大學，亦可謂復興中華（「震旦」乃中國古名），又可借《尚書》「日月光華，旦復旦兮」之語而取「自強不息」之義。相對來說，復旦比較開通，也教授英文；震旦大學專注於法文，而法文畢竟用得比較少。震旦大學位於上海呂班路，復旦大學位於邯鄲路。

家兄芮沐（排行第三）也曾就讀於震旦大學的文學院，並加修了法文特別班 (cours spécial)，即法語專修精通的意思，這在當時殊為不易。三哥是多斯汀 (Tostin) 神父的門生，甚得其師青睞，而他也十分尊敬和崇拜老師，二人非常投契。芮沐在震旦大學特別班畢業後就出國留學，先後獲得了巴黎大學的法學碩士學位、德國法蘭克福大學的博士學位。當時，我們的家境尚算小康，所以還承擔得起三哥芮沐和四哥芮德先自費留學法、德的費用。

我在震旦大學法學院上學的時候，正值抗日戰爭時期，日本人佔領了上海。當時，有些同學投筆從戎，放下筆桿到大後方去參軍抗戰。我當時的想法是以完成學業為先，認為完成學業後再報國也不遲。因此，繼續留在上海讀書。雖然當時的上海已經被日本人佔領，但是震

且大學處在法租界內，而租界享有所謂的「治外法權」，算是外國地區，因此還算平靜，使得我能夠安心完成學業。

學校在頒發正式畢業文憑前，出具了一個證明書，寫著：「芮器先（是為我上學時用的名字）於民國三十二年六月在本校法學院法律系學習，修學期滿，以最優等的成績列十五位畢業生中的第四名」。取得這樣的成績，完全是靠用功得來的。震旦大學的教學體制是法國式的，不僅有筆試，還要經常參加口試。當時，幾乎每個禮拜六都有口試，其教育制度非常重視訓練學生的口試能力。

1943 年，我大學畢業，當時難以找到正式職業，故只在上海做一些零碎的工作，當過楊樹浦一所天主教會辦的小學老師，後來升任該校副校長。

1945 年日本投降後，從重慶來了很多「接收大員」，負責接手日本人遺留下來的器材、軍隊、設備、機構等。當時，我很想出去走走，想到國外繼續深造。可是經歷了八年抗戰，國民政府的財政狀況已經非常拮据。政府發行了金圓券，所有的財產大為貶值。當時的紙幣到了論斤流通的地步，往往要拿一捆捆重量達「斤」的紙幣去購物。因此，當時需要負擔眾多成員生活的大家庭，根本無力提供我像對三哥四哥一樣的自費出國深造的能力了。

然而，當時國民政府教育部舉行了一個全國性的公費留學考試。這為我提供了一個很好的機會，假如考試能夠過關，我就毋需自己掏錢，便可出國留學了。所以，我報名參加了這一公費留學考試，並積極準備。為了把握這次難得的機會，我對科目、時間作了詳細的規劃，認真的態度可謂廢寢忘食，隨身攜帶複習資料，連上廁所都不空閒。當時，全國報考的人數不下 10000 名，而我卻有幸成為最後錄取的145 人之一，而 145 人中我又是唯一的「中法交換生」。所謂「中法交

換生」，即是中、法兩國政府間互派留學生的特別協定。法方派遣的學生由中華民國政府負擔其學費和住宿費，而我國派去法國的留學生則由法國外交部提供生活費。

赴法之旅

　　1947 年 7 月，我搭船離開上海，到法國去求學。那時並無客運飛機，只能搭乘海輪離開上海，這是一艘二次大戰期間運送軍隊的號為「海貓」(Marine Lynx) 的運輸艦。當時，我的妻子潘詠馥懷孕八個月在身，且還有長女芮英和長子芮傳中需要照顧，故無法親赴碼頭送行。所以，只有三哥芮沐到碼頭送別。此時，我確實打算留學兩三年後再回國效力，孰料不久後世事突變，使我完全失去了再回上海的可能性。

　　與我同行者都是到歐洲的留學生，分別赴英國、法國、瑞士、義大利等地。其中有兩位是三哥芮沐的得意門生，一位是湯絢章，去英國；另一位是崔道錄，去義大利。

　　在海上劈波斬浪，經歷了一個多月，中途只在埃及的塞得港稍作停留，為船加油。埃及碼頭別有一番風光，有小孩子在船旁潛水，遊客丟下錢幣，小孩則潛入水中撿起來，當然，錢幣就歸他了。這也是「各得其所」之舉：遊客欣賞了潛水表演，孩子們則用自己的能力換到了報酬。記得當時我買了一頂埃及典型的帽子，戴在頭上作為留念。

　　之後，經蘇伊士運河到達地中海，最後抵達義大利南部的拿波里港。經過茫茫大海中一個多月的航行，我們終於重新看到了陸地，見到了岸上五顏六色的漂亮建築。當時，第二次世界大戰剛結束不久，歐洲相當蕭條，義大利也很窮。拿波里稍微有一點義大利風光，能夠聽到馬

路兩旁高樓裡傳出來的歌聲。雖然不是歌劇院裡的一流歌手，卻多是頗有水準的男高音，類似早期的名歌星男高音吉理 (Berniamino Gigli)，事實上，吉理就是在拿波里出生的。即使如後期的帕瓦羅蒂那樣的歌聲，也可以在拿波里城隨時隨地聽到。那種感覺就像進了音樂的殿堂。

當時，我們拿了一點兒美金到義大利的黑市兌換義大利幣（里拉），因為在銀行兌換，匯率就很低。留學生多很窮，都想多換點義大利錢，所以才到黑市去。我們一到那裡，義大利的孩子們便一擁而上。大家紛紛跟他們討價還價，換了一點兒零用錢，準備在義大利旅遊的時候使用。與我同船的一位同學，名叫何興，是自費留學生。當他摸出皮包、準備抽出美金的時候，義大利小孩竟把他手中的皮包奪走，迅速逃跑了。當事人愕然失措，而我則立即拼命去追。

我在徐匯中學和震旦大學上學期間曾踢過足球，包括小橡皮球、英式足球等都踢過，還曾代表震旦大學的校隊與暨南大學、聖方濟各大學、復旦大學、滬江大學打過比賽。我是校隊代表，踢中鋒和左右內鋒的位置，也練習百米賽跑，具有快跑基礎。義大利小鬼跑得很快，我就在後邊追，我的同學們也在後面跟了上來。那個小孩很機靈，他從皮包裡摸出幾張小票，把一塊、五塊的美金丟出來，讓我們撿，以便脫身。我就跟何興同學說，「你撿、我追」。所以他就一路撿，我就繼續追，最後終於把那個小孩抓住，把皮包奪了回來。當時，圍了一大群人，都是當地人，穿著不太整齊，用義大利語講著話。幸好我念的是法文，法文跟義大利文都屬拉丁語系，勉強可以用來溝通。我就用簡單的法文摻雜一點兒破碎的義大利文跟他們溝通。後來，員警也來了，不過員警來的時候已經沒什麼事了。可是，既然他來了，我們就得報告一遍，說這個孩子搶美金。他說：「美金是什麼樣子，給我看一看。」我就摸出一張十元的美金鈔票交給他看。他說：「很好，印得

很漂亮，給我作個紀念吧！」我們啼笑皆非，也無可奈何，就只能送給他作為「禮物」了。

拿波里街頭有很多觀光馬車，但是我們這些窮學生卻坐不起，於是都搖頭，擺手拒絕了。他們追上來，馬都快要撞到我們了，我們趕快跳上人行道才躲了過去。所以我當時對義大利的印象不太好，覺得他們舉止粗魯，有些窮兇極惡。

之後，我們搭乘火車，每到一站，就下來遊覽一番。離開拿波里以後，先到了佛羅倫斯。這是一個藝術之都，我們欣賞了世界著名的藝術家米開朗基羅的雕刻，參觀了很多博物館。記得，在一個大廣場上，有一群鴿子飛下來，跟人群好像朋友一樣，給我留下了深刻的印象。

離開佛羅倫斯之後，經過一兩天的車程，到了義大利的首都羅馬。當時，中華民國駐羅馬的大使是于竣吉。于大使是天津人，長得較高，留著小鬍子，相當英俊。他很好客，對我們這一百多位留學生表示歡迎，請我們吃飯，還雇了幾輛大的遊覽車，請我們到著名的 Caracalla 溫泉露天歌劇院觀賞歌劇。當時上演的是凡爾第的《阿依達》(Aida)，舞臺上的馬和馬車都是真的。那個露天歌劇院是由近 2000 年前古羅馬皇帝 Caracalla 時代遺留下來的大溫泉浴場殘墟改建的，劇院的斷牆殘壁仍然古色古香。臺階層層疊疊，越往後越高，估計前後至少有四五十米寬。由於大使館也沒有太多經費，所以只能為我們購買最後幾排的低價票。我們坐在最後，看不清舞臺上的人和馬，但是演員的歌聲還是能夠清晰聽到的。當時正值夏天，約為西曆 9 月間，白天晴空萬里，晚上滿天星斗，萬籟俱寂。外面即使有車輛經過，也聽不到雜聲，感覺十分良好。不過，露天歌劇院只在夏季才開放。我在此講述這段經歷，其實是希望讀者日後若到義大利旅遊，假如時間恰在 8、9、10 月間，不妨去欣賞一下羅馬近郊的這個露天歌劇院，肯定會留

下不可磨滅的印象。後來，于大使還在大使館與大家一起合影留念。他並親筆題字，簽名，其毛筆字也寫得很好。他給每個人送一份簽名照片，寄到我們的通訊處。所以，我對于大使的印象非常深刻，覺得他真是一個很好的外交官。

羅馬之後，我們還參觀了在米蘭主教堂懸掛的著名畫家達芬奇(Leonardo da Vinci)在 15 世紀所繪的「最後的晚餐」寬 4 米餘長 8 米餘的巨大壁畫。本來想再訪問義大利的其他城市，由於時間關係，必須要趕緊前赴巴黎，故在瑞士僅稍作停留後，就直接到了巴黎里昂車站。巴黎有好幾個車站，如北車站、里昂車站等。里昂車站在南區，歐洲南方來的旅客大概都到里昂車站下車。同船的人有的在義大利下車了，有的轉道英國，有的轉道瑞士，所以到巴黎時就剩下三四個人了，其中，只有我一個人是公費生。我們一起在里昂車站下車，提著行李從火車上下來。正當我們打算叫計程車到大使館去時，來了幾位高大的行李搬運工。他們問我們到哪裡，我們稱說到靠近香榭麗舍地區的喬治五世大街。他們說：「這很方便，你們何必花錢坐計程車，我們送你上地鐵。你們自己記好，到哪一站下去。」因為我在震旦念的是法文，所以我就當了大家的翻譯，並把地名抄下來。那個地鐵站名叫阿拉馬馬蘇(Alma-Marceau)，與跨越塞納河的橋同名，靠近喬治五世大街口。沿河有一條公路，不遠處就是多年後英國王妃戴安娜車禍出事的地點。我們從地鐵站出來，走了幾步路就到了喬治五世大街(Avenue George V)，記得大使館是 11 號。這條街很寬，大使館對面有一家「瘋馬」(Crazy Horse)俱樂部，是巴黎很著名的夜總會，表演雜技、舞蹈等，似乎至今還在營業。

到大使館報到後，就轉赴旅館入住，再到法國的外交部報到登記。因為我是中法公費交換生，所以到法國外交部底下的文教處去領生活

費，住在他們臨時指定的地方。記得當初住在靠近十五區的一條街上
的一座小公寓裡（巴黎分二十個區）。不久，因為我是博士研究生，他
們又安排我住在巴黎「大學城」(Cité Universitaire) 內的法國館，算是
一種「優遇」，使我受寵若驚。兩年住期屆滿，我又搬到了巴黎拉丁區
一家名叫亨利四世 (Henri IV) 的小旅館，靠近第五、第六區交界的地
方，巴黎大學就在那裡附近。

巴黎大學的學習時光

巴黎大學是中世紀歐洲最古老的學府之一，由法國國王菲力浦及
教皇英諾森三世先後於 1200 和 1215 年批准成立。當時以傳授哲學及
神學為主，但成立後不久，巴黎大學迅速成為王室官員、行政人員（包
括議會、法院、統計院、稅務局、教學、醫療、圖書館、研究機構的
人員）、神職人員的培養場所。自 1896 年起，巴黎大學開始劃分為法
學、醫學、文學、科學四個學院。1970 年 3 月 20 日，法國教育部長
基沙 (Guichard) 頒佈命令，將巴黎大學分為 13 所獨立大學，依次稱為
第一巴黎大學、第二巴黎大學等。

我在 1947 年去法國留學時，巴黎大學只是一所單獨的大學，只有
一個學區，叫巴黎大學區。整個學區的醫學院、理工學院、文學院等
都同屬於巴黎大學區。法國的大學不像歐洲其他國家和美國的大學，
尤其是有別於美國大學；因為後者擁有獨立的校園，裡面有自己的設
備、體育場、圖書館等，都集中在一個校園區內。巴黎大學則沒有獨
立的校區，各個學院都很分散，並不像想像中的那樣在一個封閉區內。
所以，後來在學期間我們為了獲得游泳的學分，還得到城裡的市立、

公立游泳池去簽到。

　　入學後，我直接註冊博士研究生班。因為我在上海法國耶穌會教士所辦的震旦大學裡是使用法語教學，念的也是法國政府承認的法國法學課程。所以，畢業的時候有兩張文憑，一張是國民政府教育部所承認的法學士證書，另一張就是法國政府承認的，具有法國大學法學院同等學歷的畢業證書。憑這張法國政府承認具有法國法學院同等學歷的畢業證書，就可以直接進入巴黎大學博士班，而不需要另行在法國修習博士班以前的課程了。由於在震旦大學都已經修過那些課程，所以對我來說十分容易。可是要進入博士班，考試還是不能免掉的，有筆試和口試，還要獲得兩張高級文憑。完成這些學業之後，才可以提出撰寫論文的申請。

　　巴黎大學的學習風氣很好，也幾乎沒有什麼學費。我們只是在登記的時候付了一點費用。如果想要講義的話，就稍花些錢去買；但不買也可以，即到圖書館去閱讀，或者借別人的手抄筆記。法國的教授的確名副其實，地地道道，他們的態度認真，口才也好。教授在時間方面絕對一絲不苟，第一分鐘準時到，第六十分鐘準時結束。上課時，口中滔滔不絕，出口成章。有一位速記員幫教授把講課的內容速記下來，幾個星期之後，就可以根據速記的內容印出一套講義，也就相當於一本書了。所以，我很佩服他們，無形中也被潛移默化。有時候，如果聽課的人多，沒有位置坐，我們就席地而坐，或者在門外走廊裡聽講。

　　我最佩服，最欣賞的一位教授是近代史專家勒努萬（Pierre Renouvin）。他主講近代史、國際關係史、外交史等課程，同時也在巴黎政治學院任教。我因為兼修巴黎政治學院的課程，所以也到政治學院聽他的課。另外一位教國際公法的老師名叫 George Scelle，他是國際法的權威。起初我學習國際公法、國際私法等，後來又到政治學院

進修了政治學院的國際關係、國家關係等課程。這些課程對於我後來出任外交官，從事外交工作很有幫助。他們的思維模式和邏輯是笛卡爾 (Descartes) 式的，能夠啟發我、在國際法上能觸類旁通，甚至有時候會激發出一些新的、具有創意的見解。

旅法同學

自費留學法國的學生逐漸多起來了，所以也交了一些新朋友，如廖仲琴、舒梅生、馮趯曾（前述三位後來都出任中華民國駐外大使）。此外，還有單聲、吳中宏，他們兩位都是我震旦大學後期的同學。單聲通過博士論文考試後去西班牙 Las Palmas，和他的能幹太太姚莉莉一起經營中國餐廳。他生財有道，在西班牙買了些土地後就定居英國倫敦了。他是中國和平統一促進會英國分會會長，主持「和統會」活動及工作，是當地的僑領之一。他能幹的賢內助不幸於多年前去世，單聲晚年喪偶，十分哀痛，遂申請市政當局，獲准將其愛妻的遺體棺柩葬在他倫敦住宅花園的一隅。有一年我去英國開會時，還到他家憑弔一番。幸運的是，單聲在數年前又逢到一位紅粉知己桂秋林女士，終算老來有伴，彼此可以互相照應了。至於吳中宏，他才氣橫溢，英、法文造詣都相當高，和我交往很是投機。我們為了貼補生活費用，曾在暑假期間一起去法國西北部諾曼第區著名度假勝地杜維爾 (Deauville) 海邊販賣「溜溜球」或「悠悠球」(Yo-Yo)，當場表演操作各種技巧。他學業完成後去香港謀事，曾出任天主教拉沙 (La Salle) 中學校長，一度考慮去臺灣外交部。但終因職位名義問題未達成協議而作罷，否則，臺灣可能又多了一位有才幹的駐外使節了。另外一位同

學是王爵榮，他是震旦大學醫科畢業的，曾任小兒科醫生，嗣後來巴黎大學醫學院深造。過後，他在越南開設了診所。他交遊廣泛，醫德、醫道都不錯，又熱心公益，服務僑社，不辭辛苦，從而成為越南僑界領袖，並出任了中華民國監察院監察委員。其他同學還有邵規祖、邵規賢昆仲，分別修法律與理工；還有一位學聲學的女同學，名叫鄭相庭，後來嫁給了旅法同學會會長段穰。

值得一提的是，有一位同學叫劉浩泉，是嚴家淦的內侄。嚴家淦先生當過中華民國的財政部長、行政院長、副總統。蔣介石先生過世後，他繼任總統。很巧的是，我和劉浩泉是前後當了三度同學。先是徐匯中學。那時候我們排隊，他個子比我矮一點，在我前面，排第一，我排第二。到了震旦大學，他念醫科，我念法科。後來，我到法國巴黎留學，他也自費到巴黎大學醫學院深造。他是蘇州人，嚴家淦夫人是他姑媽，故他稱嚴家淦為姑父。劉浩泉人品很好，從來不試圖依靠他姑父的勢力博取地位、要職，只在一所普通的臺灣電力公司醫院（臺電醫院）做主任醫師。後來他也被外交部請去，兼職做外交部的醫學顧問。每天早上來外交部醫務室兩個小時，替外交部同仁免費門診。外交部的工作人員有些小病都找他看。後來他移民美國，可惜已於數年前與世長辭。

我與劉浩泉的私交很好，所以，由於他與嚴家淦的關係，我後來在臺灣也經常因公或因私地與嚴家淦見面，並有書信往來，建立了一種不尋常的友誼。記得臺灣建設石門水庫時，前去參觀的外國貴賓很多。石門水庫是一項很大的工程，大壩很高。嚴家淦那時候出任財政部長，親自到石門水庫為貴賓們講解。他腦袋裡裝著一連串的數字，蓄水量多少，排水量多少，灌溉面積多少，如此等等，都能脫口而出，講得頭頭是道，如數家珍。因此大家都很佩服他。嚴家淦為人非常謙虛，

在出任副總統時，蔣經國是行政院長，他卻還移樽就教，以副總統之尊去拜會行政院長。他的官舍是一棟日式平房，在臺北博愛路底，靠近植物園。他過世之後，臺北市政府就把房子收回，並未留給家屬居住。

博士論文

我在巴黎大學修習博士學位時，所選的論文題目是《聯合國官員在一個國家執行任務身體遭受傷害時，此一國家的國際責任》。這個題目很冗長，但是很應景適時。當時聯合國派遣貝爾納多特伯爵 (Comte Bernadotte) 到中東去調停巴勒斯坦與以色列之間的領土糾紛，卻不幸遇害，所以就涉及到所在地國家的「國家責任」問題。此時，聯合國剛成立不久，有許多涉及國際法的問題都有待解決，如：聯合國的本質是什麼？其法律地位是什麼？所在地國家有無國際責任？對聯合國官員遭遇傷害時的國際責任又該如何處理？如此等等。因此，我就借這個事件，從國際法觀點出發，撰寫論文。

撰寫論文之前先要通過兩個高等考試。兩張考卷，每張筆試三個小時。兩個筆試通過獲得證書之後，才有資格來討論論文的題目；此外，還需找一位指導老師。我請到的指導老師是查理斯・羅素 (Charles Rousseau) 教授，他是國際法專家，著作很多。論文必須先送他審核，審核通過後，再確定博士論文答辯面試的日期。

參加面試的有三位教授，真是「三堂會審」。羅素教授任主考官，另兩位教授中，有一位是著名的國際法專家巴斯蒂夫人 (Mme. Bastid)，她父親曾經當過海牙國際法院大法官。首先由應考人以 30～40 分鐘時間，不疾不徐地陳述並介紹論文內容，須做到有條有理、簡

單明瞭，使考官們能夠充分地瞭解論文的概要。之後，三位考官輪流發問，考生再一一進行答辯。回答要不慌不忙，並要堅持自己的立場、論點，所以對口才的要求也很高。幸好過去在上海震旦大學每個星期六都有口試，所以我已經對此有所歷練。1950 年 3 月 27 日，經過一場緊張的答辯後，我順利地通過了論文答辯。但是巴黎大學博士學位文憑須送請法學院院長及大學區董事會董事長簽署。因此，學位文憑的簽發日期是 1950 年 5 月 5 日。

兼修「巴黎政治學院」

在撰寫論文的同時，我還修習了巴黎政治學院 (Institut de Science politique) 的課程。巴黎政治學院是一個很有名望的學院，法國政府的政要大部分出自兩個學校：一是國家行政專校，一即我就讀的隸屬於巴黎大學區的政治學院。巴黎政治學院入學要求很嚴、門檻很高，學制三年，不授學位；畢業考試（筆試及口試）都須及格後才頒發畢業證書。政治學院有三個系，一個是公共行政系，造就法國公務員人才；一個是經濟系；一個是國際關係系。我作為外國留學生，自然不會去做法國政府的官員，所以根本不考慮公共行政系。至於經濟系，我卻不太感興趣。因此，我就選擇了國際關係系。當時，我是以巴黎大學博士研究生的資格去報名的。如果沒有學士學位，需要讀三年，因為我已經獲得了震旦大學的法學學士學位，再加上當時是博士研究生，所以直接進入巴黎政治學院的二年級。

國際關係的課程，除了研讀近代國際關係史外，另有專門研究德國鐵血宰相俾斯麥外交的課程。我對俾斯麥縱橫捭闔的手法外交特別

感興趣，這也是選擇國際關係的原因。後來，這門俾斯麥外交課程的年終筆試，我也獲得了全班最高分，名列第一。巴黎政治學院的教授也都是一時之選，聞名歐陸。名師出高徒，無怪法國政界名人都出自該校。我同時念巴黎大學法學院及巴黎政治學院兩個學校，可說是相輔相成。當時的同學中有後來成為法國總理和總統的希拉克 (Jacques Chirac)。他是我同期同屆畢業的同學。希拉克修的是公共行政系，我修的是國際關係系，並不同班，但是同屆畢業。我們雖不同系，卻有共同課程和共同教授，在學校裡也經常見面，只是想不到他後來會榮任總理、總統。多年後，在我擔任淡江大學歐洲研究所所長，召開有關非洲問題國際會議的時候，希拉克正在擔任法國總理，我曾把淡江大學出版的國際會議論文集託朋友面交給他。他親自復信謝我，並談及學校的往事。

政治學院的課程都由巴黎大學的著名教授講授，如國際法大師 George Scelle 等專家都到政治學院來授課。政治學院有一個教學特色，即每週有一堂「研討會」，他們稱作 "Conference"，由一位指導老師主持。第一週宣佈一個主題，讓學生們各自準備，下一週展開討論，由老師指導。全班同學不到二十人，只有兩個

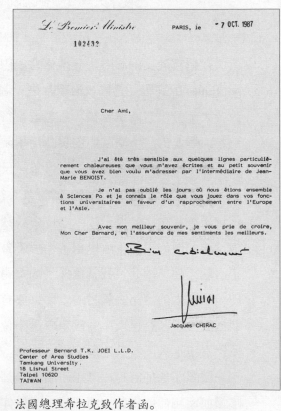

法國總理希拉克致作者函。

中國人，一個是我，另一位就是名畫家劉海粟的兒子劉虎。我們這班研討會的指導老師叫 Jean-Baptiste Duroselle，他是前述近代史專家勒努萬教授的得意門生。後來他升任法蘭西學院院長，相當於臺灣中央研究院院長的地位。「法蘭西學院」(Institut de France) 很出名，是法國的最高學術研究機構。由於法蘭西學院院長 Duroselle 曾經是我在巴黎政治學院「國際關係研討小組」的指導老師 (Maître de conference)，因此我曾憑這關係，借他這個法國最高學術機構開了一次國際學術會議，並由他親自主持。那時我已從外交部退休，在淡江大學擔任歐洲研究所所長。我請了幾位精通法語的教授，直接提供法語論文，還有幾位擅長英語的教授則將英語論文譯成法語，借這個具有悠久歷史的權威學術機構舉行了一次「文化外交」的國際學術交流會議。想不到當年就讀巴黎政治學院所建立的師生關係，在多年後還產生了一個令人欣喜的小成果，也替淡江大學在國際學術界打出了些「知名度」。

在巴黎兩度參與聯合國事務

從 1947 年抵達巴黎，到 1953 年前赴臺灣，留學法國前後有七年的時間。在這段期間內，一連串的事故使我與聯合國也建立了一些淵源。

第一件事就是我的論文剛好跟聯合國有關，已如上述。聯合國派往中東調解巴勒斯坦與以色列衝突的特使貝爾納多特伯爵被槍殺。這一事故使我找到了博士論文的題目:《聯合國官員在一個國家執行任務身體遭受傷害時，此一國家的國際責任》。我借題發揮，討論聯合國本身在國際法上的地位，它的國際權利義務與國際責任等有關問題。這是我初次跟聯合國發生關係。

　　20 世紀 40 年代，聯合國剛剛成立不久，總部正在興建中，只在美國的成功湖設了一個臨時機構。第三屆聯合國大會的會場借的是巴黎的夏悠宮 (Palais de Chaillot) 大戲劇院。當時，國民政府派遣了一個由王世杰率領的龐大代表團，包括五位代表、五位副代表、多位顧問，以及駐紐約代表團的全部人馬。在巴黎臨時設立了一個出席聯合國大會代表團辦事處。經駐法大使館推薦我和巴黎政治學院同班同學劉虎（名畫家劉海粟之子）兩人同時被聘請為代表團辦事處臨時祕書。

　　依照聯合國憲章，聯合國每年召開常會的開幕日期訂於每年 9 月的第三個星期二，會期於耶誕節前兩天結束，為期約三個月。同時被聘請為臨時祕書的還有劉虎。上文已提及，他是我巴黎大學政治學院的同班同學，名畫家劉海粟的兒子。劉虎的英、法文水準都很高，尤其法文，因為他從小就在法國念書，就是中文根底稍差些。這樣，我們兩個同學兼好朋友剛好一起參加了聯合國第三屆大會中國代表團的

1948.10.10. 出席聯合國大會第三屆常會中華民國代表團全體合影。前排左起：左三劉鍇、左四錢泰、左五蔣廷黻，中坐者王世杰，最後一排右三及右一為作者與好友劉虎。

行政事務。中華民國派駐聯合國的常任代表蔣廷黻當然從紐約來巴黎
主持這個代表團辦事處。他的隨員中包括楊西崑，相當幹練的人才，
他在駐紐約代表團的職位是「諮議」，我們一見如故，成了好朋友。後
來楊西崑先生去臺灣出任外交部亞西司司長。不久改任新設的非洲司
司長，以適應國際間的新形勢，主持拓展對非關係，頗有貢獻，遂被
稱為「非洲先生」，之後又升任外交部常務次長、政務次長、駐南非大
使等職位。這是我第一次接觸聯合國事務和參加聯合國大會工作，並
結識楊西崑的經過情況。

　　使我第二次參與聯合國事務是聯合國 1951 年又在巴黎舉行的第
6 屆聯合國大會。當時國內派出的代表團中有一位顧問，就是新聞局
局長兼政府發言人沈昌煥先生。那時我已獲得法學博士學位。在巴黎
認識沈昌煥先生使我改變了今後的命運：原來打算學成返上海，由於
政治關係，我去了臺灣參加了外交部的工作。

打擊駐法大使館變節投機分子

　　1949 年 9 月底，國民政府派駐法國巴黎的大使錢泰因車禍受傷，
住院治療，遂提出辭呈。外交部於 10 月 4 日致電駐法大使館，辭職照
准，調派駐英大使館公使段茂瀾為駐法大使館公使，代理館務。段茂
瀾於 10 月 6 日趕抵巴黎隨即視事。

　　當時國際局勢詭譎，國共內戰激烈，國軍節節敗退，情勢緊張。
段茂瀾在倫敦時即已風聞駐法大使館的部分館員因不滿政府欠發薪資
而密謀策反，企圖接受北京指導。他這次去巴黎是臨危受命，可以說
是一項既艱巨又微妙的任務，勢必面臨一個很困難的局面。段茂瀾是

資深的外交官，學歷很高，是一個典型的「學而優則仕」的君子。段茂瀾抵達巴黎大使館時，意外地發現館內同事對他的態度尚屬友善，並無劍拔弩張之勢，各自堅守崗位，安靜地處理公事。然而，這種表面的安定卻只是暴風雨前的暫時寧靜。

以駐法大使館公使凌其翰為首，包括參事孟鞠如和其他七八個變節投機分子，準備一起回應中華人民共和國成立，來製造就地策反事件。他們希望搖身一變，立即成為北京派駐法國大使館的外交官。我當時在巴黎大學修習法學博士學位，對這樣的變節行為深為不齒，認為這些外交官根本都是投機分子。

值得一提的是，中共原定於 10 月 10 日，亦即國民政府的「雙十國慶」紀念日當天宣佈成立「中華人民共和國」，以期獲得最大「政治效應」。但是，由於國民政府擬在 10 月中旬向聯合國提出「控蘇案」，蘇聯為了對此有所因應，就建議中共新政府提前到 10 月 1 日宣佈成立，以便屆時立即予以承認。這個建議是個政治策略，因為這樣一來，10 月 1 日以後，蘇聯便可多了一個幫手，聯合新成立的中華人民共和國，共同應付中華民國提出的「控蘇案」事件了。

駐法大使館的這批投機分子本來準備配合中共、在原定 10 月 10 日成立政府之同時，公開回應中華人民共和國成立的「整套作業」卻來不及提前實施，故而有了表面上的平靜。

在此情況下，段茂瀾於 10 月 8 日召集他們談話，還天真地希望他們回心轉意。這批人員包括公使凌其翰、參事孟鞠如、一等祕書王思澄、三等祕書唐祖培、三等祕書衛隨員錢能欣、駐巴黎總領事館副領事胡有萼、主事龔秉成等。段茂瀾對他們曉以大義，陳述利害，告訴他們這個變節策反舉動在北京當局的心目中將會被認為是種「投機行為」，故一旦其利用價值消失，他們根本不可能被重用，想就地搖身一

變為中共外交官的夢想是不可能實現的。可是，他們卻利令智昏，被
自己的美夢沖昏了頭腦，根本沒把這番話聽進去，反而陡然間都變成
了共產理論專家，紛紛發言，引用了馬列主義和人民革命等很多理論，
予以反駁。至此，段茂瀾覺得他們已不可理喻，遂放棄了說服的嘗試。
而這批人則繼續到大使館，「照常辦公」。

　　事實上，凌其翰等早在數天前就已經把孟鞠如主稿的回應中華人
民共和國成立的「宣言」寄到了倫敦印刷，準備在 10 月 10 日當天發
佈。這份〈駐法大使館、駐巴黎總領事館全體館員擁護中華人民共和
國宣言〉的內容如下：

> 中華人民共和國和中央政府在全國人民歡騰鼓舞之下正式成
> 立。久已叛變了孫中山的賣國賊蔣介石和國民黨反動派所把持
> 的政權在英勇的人民革命武裝奮擊追逐之下，已經失去了一切
> 苟延殘喘的條件，我一向服務外交界的同人們在極度興奮的情
> 緒之下，向新中國全國人民和偉大的人民領袖毛主席表示熱烈
> 的賀忱和最崇高的敬禮。
>
> 中國人民大革命，由中國共產黨領導進行二十八年壯烈的鬥爭，
> 快要取得完全勝利，軍事階段快要結束，建國工作已經開始。
> 客觀的事實要我們認識清楚，新民主主義是建設新中國的唯一
> 途徑，就是說，只有在廣大工農階級的代表、中國共產黨領導
> 之下，聯合全國民主階層，實行人民民主專政，才能夠並且徹
> 底完成中國的社會改革，經濟建設和文化復興。
>
> 為了建設新中國，中國人民不僅需要國內統一，並且需要世界
> 和平。中國人民必須聯合世界一切愛好和平的國家和人民，共
> 同奮鬥，使製造戰爭者不敢動手。

> 我們立志要參加建國工作，我們先要痛下決心，把我們渾身封
> 建官僚的積習洋迷和個人主義的劣根性，徹底剔除淨盡，然後
> 才能夠把自己改造成人民，向人民學習如何替人民服務。
>
> 我們鄭重宣佈和反動政府脫離關係，各仍站在原有工作崗位，
> 保護人民利益，保護公物檔，聽候人民政府接管和指示。同時，
> 我們熱誠勸告全體使館同人，快起來回應我們，打倒執迷不悟
> 的死硬分子，制止他們盜用中國外交官的名義，在聯合國和國
> 際間散佈謠言、侮辱中國人民，挑撥國際是非，危害世界和平。

這份向中共新政府輸誠的「宣言」，通過中共派駐巴黎黨支部的孟凌崖，轉由新華社駐捷克特派員於 10 月 2 日轉電北京。凌其翰他們滿以為很快可以獲得北京的回應。

當時，凌其翰他們在段茂瀾於 10 月 6 日抵達巴黎前早已掌握了很多重要檔案，包括機密檔、電報密本等，使得段茂瀾無法與外交部機密通信。所以他只能夠打電話到倫敦駐英大使館，轉發電報報告這些情況，並希望外交部緊急調派人員前來協助支援。10 月 10 日，駐英大使館打來電話，說他們的宣言已經在倫敦發佈了。第二天，臺北國民政府外交部來電，將發動策反事件的首腦公使凌其翰、參事孟鞠如二人免職調部，其餘人員或是革職或是留任；同時授予段茂瀾全權處理事務應變的權力，包括調派駐歐鄰館人員到巴黎協助工作。

段茂瀾臨危受命，除了隨同他從倫敦一起來的三等祕書趙金鏞(本書撰稿時高齡 101 歲，2012 年辭世)外，另從駐荷蘭大使館調來一等祕書斯頌熙，再加上剛從廣州調來館內工作的參事陳雄飛，總共四人來應付這個尷尬局面。當時使館的情況很亂、大家很緊張、人手也不夠，因此十分歡迎愛國僑胞和留學生前來助陣，協助大使館應付這個

局面。就在這種情況下，斯頌熙祕書找到我，希望再聯繫幾位留法同學，一起支援大使館。我立即答應了，並推薦了留法同學舒梅生（後來出任臺北駐甘比亞大使）、毛其昌和震旦大學同班同學廖仲琴（後來出任臺北駐中非大使）等，他們都欣然同意我的立場。

　　當時的大環境對段茂瀾相當不利。那時，國民政府從廣州遷移到重慶，再從重慶遷移到臺北。而法國政府本身的政局也並不安定。10月5日，法國葛義內閣 (Henri Queuille) 倒臺後，政府乏人領導，群龍無首。所以法國政府自顧不暇，對國民政府駐法大使館部分館員「反叛」之事無暇顧及。此時的段茂瀾的確像個「海外孤兒」，求告無門。而那些投機分子對外又聲稱策反事件係由「全體館員」發起，使得外界無從得知究竟是哪些人，有多少人？甚至誤以為段茂瀾也是他們的同路人。所以整個情勢十分混亂。

　　雙方這樣僵持了幾天，多虧段茂瀾尚能保持鎮定，沉著應付。他一面要求這幾位投機分子三日內交出電報密本，如果不交出來，將照會法國外交部依照國際公法協助處理；如果法國政府不協助的話，將召開記者會說明實際情況，以借助輿論壓力來迫使法國外交部採取行動。實際上，段茂瀾的這種措施未必有效，恐怕只是他一廂情願而已。這批投機分子看透段茂瀾已是「黔驢技窮」，所以始終不肯讓步，繼續到館「照常辦公」，以迫使段茂瀾精神崩潰，自動放棄。國際間一時之間對於在巴黎中華民國大使館內所發生的實際情況也不甚了了。

　　嗣後，段茂瀾擬了一則新聞稿，大意是：中華民國駐法大使館的部分反叛館員，在使館內控制了檔案；該館的新任代辦段茂瀾公使已限他們於三天內離館，並將所有檔案卷宗交付繼任的官員，如勸說無效，將照會法國外交部請求緊急協助。段代辦盼望法國政府能夠維持正義，遵守國際公法，答應他的請求，立即採取行動。段茂瀾帶著這

則新聞稿，趕到法國外交部，求見亞澳司司長貝養斯 (Jacques Baeyens)。但是，後者卻勸他暫緩發表，等法國政府相關部門會商對策後再作決定。在此情況下，段茂瀾只能返回大使館，等待法國政府的考慮和回應。當天晚間，法國外交部來電話，表示法國政府原則上同意協助，但希望段茂瀾先自行僱傭私家偵探看管大門，防阻策反人士進入大使館，私家偵探則可由法國政府代僱云云。法國外交部建議段茂瀾自行僱用私家偵探守門的這一招，可能是因為國際局勢微妙，法國官方不願公然介入國共內爭事件。

第二天一早，法國政府代僱的四個私家偵探已經在使館門前站崗，拿了使館提供的反叛分子照片名單，認真地核對進館人員。10 時許，那些投機分子大搖大擺地步行抵達使館，正擬「照常到館辦公」，卻被這些私家偵探擋在門外，吃了閉門羹。

中華民國駐法大使館位於巴黎第 8 區靠近香榭麗舍大道 (Champs-Elysées) 的喬治五世大街 11 號。於是，這九個夢想出任中共外交官的變節分子便轉移陣地，集合在大使館對街巴黎著名夜總會「瘋馬」貼鄰的一家咖啡館會商對策，虎視眈眈，待機而動。

大使館所僱傭的私家偵探大都是一些平均年齡超過 60 歲的退休員警。這批老弱殘兵，在上午站崗，把門，檢查，抽煙，聊天，幹得很起勁，到下午則多少感到有些累乏，精神便有所鬆懈了。而對街咖啡館裡的九個策反人員則喝足了咖啡，養精蓄銳，見這些老邁偵探長時間站崗後，已不若上午那樣精力旺盛，便像衝鋒戰士一樣衝向使館大門，一湧而上。孟鞠如以前是足球健將，身體很壯，孔武有力，出手幾拳就把這些私家偵探打倒在地，強行闖進使館大門，登樓直奔段茂瀾公使的辦公室。這些策反人員責罵段茂瀾為反動分子，不識時務，對他百般侮辱，並要求降下中華民國國旗，換上中華人民共和國的五星

旗。他們來勢洶洶，摩拳擦掌，一付準備動武的樣子。段茂瀾是個文弱書生，只是端坐在椅子上，鎮定地對他們宣說：「你們可隨意處置我，但是我維護中華民國法統的立場將絕不動搖！」正在僵持之時，幸好一位法國員警小隊長聞訊趕到，立即登樓彈壓解圍，段公使才得以脫身。

段茂瀾乘機溜下樓去，立刻驅車趕到法國外交部，在亞澳司的辦公室內即席草擬了一封信給法國外交部長。信中敘述當天下午發生的事情，表示自己已無法對付這些策反人員，請求法方援助。可是法國政府仍不敢輕舉妄動，顯然因為自己的政府剛剛倒閣，不願意強行驅逐這批策反人士，從而貽人口實，導致國際糾紛。所以，他們還是勸請段茂瀾回館等待。但是，反叛分子仍然霸佔著使館，不肯解散，企圖繼續圍困段茂瀾，施加壓力，迫使段茂瀾身心不支而向他們屈服。

此時，幸好使館會計專員郭福培從另外一間辦公室打電話，與館外的斯頌熙祕書聯繫，後者馬上找到了我和舒梅生、廖仲琴等幾位同學，加上里昂車站附近的僑胞，包括葉藩、陳楚本、賈錫麟、朱進祿等僑領，聞訊後一起趕到使館聲援。

投機分子一看來了這麼多位僑領和留學生，立刻收斂兇相，裝出笑容，約定大家第二天下午3點半來使館開會協商。

第二天下午3點多鐘，這些反叛分子糾合了一些支持他們的左傾華僑，約有三數十人，支援使館的僑胞則有40人左右，兩派人馬一起擠在使館樓下的大廳中。雙方旗鼓相當，勢均力敵。反叛者提出三個條件：一，撤下青天白日滿地紅國旗；二，檔及電報密本由他們接管，並讓他們來館繼續辦公；三，撤退法國警察局派來警衛的私家偵探。段公使對他們這種無理的要求當然不能接受，他氣得滿臉通紅，一時說不出話來，只是頻頻搖頭，一付無可奈何的樣子。支援使館的僑胞和我們幾個學生則連續地大聲呼喊「不能接受」。這時，支援大使館的

僑胞群中有人喊了一聲「打」，於是，大家立即就亂哄哄地彼此拳打腳踢，雙方展開了肉搏戰。有的人帶來了木棍，有的人還帶來了手槍，幸虧沒有拔出來使用，否則很可能鬧出人命事件。彼此一陣亂打之後，對方為首的凌其翰、孟鞠如兩人被打倒在地。孟鞠如的眼鏡掉在地上，我走上去踩了一腳，把眼鏡踩得粉碎。混戰之中，策反人士和左派華僑紛紛被逐出館外。這時候，附近的員警聞聲趕到，遂協助使館把守住了大門。我們幾個留學生則繼續留守在段茂瀾身邊，給他道義上的支援與安慰。後來，陳雄飛參事對我們說：「沒事了，你們可以回去了。」

在這種情況下，法國政府察覺事態嚴重，開始派遣正規武裝員警十餘人駐守使館門前，嚴格把關。使館方面也趕製貼有照片的臨時通行證分發忠誠館員和其他雇員，這使得投機分子「照常到館辦公」的計謀無法得逞了。

反叛分子雖然還是每天到大使館對面的咖啡館喝咖啡，泡在那裡，待機而動，企圖再次闖入使館，但是由於使館已由法國武裝員警把門，相當嚴格，他們就再也無法達到目的了。

10 月 11 日晚間，凌其翰等收到周恩來外交部長的復電：

> 巴黎前國民黨政府駐法大使館暨駐巴黎總領事館全體館員鈞鑒：九日電悉，甚為欣慰，你們脫離國民黨反動殘餘集團，接受中華人民共和國中央人民政府領導的宣言已收到。我對於你們此種愛國行動表示熱烈的歡迎，駐在其他國家的前國民黨政府的一切使領館人員與其他工作人員均應效法你們的榜樣，脫離反動陣營，服從偉大人民祖國的中央政府，為祖國與人民立功，所有脫離反動陣營的有功人員，本部均將量才錄用，使大家對於祖國有所貢獻。希望你們團結一致，堅守現在工作崗位，

　　負責保管公物檔，以待中央人民政府接管。

周恩來一九四九年十月十一日於北平

　　凌其翰等人接到周恩來復電後，如獲至寶，欣喜萬狀，慶幸「起義」成功，立即以「駐法大使館暨駐巴黎總領事館同人」名義通知國民政府駐外各使領館，號召他們立即群起參加響應。可是周恩來的電報中並未提到他們「立地成佛」的夢想（即出任中共現職外交官），而只說了一句「脫離反動陣營的有功人員，本部均將量才錄用」的空洞許諾的話，另一方面，卻指示他們要「堅守現在工作崗位，負責保管公物檔，以待中央人民政府接管」。此後的事實表明，這批反叛分子返回中國之後，除了凌其翰擔任了多屆全國政協委員外，其他人員都默默無聞，未見被北京當局重用。據說，還有人看到孟鞠如參事在掃街。他們的這種結局，雖在意料之中，卻也不免令人感慨。

　　至於中共所期待的各使領館群起響應的浪潮則並未出現。顯然，政治認同問題和單純追索欠薪事件性質並不相同，需要加以慎重考慮考慮。因此響應的人不多。直到 1949 年 12 月 16 日，也只有駐緬甸大使塗允檀一人致電周恩來宣告「起義」。

　　段茂瀾經過這場有驚無險的風波之後，在得力館員趙金鏞等人的襄助下，開始積極整頓館務，清理檔案，更換密碼電本等，重新分配使館館員工作，逐步恢復了使館的正常行政狀態。

　　1949 年 10 月 28 日，以反共著稱的法國天主教政黨 MRP（人民共和運動黨，Mouvement républicain populaire）領袖皮杜 (Georges Bidault) 開始組閣，由於他堅決執行反共政策，右派勢力抬頭。皮杜又為段茂瀾舊識，因此，法國未步英國 1950 年 1 月 6 日承認中華人民共和國的後塵，使得中華民國與法國的外交關係一直維繫到 1963 年。

段茂瀾 1949 年的「弭亂之舉」使得中、法邦交延長了 14 年。

段茂瀾自 1956 年起，先後出任駐巴拿馬、菲律賓、象牙海岸等國大使。1968 年 9 月，他在駐象牙海岸任內奉調駐阿根廷大使，我則奉派自上伏塔（現改名布吉納法索）調駐象牙海岸接任他的職位。我們談起當年在巴黎我當學生他當公使代辦一起應付駐法大使館部分館員變節反叛事件時，彼此都不勝唏噓，不免興起「往事如夢」的感慨。

參加首屆僑務會議　初遇蔣介石

我公費留學法國的這幾年，因為是中法交換生，所以生活費由法國政府，亦即法國外交部國際關係文化司負責，每月支付相當菲薄的津貼，剛好可以過學生的生活。我記得每月為八千老法郎，而這八千老法郎是不很夠用的。我們必須到巴黎大學去領學生證，領了學生證和學生飯堂的餐券，才可以在幾個專門指定為學生服務的餐廳吃飯；而在其他地方，其價格根本不是我們所能負擔得起。學生持有餐券後，可以吃到一片薄薄的牛排。所以，在這樣的學生食堂用餐，是過著「吃不飽，也餓不死」的生活。

當時，我確實十分清苦，因為除了這點「公費」之外，家裡已無財力可以接濟我了。於是，我有時候為當地的僑胞們寫些文章，刊登在當時國民黨駐巴黎總支部所辦的一份《三民導報》。這份黨報有時用手寫石印，有時用排字鉛印。如果是手寫，我就幫他們手寫印出來，作為當地的國民黨分區的《三民導報》。由於這層關係，加上我曾參與打擊「使館反叛者」行動，衛護使館有功，我遂被僑胞們認為是「愛國學生」，並於 1952 年，被他們聯名推舉我為出席在臺北舉行的首屆「全

球僑務會議」法國的華僑代表，後來擴大為歐洲地區的華僑代表，到臺
北劍潭出席「全球僑務會議」。會議由當時擔任僑務委員會委員長兼國
民黨中央黨部第三組（掌管海外事務）主任的鄭彥棻主持並統籌督導。

　　鄭彥棻是留法的前輩（獲巴黎大學法學院統計師學位），廣東人，
早年曾四次親聆國父孫中山宣導革命，因此談吐間也常常透露出一些
朝氣和革命氣概，他個子不高，但具有相當的說服力與魅力。我們都
尊稱他為「彥公」。他雖然和藹可親，卻自有一付威嚴儀容。基於先後
留學法國的關係，他與我彼此間自然產生了一種同學情誼，彥公也和
沈昌煥先生同樣地鼓勵我返臺從事外交工作。

　　彥公另外安排出席僑務會議的區域性代表於 1952 年 10 月 30 日
分批晉見了當時的蔣介石總統，並與之合影留念，這使我第一次見到
了當年領導抗日戰爭的蔣介石總統（見照片）。他看到澳洲代表劉渭平

民國四十一年十月三十日歐斐澳各洲出席僑務會議代表與臺北總統府攝影留
念。中坐者為蔣公，其右為作者，其左為劉渭平。

和我都甚為年輕，便很親切地與我們交談起來。他問我：「你府上哪裡?」我瞭解他是在問我的省籍是什麼地方。我說：「浙江。」他一聽浙江，很高興，因為他也是浙江人。「浙江什麼地方?」他問。我說：「浙江吳興，也就是湖州。」「哦，吳興，湖州。」蔣介石特別邀請我們兩位年輕代表分坐在他兩旁。澳洲代表劉渭平坐在他左邊，作為歐洲代表的我坐在他右邊。我們開始還不敢就坐，他連說「坐，坐，坐」，語氣既客氣又堅定，我們始敢坐下。

僑務會議結束後，趁返歐整理行裝再行來臺定居之便，我自告奮勇，主動攜帶「海內海外一條心」36 釐米寬的電影院用的影片九大盒，準備送往歐洲僑胞集居的城市放映，並報告出席會議經過與臺灣近況，順便代表僑務委員會委員長鄭彥棻對他們致達關懷之意。當時留學生生活清苦，無力支付交通費用，僅能騎乘 Vespa 牌的輕便機車 (Scooter) 代步。機車極速也不過每小時五十公里，自一處集居地到另一處都在五六百公里以上，所以，我經常須連續騎乘十餘小時始能抵達目的地。況且後座堆置的九大盒影片搖搖晃晃，這更平添了我行車的困難。

有一天，從瑞士的日內瓦到義大利的波羅泊公路上，我因轉彎時失去了重心，機車翻倒，身體飛出十餘公尺，倒臥在血泊中，昏迷不醒。幸好有輛軍用卡車經過，車上的幾位好心軍人七手八腳地將我扶起，連人及機車，護送至附近醫院。事後我觀看破碎的手錶，始知昏迷了四十餘分鐘。幸未折骨斷肢，經包紮敷藥並整修機車後，再行踏上征途。我自忖甚為僥倖，因為如果身體飛出時頭部撞到樹木或石塊，那早就一命嗚呼了。這次騎乘機車攜帶影片訪歐洲各地僑胞，由巴黎出發，赴瑞士、義大利、比利時、德國等地，來回車程三千餘公里。現在回想起來，當年之所以有如此大的勇氣和毅力，恐怕多少是受了彥公的感召吧。

第二章

回臺效力

就職外交部

我在巴黎大學博士畢業時，中國大陸上的政權更迭已達數年，當時國共政權對立嚴重，形同水火，我因此也很難指望再返回大陸、謀求家庭團圓乃至求職生存了。正在考慮前景，選擇去向之際，當時從臺灣來的、以顧問名義參加聯合國大會的新聞局長兼政府發言人沈昌煥先生與我的一番談話則起了關鍵性的作用，使我決定前赴臺灣謀職。

當時，沈先生或許認為我這個人還不錯，年紀尚輕，且有相當的工作能力，故主動問我：「你現在博士論文已經做好，打算日後到哪裡去幹事呢？」我想，他是政府要員，有權用人，而我在臺灣人地生疏，則最好是追隨他；再說，臺灣也是中國人的聚居之地，社會環境應該比較適合於我，於是答道：「你是新聞局長，那我是否可以追隨你到新聞局效力呢？」沈昌煥先生聽了此話，卻搖頭道：「我看你不必去新聞局，還是去外交部比較合適。」我當時心中暗暗奇怪：為什麼他不要我跟他，但還是連聲道謝。於是，我就這樣作了前赴臺灣謀職的初步選擇。

1953 年年底，我在法國處理了一切必要的事務後，就前赴臺北。抵達臺北後才發現那時候，沈昌煥先生已經從新聞局調往外交部、出任外交部政務次長。我這才恍然大悟，原來他自己早已知道即將履新外交部，故有此言；他很願意吸納我這新手，只是當時不能向我透露人事機密、未便明言而已。那時的外交部長是葉公超，還有一位常務次長是時昭瀛。我被派往外交部歐洲司工作，暫時並無擔任「公務員」的資格和身分。我在法國撰寫過一篇學術論文，題為《俾斯麥的外交》。我便將它從法文摘要地譯成中文，呈交當時掌管政府人事任用的

銓敘部審核。後來審核通過，我便取得了公務員「簡任儲備登記」的資格，先開始以「專員」名義正式服務於外交部。當時，我雖然擁有「博士」頭銜，但是並無實際當公務員經歷，更遑論含有技術性的外交工作了。因此還得踏踏實實地從頭做起，從最基層的工作做起。

我記得，當時在歐洲司做的工作，大體就是閱卷、整理、裝訂卷宗和摘由。「摘由」，就是把來往公文內容用幾句話簡要描述，並予以登記。我的工作單位是二科，科長名叫凌楚絢，曾經在駐荷蘭大使館當過三等祕書，是繼劉達人之後出任歐洲司第二科科長的。凌楚絢很有才華，文筆不錯，辦事相當細緻，我因而從他身上學到很多東西。我逐步熟悉和掌握了公文的撰寫格式和修改技巧，為自己日後的工作奠定了基礎；以至在自己當科長的時候，也可以像模像樣地指導屬下了。至於裝訂和摘要雖很機械、瑣屑，卻也不能視作「小事」，譬如「摘由」或「摘要」即是一種很好的文字訓練。實際上，在英國和法國的教學中，製作「摘要」是一項重要的科目，英、法文都稱作 "Précis"，意即將數百字簡化為數十字，乃至更少。其關鍵便是把文書的最精華之處提煉出來，這說來簡單，實施起來卻並不容易。因為這首先得確切理解該文書的內容、涵義，其次還得有簡練的文風；簡言之，若無足夠的專業知識和清晰的邏輯思維，恐怕就難以做好這一「小事」。所以，這一階段的這種「瑣事訓練」對於我日後的工作和處世都提供了很大的幫助。

寫到這裡，想起了與此相關的一則「逸事」：我晚年從外交部退職後，在臺北淡江大學和中國文化大學教書。我為碩士、博士班學生上第一堂課時，便開宗明義地對他們說：「古代『學而優則仕』的人被稱為『士大夫』。你們大學畢業獲得學士學位，現在修習碩士或博士學位，都要做論文；還有中央研究院的院士，要滿腹經綸的大學問家才

能當選，這都與『士』字有關。在研究所學習，就是要學習和研究如何取得『士』的資格，也就是說，是否具備做『士』的能力和本領。那麼，何謂做『士』的能力和本領呢？打個比方，就很容易理解了：把『士』字拆開，上為『十』、下為『一』，亦即是說，若能做到『推十合一』，便可成為『士』；用現代話來說，凡是處理或解決任何事情或問題，就是要知道如何去『分析』(Analysis) 和『歸納』(Synthesis)，做到這一點的人便可稱為『士』了。撰寫論文，大體上就是分析研究（即『推十』）和作出結論（即『合一』）來考驗你這方面的功夫，如此而已……」，令在座的學生們大感新奇和「精闢」。我想，也許這番話會對他們日後的人生產生或多或少的影響，因為這畢竟是我的「經驗之談」啊！

而前文提到的我在外交部歐洲司二科的「摘要」工作，便是屬於「歸納」一類的技能和本領。我認為，世界上任何事情，小至家庭糾紛，大至國家政事，都可以用「士」的「推十合一」方法來獲得一個結論或答案。

數十年之後，我在研讀《易經》過後，就把全部《易經》內涵戲用這套「推十合一」方法，歸納為八個字即：「順應天理，回歸自然」。自己覺得還蠻適當。

另外，我也幽默地使用同樣的「推十合一」法則，把我駐劄非洲23 年的外交生涯，歸納為 11 個字（參見本書第三章「駐非前後 23年、總結 11 個字」節）。

歐洲司的管轄範圍很廣，法國事務屬二科掌管，故當時法國的殖民屬地也歸歐洲司二科管轄，譬如越南印支 (Indo-China) 三邦，即越南、高棉、老撾，以及法屬非洲各地，包括非洲大陸東部的兩個大島，留尼旺 (Réunion) 以及馬達加斯加 (Madagascar) 等。後來越共胡志明

武裝奪權後，又添加了很多有關越南華僑逃難的事務，而這些「撤僑案」也都由歐洲司二科處理。我也藉此瞭解了越南很多情況，拓寬了我的領域。由於這些「參與」，使我晚年退休後，順理成章地籌組「中越文經協會」並擔任理事長，推動中、越間的實質關係。替政府打開了斷交後的僵局、替之以「務實外交」，推行實質關係。

擔任蔣介石翻譯

　　1952 年 10 月間，在臺北參加由中華民國僑務委員會主辦的「全球僑務會議」時，我曾有機緣見到曾經領導全國抗日戰爭，奮戰八年而取得最終勝利的「抗戰英雄」蔣介石先生。但是，當時卻根本沒想到，在數年之後會替他擔任法語翻譯，並被他親自圈選，參加他所創辦的「國防研究院」的第一期培訓班，且在受訓期間獲其經常召見。

　　我在上海震旦大學時期所受的法語訓練，以及在巴黎多年的留學經歷，使我具備了較高的法語口語能力和文字能力。因此，從 1955 年開始，我被選為總統的法語翻譯；總統要接待操法語的外國貴賓時，我經常被召去充任翻譯。我當時的思維相當敏捷，記憶力也非常好，所以往往貴賓的一大段話講完，我不用筆記，就全憑腦子的記憶，便將它確切地翻譯成了國語；而蔣總統的講話，我同樣能流利、正確地譯成法語。由於我在大學時代學習過聲樂，並在教堂唱經班擔任過獨唱，所以翻譯時善用丹田之氣，使語音既響亮又圓潤，讓主賓雙方和坐在一隅作記錄的祕書們都能聽得清楚。事後獲知蔣總統對我口譯相當滿意，外賓們也有好評；我當然感到欣慰，但不敢得意忘形，反而格外小心。

蔣公接見法國前總理畢奈。

蔣夫人接見法國前總理畢奈。背立者為外長葉公超，左後為作者。

　　每逢我充任蔣總統法語翻譯的時候，張群先生必定在場，因為他是總統的祕書長。於是，我因此結識了張群（字岳軍）先生，後來經常交往，互通書信，乃至成為忘年之交。

　　按照制度，一切傳譯的資料都必須在當天整理完畢，談話記錄須先送呈外交部常務次長時昭瀛核閱，然後清繕再轉交總統府。所以，我必須要記住翻譯的所有內容，回來撰寫詳細筆錄，要點不得有絲毫遺漏。這一任務頗不輕鬆，它迫使我始終兢兢業業，一絲不苟；而這一良好習慣的形成，也為我日後更加繁重的工作提供了一個很好的基礎。

　　我在上海讀書的時候，從小學、中學到大學，來自各地的同學五方雜處，各自的家鄉話隨處可聞，因此，我也熟悉了各地的方言，如寧波、紹興、蘇州、揚州話都能講上一番，連山東、廣東話也可湊上幾句。而其中尤其嫻熟寧波話，若非真正的寧波人，恐怕也很難辨別得出我這個「假貨」。蔣公通常都講國語，稍帶寧波口音，但是吐字發音相當清楚，因此對我而言，翻譯起來毫無困難。同時由於我的記性不錯，故幾乎當場不用筆記。而我的國防研究院學長沈琦先生（那時他擔任蔣公的英文翻譯）則習慣使用筆記，卻也做得很好。此即所謂「戲法人人會變，各有巧妙不同」之說也。

　　替總統擔任英文翻譯的人員很多，均為一流高手，如葉公超、沈昌煥、沈劍虹、沈琦、錢復等，還有軍方的吳炳忠上校。擔任法文翻譯的人則比較少，除了我之外，尚有丁懋時、廖仲琴、徐家裝等，也都屬頂級優秀人士。

　　蔣公的國語即使略帶寧波口音，也還是很不錯的；他並不喜歡別人用寧波話與他交談。記得曾有一位軍人，位階上校，被國防部內定派駐外某大使館武官。按慣例，他上任前必須晉見總統。這位軍人是寧波人，他便想利用與總統的同鄉關係套近乎，於是在晉見總統時便

用奉化鄉音講話。不料這一作法反而引起了蔣公的反感。

　　蔣公有一習慣，心中不高興的時候，會用手摸桌邊，更不耐煩時，會以手摸下頷。而當這位新任武官正在口沫紛飛，得意忘形地用元首的鄉音自吹自擂的時候，總統的手卻已從摸桌邊升格為摸下頷了，可憐這位武官卻還未察覺。這時候，蔣公忍無可忍了，突然拍了一下桌子，用帶有寧波口音的國語問道：「你會不會講國語?!」武官這才驚醒，連忙答稱：「會，會，會！」蔣公則連說：「好，好，好！」蔣公經常使用「好」字，可以說此字是他的口頭語。但是，「好」的語氣卻經常變換，而其真正的涵義——或稱讚，或發怒，或諷刺——也隨之變化；當然，這時的「好」字也就是「你完蛋了」的意思。果然，這位軍人的「武官」外派令旋即被撤回，原因是他有「諂媚奉承」及「巧言令色」之嫌！

　　蔣公是一位強者，是一代偉人，雙目炯炯有神，望而生威。但當時的我卻似乎對他沒有什麼怕懼，不像有些人，在他面前總是恭恭敬敬，循規蹈矩，不苟言笑，乃至蜷縮一邊，椅子只坐一角。可能是因為我與他年齡懸殊（相差三十餘歲），下意識地將他當成父輩看待了；也可能是因為並非他的直屬部下，而只是個「提供技術服務」的人員，且亦無企求做「大官」之心，故反而坦蕩和放鬆了。我在翻譯時，通常身腰自然挺直，不亢不卑，使用圓潤的嗓門，發出清晰的語聲；當然，也還得視自己座位與總統或貴賓的距離遠近而隨時調節話語的音量。

　　總統接見外賓的場所不外如下幾個：外國使節呈遞國書時，在總統府大禮堂，並須穿著大禮服、佩帶勳章；元首級貴賓來訪而舉行國宴時，則在總統府大禮堂擺設幾行長桌，可容納上百嘉賓；如果少數訪客只是拜會晤談，則在總統辦公室旁的小客廳，或在士林官邸。

　　就我而言，比較「困難」的是國宴上的翻譯，因為這是在席間邊

吃邊談的形式。而這時的我就不得不「一嘴兩用」了：一方面要注意聆聽賓主雙方的談話，及時而正確地翻譯；另一方面當然也不能餓了自己的肚子，還得伺機「充填腸胃」。這就需要一套高超的技巧了，否則就難免顧此失彼，影響工作甚至健康。

所謂的「高超技巧」，說起來也很簡單，此即「少」、「小」、「快」三原則：吃得要「少」，切割要「小」，吞嚥要「快」。首先，切記不能貪吃，每次的量要少。其次，如豬排、牛排等要切成小塊，以便吞嚥。當然，我在此說的「切、割」，其實即是「鋸、磨」，因為真正要「切割」成小塊時，很有可能發生小肉塊飛起來的意外事故；而同時用力切割下去，也可能使餐刀與磁碟撞擊而發出「巨響」，而這將是很失禮的。所以，必須用拉鋸式的動作把肉切開或鋸開，再分成小塊，不慌不忙地迅速送入口中，閉嘴快嚼吞下，同時還要面帶笑容，表現得從容不迫。在這種場合，必須保持在講話之時口中無物，或者口中幾乎無物，否則講話的聲音將會含糊不清，令賓主都聽不清，並且，其狀也是很失態的。

以上「技巧」說來簡單，實施起來卻並不容易。因為，元首在講話時，我不能自顧自低頭悶吃，相反，為了表示尊重與恭敬起見，還必須顯示得全神貫注，雙手不能有所舉動。要等到翻譯過後，輪到貴賓講話時，方始可做些切割、咀嚼、吞咽的小動作，但也仍需儘量做到目視對方，以免失禮。

其他有關的餐桌基本禮儀也必須遵守，如：身體坐正，所謂「正襟危坐」，腰幹挺直，如彈鋼琴般；喝湯時不出聲；不能用餐巾擦眼鏡、抹臉和擦鼻子，尤其不能用來擦鼻涕，而只能用來抹去嘴唇邊油漬或食屑。此外，使用刀叉時，兩手肘不能撐開，像左右開弓似的，以至胳膊撞擊到鄰座的客人。要做好這些方面，最好是平時先預先訓

練一番：雙腋下夾持兩本相當笨重的厚書，然後左手持叉，右手拿刀，切割菜餚時不讓書本落下。這和模特兒頭頂書本而穩步走路的練習一樣，必須下番苦功後才見成效。其他有關餐桌上的禮儀和應予注意的細微方面還有許多，若一一道來，完全可以撰成專書。我的一位好朋友，外交部同事謝棟樑大使是這方面的專家和權威，他到處演講有關國際禮儀的問題，並還製作了很多錄音、錄影，在電臺、電視臺向全社會播放。他撰寫的《彬彬有禮走天下》一書可能在近期出版，可供參考。

　　有時候，蔣公也在臺北市近郊的士林官邸接待外賓。所謂「士林官邸」，原是日本佔領時代屬於日本總督的「園藝試驗所」用地，佔地5.2公頃。「士林官邸」是其總稱。從士林的福林路進入，由外而內，可分為外花園（包括溫室盆栽區、玫瑰園區），內花園（是中式庭院和

蔣公接見比利時國會議長，由作者傳譯。（士林官邸）

西式庭院的合稱），凱歌堂，園藝館，總統隨扈人員的宿舍營房，以及士林官邸正館，簡稱「正館」或「正房」，亦即蔣公與夫人宋美齡居住的處所。

　　所謂「正館」，是一棟非常樸實的二層樓房。樓上是蔣公的書房和總統伉儷的臥房。樓下是會客的客廳、餐廳，但客廳和餐廳都很小。以一國元首之尊的身分居住在這個並不起眼的相當簡陋的樓房裡，世人或會覺得不太相稱。但蔣公卻怡然自得，不以為忤，這也足見其淡泊自甘的謙虛胸懷，頗有「斯是陋室，惟吾德馨」的自我滿足感。不過，可以想見的是，蔣公伉儷處於群花環伺，青翠樹木叢中，其心中的活潑與情趣、生活意境的恬靜，卻不是物質設備所能提供的。國民政府於 1949 年遷臺，蔣公起初住在草山招待所，感覺「草山」名稱不雅，遂改名為「陽明山」。1950 年 5 月遷居士林官邸，迄於 1975 年 4

蔣公接見義大利國會議員團。

月 5 日病逝。蔣公伉儷前後在此居住 26 年。1964 年 4 月 7 日，美國
副總統尼克森來臺，曾被招待住宿於官邸樓上的書房內。

　　本書所附照片中，有一張是在士林官邸正館客廳拍攝的，顯示總統
伉儷接見義大利國會訪問團的情景。客廳顯得很擁擠，總統與蔣夫人對
坐；主賓坐在蔣公左側，主賓左邊是我；後坐者則是當時的外交部長沈
昌煥；其他五位訪賓則散坐在蔣夫人的右側。客廳陳設很簡單，沒有豪
華的高級沙發，僅是幾張藤製桌椅而已。現在，士林官邸整個地區已
被臺北市政府接管，設為生態公園，正館部分被指定為「國定古跡」，
則由總統府管理。園藝及花園部分早已向社會開放，民眾可以免費參
觀，從而成為臺灣的觀光景點之一。「正館」則於 2010 年也開放了。

　　外國元首來訪時，蔣公還需偕同總統府祕書長、參軍長等官員赴

蔣公機場接見越南總理。左起：作者、陳誠副總統、蔣公、黃少谷、彭孟緝將
軍、越南總理。

機場迎接。他頭戴軍帽，身穿軍服，其他官員及傳譯人員則須穿著大禮服。昔日，越南總理吳庭炎來訪時，蔣公以元首之禮接待，親自前往機場迎接。越南總理來訪之前，我們先瞭解了吳庭炎總理使用語言的情況：是越南語還是法語？如果他使用越南語，我們由越南語文專家魏光道祕書充任翻譯。但越方表示，吳庭炎總理將使用法語。於是，這個辛苦的傳譯工作便落在我的身上。

　　吳庭炎總理是單身未婚者，按照國際禮賓慣例，蔣夫人宋美齡女士原可不必參加繁重的接待工作，但是蔣夫人主動表示，願意參與接待。蔣夫人精通英文，也通曉法文，她還經常協助總統處理國際事務（如 1958 年金門炮戰期間，美國國務卿杜勒斯來訪時，蔣夫人就與蔣公及外交部長葉公超在士林官邸一起密談，商議大事）。

　　或許是因為她對越南總理來訪很感興趣，故居然全程參加了大小

蔣公在士林官邸接見越南總理。

宴會，以及若干接待工作。總統府的一輛長型凱迪拉克牌禮賓車的後
廂很大，後座三個座位也很寬暢。貴賓坐右邊，蔣公坐左邊，夫人坐
中間，我則把司機座椅背後的彈簧小板凳拉下、逆向倒坐、面對他們。
這種坐法開始覺得有些彆扭，感覺怪怪的，只好儘量去適應；但是未
過多久，由於忙於翻譯，也就泰然自若了。蔣夫人一口上海話，還帶
些浦東口音，我恨不得也用上海話翻譯，但想起總統厭惡「武官講鄉
音」的前例，只好忍住不講。夫人談話中有時還夾雜些法文字眼，使
得吳庭炎總理相當驚訝，也使得我翻譯格外小心，儘量維持翻譯水準，
深怕被夫人發現什麼差錯。

　　蔣公在高雄西子灣有一個行館。吳庭炎一行在南部參觀完了軍事
設施、軍事演習以及高雄煉油廠等經建設施後，晚間，蔣公就在西子

越南總理訪臺，蔣夫人宋美齡女士參與全程接待。越南總理與蔣總統伉儷駕車
赴高雄參觀工業建設。晚間在西子灣接受款宴，作者全天陪同隨行翻譯，疲勞
不堪幾至腦間一片空白，幸短暫休息後，仍能達成任務。

灣招待所設宴款待。餐前在客廳飲茶交談。當時，我已經馬不停蹄地翻譯了一整天，真是相當累乏。蔣公和吳庭炎雙方交談，我正要傳譯時，突然一下子愣住了，腦中一片空白，記憶忽然消失，怎麼也想不起要講什麼。幸虧鄰座我的長官袁子健司長向我提示，這才解了我的圍，我恍然恢復記憶，才免於陷入窘境。此時，蔣公似已注意到我有點不對勁，故用慈祥和關懷的口吻，輕聲地對我說：「你休息一下吧。」接著連說「好，好」兩字。這裡的「好」字，是加重語氣，含有肯定前面一句的意思，同時也帶有溫馨的氣息。我連忙答稱「是，是」，心中暗自感激。這時，剛好禮賓人員來報告，餐宴已經準備好，請大家入席。我這才趁機喝了口茶，喘了口氣，逐漸恢復過來，到指定的座位就坐。對坐的袁子健司長以目示意，詢問我是否無事？我點點頭，表示還可以勝任。於是，我就這樣繼續「硬撐」下去，直到晚宴結束，終於圓滿完成任務。

　　蔣公在接見訪賓時，慣用口頭語「好」字。但是，我們在翻譯時卻不能刻板地用「是」來直譯。因為這一方面未免顯得單調、枯燥，失去了「對話」的風格，另一方面也有曲解或者誤解蔣公之真正涵義的風險。所以，我必須首先默察雙方的談話內容和上下文語氣，並努力體會蔣公的真實涵意，是否涉及「外交承諾」等等之後，才可以譯成確當的法語，才可以在不背離其原意的情況下，略加潤飾地反應出蔣公單純的「好，好」，塑造出既確切又活潑的對話氣氛。譬如，我可以分別譯作「是的」、「您說得對」、「您講得不錯」、「我同意您的看法」、「是這樣嗎」（並非真的提問）、「謝謝」、「正是如此」、「我很高興」等等。

　　除了替蔣公傳譯外，我也經常替副總統陳誠擔任翻譯。陳副總統的國語沒有蔣公講得地道。他是浙江青田人，鄉音特別重。青田話很難懂，一般人不容易聽懂。而我則因留學法國六、七年的經歷而得益

匯淺：那個時代（20 世紀 40、50 年代），旅居歐洲的華僑大都是溫州或青田人，我與他們頗多交往，自然對其鄉音較為熟悉了。當然，初到法國時，我根本聽不懂他們的家鄉話，後來日子久了，耳濡目染，彼此也就可以基本溝通了，到後來，更是學會了簡單的溫州話和青田話。因此，當我替陳副總統當翻譯時，可說是相當輕鬆了。

在此提到溫州話，我有個和語言相關的體會，順便在此談一下：我發現溫州話、青田話聽起來有些像日本話。我雖不懂日文，但我聽得出它們有一個共同點，便是很少有第四聲，好像第四聲的字都念成第三聲。譬如，「共產黨」三字都念成入聲，亦即仄聲（第四聲），發音成為 "jio-sa-do"。同樣「共產黨」三個字用日語發音來念，則為："kio-sa-do"，三字發音幾乎和溫州、青田話發音完全一樣。所以我異想天開的「大膽假設」就是：日本人的老祖先可能就是秦始皇為了尋覓長生不老藥而派徐福在浙江沿海就近募集出海的溫州、青田籍的「童男女各三千人」。再徵諸日本還有不少「徐福廟」或祠堂供人膜拜，那麼我的推測或許尚有一點根據。胡適曾有「大膽假設，小心求證」之語，所以，有心人士不妨基於聲韻學、語言學，把日本話和溫州話、青田話發音相同或類似的語詞一一列舉，用科學方式加以研究分析，再有系統地把日本所有徐福廟有關資料予以彙整處理，來看看日本人的老祖先是否確是咱們溫州、青田人。若真有所論證，則倒不失為一篇頗有價值的學術論文呢。

上述看法似乎也部分地適用於越南話。今中國大陸採用的「中文拼音」中的 ci 或 qi，越南發音則都念成 di。多年來我一直奇怪，為什麼英國、法國將中文的「茶」譯成 tea 和 thé；而土耳其文與俄文則將「茶」音譯為 cha 和 chaï。後來到了臺灣才明白了其原因：「茶」字用閩南語發音作 dei 或 dé（法語），這個 dei 音在「拼音」系統裡還找不

到。我由此悟出一個道理來：以前中國的茶葉從沿海各地裝船海運到歐陸國家，其名稱就基於原產地的方言音譯，從而成為 tea 和 thé；至於從北方產地的茶葉，經由陸上絲綢之路，輸入俄羅斯、土耳其等地，「茶」字就根據當地發音而音譯為 chaï、cha 了。

想不到由於我對中文音譯存在差別的好奇心和粗淺的認知，卻為我的翻譯工作提供了相當的幫助，並且還幫我在替蔣公傳譯時，渡過了一個翻譯「難關」。以下便是一個很好的實例：

越南在 20 世紀 50 年代有一個反共的宗教武裝團體，名「高臺教」，它擁有軍隊和武器。其教主名為范公稷（「稷」字越南發音為 de 讀如「答」），可見他們沒有中文拼音 ji 的發音。教主來臺訪問，向我國祕密洽談購買武器的事宜，由於此事涉及最高軍事機密，故由蔣公親自接見，張群祕書長及安全局鄭介民局長陪見。越南受中國文化的薰陶，年歲稍長的人大都識得些漢字，也通曉一些中國歷史。范公稷教主是越南這個時代的典型人物。越南曾經是法國的殖民地，故法語幾乎成為越南的「國語」。范公稷當然也能說法語，但免不了帶些越南腔。他謁見蔣總統時，選擇了使用法語，我因此奉命擔任傳譯。

在談話中，范公稷為了表達對蔣公的敬意以及對中國的景仰，或許也是為了炫耀他的學識淵博，忽然冒出幾個發音古怪的詞句，聽起來既不像中文，也不像越文，又不像法文，其發音為："Ba-Ye-Do-Di"。這使我一時之間「丈二和尚，摸不到頭腦」。幸好腦子裡飛快地閃過我對語言發音差異的淺薄認知，靈機一動，我就找到了答案。於是我從容不迫地，朗聲翻譯出中國歷史上殷朝時代伯夷、叔齊兄弟兩人的歷史故事。當然，用伯夷、叔齊的史實來比擬臺灣及蔣介石，有些引喻不當，但以一個越南人而言，能瞭解一些中國古時殷、周朝代的軼事，已經算是不錯的了。因此蔣公聽了，就帶著微笑，連說幾個

「好」字。蔣公那時「好」字的發音是介乎「哈」和「好」之間的聲音，含有驚訝、欣賞，但也有些「存疑」的意味。可是我翻譯時不能過分強調，只能使用較「中性」的法語「謝謝」來表達蔣公「好」字含蓄的涵意，一方面也替元首保持了他崇高身分地位和尊嚴。

總之，替蔣公擔任傳譯是一份榮譽，也是一種愉快。因為翻譯是一種藝術，是一種智慧挑戰，使人腦力激盪，在一些規範中，它讓人有自由發揮想像力的機會，創造些自我欣賞的小成就。這是金聖歎三十三則「不亦快哉」中所沒有的另類「不亦快哉」吧。

隨黃少谷團長慶賀教宗加冕，順道訪問歐、墨、日

1958 年 7 月 14 日，葉公超出任駐美全權大使，從而外交部長一職由黃少谷繼任。黃少谷以行政院副院長之尊，接任外交部長，可見高層對他的信賴和重視。他是湖南人，青年時曾任馮玉祥的祕書長，可稱為黨國元老。他很重情義，同時具有謙和、忍耐、慎言的品性。從軍閥割據到北伐成功，他逐漸顯露政治才能，老謀深算，處事謹慎，思慮周密，因此深受蔣總統的器重。他上任一個多月，就發生了金門炮戰。由於美國基於「中美防禦條約」的簽訂，全力防阻了國、共擴大衝突，減輕了新上任的黃部長不少負擔，所以有人稱他為「太平外長」。

1958 年 10 月 9 日，羅馬天主教前教宗庇護十二世逝世，威尼斯樞機主教龍嘉利 (Angelo Giuseppe Roncalli) 當選為新教宗，定聖號為若望二十三世。新教宗加冕典禮定於 11 月 4 日舉行，並邀請各國包括中華民國派員參加慶典。

　　臺北行政院 10 月 30 日院會決議，派遣「中華民國慶賀特使團」前往慶賀。以黃少谷部長為特使，駐教廷公使謝壽康為副特使，外交部情報司司長江易生為特使團公使，禮賓司幫辦芮正皋（筆者）為特使團參事，駐教廷公使館二等祕書錢愛虔為祕書，一行多人，代表中華民國前往出席參加致賀。

　　另外，墨西哥於同年 7 月間舉行大選，當選新任總統阿道夫‧洛佩斯‧馬特奧斯 (Adolfo Lopez Mateos) 定於 12 月 1 日舉行就職大典。臺北行政院索性「一客不煩二主」，同時決議也派黃少谷部長為「中華民國慶賀墨西哥總統就職特使團」慶賀特使，駐墨西哥大使何鳳山為副特使，江易生為公使，我及駐墨西哥大使館參事鄭健生兩人同為特使團參事，大使館一等祕書張平為祕書。

　　我們這一行的主要任務固然是慶賀教宗加冕及墨總統就職，但是外交部設想，如能順道非正式地訪問西歐各友邦，則可藉此增進彼此間的瞭解和友誼，並加強關係，緩和金門炮戰所引起的緊張局勢，也可藉機闡釋我們所處的地位、立場和採取的相應措施，爭取國際對我國的同情與支持。另一方面，在宣慰僑胞時，也可向他們說明「中美聯合公報」發表後我們所採的最新立場，並非如外間所傳的政府已放棄「光復大陸」的任務和使命。

　　基於上述構想，黃部長、江司長及我一行三人，帶了大禮服、大包小包的禮品，匆匆成行。我們於 1958 年 11 月 1 日上午 11 時自臺北搭機出發，在東京停留一宵，2 日上午換機，經美國阿拉斯加的安克雷奇 (Anchorage) 飛過北極，於 3 日晨抵達巴黎，再換機經由米蘭，於同日下午 1:05 抵達羅馬。這種長途飛行的歷程，是無法簡單地以「馬不停蹄」這四個字來形容的。

　　我們下榻的旅館是羅馬著名的「大旅館」(Grand Hotel)。依照國

際慣例，一家旅館如有一國的外交部長來住的話，這家旅館就得把這位外交部長所代表的國家的國旗掛出來，以示禮遇，並表尊重。我特地到旅館大門口，在所懸掛的眾多旗幟中尋找，察看中華民國的國旗有沒有掛出來，如果沒有就打算去交涉。很高興看到了懸掛的國旗，就趕緊跑去報告黃部長知道。他想不到訪問團剛抵達大家正在忙亂時，我會注意到國旗懸掛的問題，意外感到欣慰。

1.試穿大禮服、幸而「小題大作」

我們大家進入房間，清點行李後，第一件事便是把壓在箱底的大禮服趕緊拿出來，讓侍者拿去熨燙，並一再叮嚀必須以「特急件」處理，務必於當晚熨畢送回，以便明晨穿著它參加大典。因為我們遠道趕來是為了猶如演出一場「外交大戲」，大禮服便是我們的「戲裝」、演戲的必要「道具」，沒有它不能登臺演出。

大禮服熨燙事交待完畢，我們一行就接連參加一系列的拜會節目，包括教廷國務院及樞機院，晤見田耕莘樞機主教及于斌總主教。當晚還參加了法國駐教廷大使館的酒會。

等到吃完晚飯拖著疲憊的身子回到旅館時，已經接近晚上 10 點了。我先查看衣櫃，見大禮服果然已熨燙送回掛在裡面，感覺心安了。同時我也提醒他們當晚和明天早晨不能喝水，以免發生在教堂上廁所的問題。因為天主教大禮彌撒一般時間都很長。我在上海震旦大學念書的時候曾經親身經歷過。尤其像教宗加冕這類的特別隆重大典，更非 3、4 個小時不可。此外，還囑咐大家早些休息，因為第二天 5、6 點鐘就得起床。然而，在互道晚安時，我忽然想起另外一件重要的事情。

穿大禮服（或稱燕尾服，因其後裾狀如燕尾）是一件很煩瑣的事，

因為其配件很多：特殊的無領白硬胸式或百葉式的襯衫，光是胸鈕就有五顆。此外還有一對袖口鏈扣，另外須安裝白色摺角硬領，扣在無領襯衫的前後兩顆頸鈕上。外加白色領結，並穿白色背心，以及一副吊褲背帶，如此等等，可謂五花八門。我自己有此經驗，因為身為禮賓司幫辦，每次新到任外國使節向蔣總統呈遞到任國書時，我都須穿著大禮服陪同前赴總統府。就我記憶所及，黃部長出任外交部長後，好像還沒有穿著大禮服的機會。我遂建議黃部長當晚試穿一下，因為明天早起時間過於倉促。部長表示贊同。

我遂從衣櫃內取出熨燙好的衣服，幫他先穿上裝，哪知兩袖各長出半尺，拿褲子往身上一比，褲腰高到胸前。再看衣領背面繡著「紐約第五大道某西服店」幾個英文字樣。黃部長說：「不對呀，我的大禮服是在臺北博愛路外交部背後桃源街一家西服店 24 小時趕做出來的。」我知道出了問題，顯然旅館送錯了衣服。於是馬上打電話交涉，對方在電話中也搞不清楚，我問黃部長他的衣服上有什麼特別標誌，他說：「好像左襟內袋上繡有我的中文姓名，還有西服店的中文店號。」我說：「好，我馬上下樓去找。」同時打電話叫侍者把這套「紐約第五大道」裁製的大禮服拿走，說不定它的主人也正在到處尋找呢。

這旅館挺大，拐彎抹角訊問了好幾處，才在地下室找到了旅館的熨燙部門。又花了不少時間，終於找到了黃部長在臺北裁製的大禮服，如獲至寶，欣喜萬狀。幸而當晚發現狀況，及時予以解決。如果這一烏龍事件發生在明天早晨，必將貽誤時機，絕對趕不及參加規定 7 時半出發的車隊，更不能及時進入聖彼得教堂，從而無法完成不遠千里而來參加這場「慶賀教宗加冕大典」的任務。沒有「戲裝」上不了「舞臺」、演不了戲，豈不將釀成一件不愉快的「外交糾紛」？

2.參加教宗的加冕典禮

1958 年 11 月 4 日，早晨 7 時半正，駐教廷公使謝壽康駕車來接。
我們「全副武裝」登車向梵蒂岡駛去。梵蒂岡雖然就在羅馬市區，但
是車隊行進像蝸牛一般，速度很慢，比車旁的人潮快不了多少。車行
約 40 分鐘，看到了聖彼得大教堂，前面廣場已經擠滿了數以萬計的群
眾。員警一路指揮交通，車隊好不容易從狹窄的通道中馳抵了教堂側
面的貴賓進入門，剛好準時在 8 點半前趕到。各國的慶賀特使陸續下
車，魚貫進入爆滿的教堂。由司儀們依照通行證、名牌，在擁擠的人
叢中、莊嚴地緩步帶領我們抵達指定的席次入座，被包圍在前後左右、
排得密密的觀禮的貴賓群區。在這種情形下，大家才體會到如果要如
廁，簡直真是不可能的事。

我們這一區的慶賀使者們大概是按照英文字母 C 來排列的，因為
我們右側是加拿大，左側是智利、哥倫比亞等代表團。但這不是適合
社交的場合，連轉身都很困難，無法站起來拉手或行親抱禮，又不能
高聲寒暄，只好大家「君子式」地彼此含笑點頭表示一下而已。好在
大禮彌撒一開始，大家都被莊嚴肅穆的儀式、管風琴的動人音樂、合
唱團的悅耳歌聲所吸引，也免了彼此客套，倒也落得省事。

大禮彌撒進行過程很隆重，很冗長，一會兒請全體起立，一會兒
請大家坐下，煞是繁忙。但是這樣也很好，可以防止打瞌睡，或者坐
得腿麻。隨著大家起立坐下、如此這般地持續了四個多小時。到典禮
全部結束時，已是午後一時許。從早晨 7:30 出發算起，在車上、教堂
裡，端坐了六個多小時，不吃、不喝、不尿。因此我深感，搞外交，
也要靠體力，靠耐心。不管如何，這出「慶賀教宗加冕」的大劇，可
以說是成功地演出和圓滿地達成了。

參加教宗加冕大彌撒的，共有特使團 66 個，其中，國家代表團 58 個，我國特使團排列第 14 位；以外交部長領銜的特使團有 11 國，我國居第 4 位。

教宗於第二天在大會議廳接見各國特使團。又得排隊行禮如儀一番，還好這次不須再穿大禮服。隨後，黃特使遂展開一系列的拜會及應酬活動，包括出席西班牙和巴西駐教廷大使的酒會，參加了教廷副國務卿塔迪尼 (Domeconi Tardini) 招待外交團的酒會等。

3.訪問西歐各友邦

因為距離參加墨西哥總統 12 月 1 日的就職典禮還有些時間，黃特使遂順便展開一系列的訪問西歐友邦活動，包括義大利、西班牙、法國、比利時、葡萄牙等國。由於金門始終在炮戰聲中，大家的話題都圍繞著金門的戰事打轉。

11 月 5 日，我們拜會了義大利總理兼外長阿明托雷·方範尼 (Amintore Fanfani)，他對我們的處境表示關切和同情。黃特使則告之：我們堅守金門的立場不會改變。

訪問國家中以西班牙和法國對我方處境最為關切。11 月 11 日，西班牙元首佛朗哥 (General Franco) 將軍在接見黃特使時態度極為懇切。他特別關注大陸上的反抗運動，並詢問共軍將領與共黨分化的可能性，並就我方擬如何反攻，蘇俄是否積極援共，以及我方能否鼓動共軍起義等各種假設詳加詢問。黃特使據實以告，大致如下：「大陸人民因反對『人民公社』制度，確有反抗行為。目前我方正進行政治反攻，爭取人心，並設法聯繫各地抗暴力量並予以組織，為軍事反攻鋪路。一旦時機成熟，臺軍必將與大陸聯合，與抗暴運動配合行動，以摧毀中共政權。」佛朗哥元首當下表示，盼我方早日光復大陸。隨即親

自頒授黃特使大綬文職功績勳章一枚，我也獲頒領綬文職功績勳章一枚。

11 月 17 日，黃特使由駐法代辦陳雄飛公使陪同，拜會法國總理戴高樂將軍。戴高樂將軍首先對我們堅決保衛金馬外島表示欽佩，繼而申述他對蔣總統的景仰一如往昔。他隨即談及臺灣海峽事件，並表關切，詢問此事對太平洋局勢的影響。黃特使當即詳細剖析了金門戰事發生以來我方政府的立場，以及自由世界在遠東的反共形勢，並將我國今日處境與二次大戰時戴高樂領導的自由法國及戰鬥法國運動時期的情況進行了比較闡述。戴高樂的反應頗為誠懇。他表示，法國的實力雖不足以干涉共黨對我金門發動炮戰，但確信，自由中國的存在對整個自由世界極為重要。如果海峽情勢演變至嚴重危及自由中國存在的地步，那麼法國政府必將挺身而出，給我們明確的支持。

特使團一行在巴黎參加了一些拜會活動及應酬節目後，先後訪問了比利時及葡萄牙兩國。在比利時，黃特使等拜會了比利時外長維尼 (Pierre Wigny) 及首相加斯東・伊斯更斯 (Gaston Eyskens)。後者反共態度相當積極，拿柏林和金馬相提並論，認為「東西防衛不可分」的理論應提供給自由世界參考。

4.慶賀墨國總統就識

11 月 26 日，特使團結束葡萄牙訪問，搭機離開里斯本，經紐約轉機，於當晚抵達墨西哥城機場。同機的還有法國等六國特使團。飛機在停機坪停妥後，由墨國外交部禮賓官員登機，依照國名的英文字母排列，安排黃特使為首順序下機。墨西哥外長帕迪拉 (Luis Padilla Nervo) 本人在機旁迎候。我旅墨西哥僑胞二百餘人也在機場迎接，場面相當熱烈。

墨西哥是拉丁美洲的大國，過去曾被西班牙統治了三百餘年，所

以有關慶賀總統就職典禮的一切禮賓節目安排帶有西班牙色彩，井然有序，頗有歐洲大國的規模和風格。28 日上午 11 時，先到墨外交部遞送國書副本。29 日上午 11 時，再到墨西哥總統府，向即將卸任的總統呈遞國書正本。然後 12 月 1 日上午 10 時赴國家藝術館，正式參加墨西哥新任總統洛佩斯的就職典禮。參加典禮的各國特使團共有 53 個。包括墨國國會議員及軍政首長等在內的三千餘人參加了這個盛會。洛佩斯就職後發表長達 1 小時的演說，他保證促進墨西哥與各國友好關係，並表達致力改善墨國經濟及教育的決心。

　　第二天，12 月 2 日上午 11 時，墨總統洛佩斯在總統府接見各國特使團。黃特使在候見時遇見了美國國務卿杜勒斯。後者大談其在臺北簽署並發表的「中美聯合公報」在美國國內及自由世界所引起的良好反應，狀甚得意。黃特使本擬借此機會將聯合公報中所列「而非憑藉武力」六個字引起對我方不利的反應事件提請他注意，但因當時各國冠蓋雲集，都在旁等著與他寒暄，因此無法暢所欲言。黃特使隨後獲悉杜勒斯將於 12 月 4 日在三藩市發表外交政策演說，我們怕他過分強調此點，故黃特使特於 12 月 3 日再以書面形式詳細闡述我方立場，並打電話逐字告知我駐三藩市總領事，請他們務必在杜勒斯國務卿發表「政策演說」前將該函送到，供其參考。

　　當天上午，黃特使閱報，獲悉美國前總統杜魯門及英國前首相艾德禮在美國哥倫比亞廣播公司 12 月 1 日的電視節目中提出了「臺灣國際化」的荒謬主張。黃特使當即發表談話，說明無論就歷史、地理、人文及法律觀點而言，臺灣素為中國領土，二次大戰後臺灣由日本歸還中華民國，開羅會議曾經提出保證，並在《波茨坦宣言》中重申此項保證。作為《波茨坦宣言》的簽字人，杜魯門及艾德禮現竟提出「臺灣國際化」的主張，實屬健忘、荒謬！

12 月 3 日下午，黃特使出面在我大使館設宴招待各友邦國家特使團團長及駐墨使節。晚 10 時，特使團參加墨西哥新任外交部長特洛 (Manuel Tello) 為招待各國特使團及使館人員而舉辦的盛大酒會。翌日上午 11:40 搭機離開墨西哥，前赴洛杉磯，準備繼續飛往日本訪問。

5. 日本不遵守國際禮賓慣例

1958 年 12 月 6 日晨，自洛杉磯乘飛機，經檀香山及威克島，飛越國際換日線 (International Date Line)，於 12 月 8 日晨 7:50 抵達東京，但日本官方並未派員赴機場接待。依照國際慣例，日本外務省應派禮賓部門主管官員到機場迎候照料，但外務省竟不遵守此項國際禮儀慣例，殊屬失禮驕橫之至。為表示不滿，黃特使臨時決定提前拜訪日本外相藤山愛一郎及首相岸信介後，提早兩天離日返國。

當天下午 3 時，在我駐日本大使沈覲鼎（也是兩年多後我在駐非洲剛果大使館服務的長官）的陪同下，我們拜會了日外相藤山愛一郎。藤山對中華民國應付共產集團的強硬態度與主張表示同感，並謂此次美日會談修改安全條約，中共蘇聯橫加阻撓，干涉日本內政，日政府已嚴詞駁斥，輿論群起而攻，足見他們此舉效果適得其反。黃特使表佩慰，但仍盼日本政府繼續保持這種態度，使東京、金門、柏林三地，同為抵制國際共產的強固保壘。外相答稱，日本一部分所謂「進步文化人」雖為共黨張目，但日本大多數人民仍將站在自由世界陣營之內，故日本目前情況可不足為慮，不像若干報界所傳之可怕云云。

12 月 9 日午後 3 時，沈大使再陪同黃特使往日首相官邸拜會岸信介。日本首相認為金門戰事與西柏林問題都是國際共產侵略陰謀的一環，對日美安全條約修訂問題的政治攻勢又為其陰謀的另一環。岸信介最後結論說：「因此，自由世界自應共同協力對抗國際共產集團的侵

略陰謀。」

12 月 10 日晨 8:30 搭機離日。日本外務省又再一次不派員到機場照料，如此情形，已不僅僅是無意失禮，而是存心示惡，喪失大國風度，暴露小人醜態，令人髮指、厭惡、鄙視！但是黃少谷外交部長畢竟是儒家君子，鑒於當前中日關係的微妙狀態，為了顧全大體，遂展現泱泱大國風度、予以大肚寬容，並未指令我駐日大使館向日本當局反映、要求日本外務省解釋理由。倒是日本《朝日新聞》在旁看不入眼，不齒其政府所為，曾於 12 月 16 日發表短評，講了幾句公道話，責備外務省禮節不周，就日政府對所謂「中國問題」的曖昧態度予以譏刺、批評，並對代表中華民國的黃少谷部長的雍容大度風範予以讚許。

特使團一行於同日午後 1:30 抵達臺北。此行總共歷時 40 天，飛行 104 小時，行程 46644 公里，先後訪問教廷、義大利、西班牙、法蘭西、比利時、葡萄牙、墨西哥及日本等 8 個國家。黃特使除與上述各國元首、閣揆或外交首長晤談外，並曾與各國（包括親共國家）所派慶賀教宗加冕及墨西哥總統就職典禮的各特使團人員會晤；另與其中 16 個國家的外交首長懇切交換意見。此外曾就金門戰事問題作無線電及電視廣播、接受記者訪問並對新聞界發表談話。所到之處，廣泛與僑界接觸、晤談或演說，完成了多元化、全天候、全方位、綜合性的特殊使命，真可稱「勞苦功高」，也可說是「情勢所然」，遂有此「奮勇出擊」的外交傑作吧！

我在這整個訪問過程中扮演了一個「勤務兵」的角色，對於黃部長深謀遠慮、處事周密的風格，見識了許多，也學習了不少，對我今後為人處世有莫大的啟發，獲益匪淺。

一年多後，蒙黃部長好意，任命我為駐教廷大使館參事，去襄助駐教廷謝壽康公使。同時我也很快地接到蔣總統的人事派令。但是不

知何故，謝公使對外交部這份好意並不領情，不願接受。並透過時任立法委員的胞弟向部方婉拒。外交部當然要買立法委員的帳，遂把我改派為駐土耳其大使館首席參事。事後，外交部同仁推測，大概可能由於駐教廷公使館並無其他館員（當時僅有一位神職雇員，王尚德神父，他的對外職銜是「顧問」，「任務」是負責使館與教廷間的事務性聯繫，至於政務性的接洽則由謝公使親自出馬），政務與庶務一切由謝公使夫婦伉儷兩人包辦。這種「小鍋小灶」的作風和作法（每月湊些單據便可例行報銷公費），如果多添一位相當幹練的參事，勢將「礙手礙腳」反而造成不便的緣故吧。

我個人則認為，不去教廷也罷，到土耳其也不錯。所謂「入土為安」，應該可以在土耳其安頓一時，在國內忙碌了六七年，也可在此一歐亞地區的衝要國家調劑一下身心。哪知到達安哥拉任所不到一年，就被外交部更番調派到非洲各國短期出差。為配合政府大力開展對非工作的外交政策，在非洲道上奔走了二三十年，反而與非洲結下了不解之緣。

參加蔣公創辦的「國防研究院」受訓

1954 到 1960 年間，我在臺北外交部的時代，蔣介石總統覺得我年輕有為，「孺子尚可教」，似乎對我印象還不壞。或許也正因為如此，他在創辦國防研究院的時候，便把我作為 1959 年第一屆學員而親筆圈選在學員名單內。

國防研究院原則上每期培訓學員 60 人，但不是硬性規定。我們第一期學員為 56 人，因為有幾位內定學員由於公務在身而無法參加，如

紐約駐聯合國常任代表團副代表薛毓麒便是一例。學員來自各個領域，包括黨、政、軍、財、經等方面的首長和官員。若干傑出學員受訓後有升任政府要職的，如後來出任行政院長的孫運璿。我們第一期同學中包括軍界的胡宗南將軍、鄧文儀將軍、空軍的老前輩姜獻祥、羅中揚、任肇基等輩，以及時任國防部次長的羅機。文職官員方面則有臺灣省政府民政廳長連震東（連戰之父）、中央黨部祕書長張寶樹、新聞局長沈琦、國大代表滕傑等，以及企業界「中國石油公司」負責人胡新南及「臺灣鋁業公司」總經理孫景華等。此外，還有三民主義學術理論專家多人，可以說是人才濟濟。

國防研究院第一期同學餐敘。前排左起：唐夫人、林夫人、滕傑、中坐者孫運璿、孫夫人、薛夫人、芮夫人、魏夫人，後排左起：孫義宣、劉耀璵、唐振楚、姜獻祥、劉景岐、曾祥廷、胡新南、薛人仰、林棟、崔垂言、魏汝林、芮正皋（作者）。

　　國防研究院兼院長蔣公抽空在公餘到陽明山國防研究院處理院務（有一間小書房專為他辦公用）。每週星期一舉行「紀念週」時，蔣公也必定參加。由院方指派一名學員上臺「讀訓」。他老人家則坐在講臺旁邊一個藤椅裡，一邊聽學員讀訓、一邊捧著他自己所著的訓詞、默默跟著念。山上氣候濕冷，他腿上蓋了一條羊毛毯、頭上戴了一頂毛線打的便帽。他每週三則分批選擇性地在書房單獨接見學員，垂詢修業近況並有所訓示。我曾蒙他接見兩三次。

　　當時我年紀尚輕，資歷還淺，只不過是外交部的一名技術官僚，但能參與到這種將星雲集、高級文官成員構成的培訓班中，頗有「受寵若驚」之感。我十分認真地聽課，而課程中則都是有關如何「反攻大陸」、「接收大陸」的種種計畫。當時的臺灣高層確實很有雄心和信心準備「反攻大陸」，但是，不久之後由於國際情勢的變化，特別是美

國防研究院受訓，院長蔣公接見。

國態度的轉變，遂使得這些計畫根本無法實行，久而久之，也就淡化了，「反攻大陸」政策逐漸變成一句口號了。

一篇文章定終身

1959 年，我參加國防研究院第一期培訓。八個月之後結束，按規定，每人都得撰寫一篇畢業論文。

當時的非洲在國際間的重要性尚未充分顯現，因此並不是外交重鎮。外交部尚未制訂對非洲的整體策略，部裡也未設非洲司，甚至連非洲科也沒有。因此，我就以自己的所見所聞以及客觀的觀察結果，寫了一篇《黑非洲新形勢》的論文，旨在提醒並建議政府當局重視非洲事務。

由於第二次世界大戰之後，非洲民族主義傾向抬頭，數年之間，英國、法國、比利時、葡萄牙各國在非洲的殖民地都紛紛獨立了。非洲成為了第二個拉丁美洲。這不僅使國際局勢大為改變，而且聯合國的投票形勢也完全不同了。假如要維護我們在聯合國的「中國代表權」，那就一定需要足夠的票數，而當時我們在非洲的建交國家寥寥可數，這便直接影響到如何維護「中

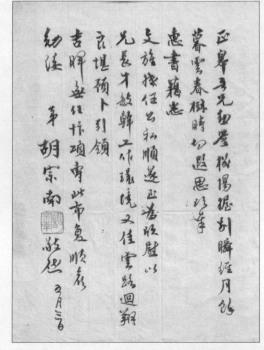

胡宗南 1961.05.03.（胡宗南學長機場握別後來函致意）。

國代表權」的大問題。我的《黑非洲新形勢》畢業論文，便是在這種
情勢下，為了提請當局對此一論點的注意而撰寫的。卻不料，這一論
文引起了高層的重視，他們確也認識到了非洲在當前政治和外交中的
極度重要性。於是，在當前缺乏非洲外交人才的情況下，開拓非洲外
交的部分責任便落到了我的肩上，我因此與非洲結下了不解之緣，開
始了長達二十多年的對非外交工作。

第三章

對非工作　長路漫漫

「非洲三劍客」

在非洲的職責主要是鞏固與建交國家的關係，並積極拓展其他領域的工作，爭取與儘可能多的國家建立外交關係。

我在非洲工作二十餘年，資歷不可謂不「老」，在職期間，曾與號稱「非洲先生」、先後擔任外交部亞西司司長、非洲司司長、常務次長、政務次長的楊西崑，以及坐鎮非洲司的中堅分子，後來出任駐盧安達和薩伊大使的丁懋時兄配合默契（丁懋時後來更上層樓，出任駐美代表、外交部長、總統府資政等重要職務），部裡部外，協調展開「非洲外交戰」，取得了相當不錯的「戰果」，因此，我們這三人遂被同仁們戲稱為「非洲三劍客」。這「三劍客」中，在非洲前線「衝鋒陷陣」的當然是我，楊西崑和丁懋時則在「大後方」（臺北外交部）「運籌帷幄」，發號施令。因為非洲幅員廣大，我在西非洲的工作（象牙海岸之外，另並兼領甘比亞、迦納、奈及利亞等國及地區）已經忙不過來，所以外交部又調派丁懋時先後駐紮盧安達及薩伊兩國、坐鎮東部非洲，以便開拓此一地區的業務。

楊西崑每年在出席 9 月下旬舉行的聯合國大會前，一定先訪問非洲，拜會各國元首、外交部長及有關政要，做好鞏固友誼的親善工作。長期下來，他與非洲建立了密切的關係，從而被人稱為「非洲先生」。

我與楊西崑先生相識於 1948 年聯合國在巴黎召開第三屆大會期間。事隔三年，聯合國於 1951 年又在巴黎舉行第六屆大會。我們再度相聚，雙方都甚感「有緣」。我們相交及共事數十年，因而成為好朋友。楊西崑當時任職於紐約「中華民國駐聯合國常任代表團」。他向我

表示有意回到國內外交部工作，問我外交部有什麼適當職位可以讓他報效？我立即提供了他一個「情報」：亞西司司長即將外調，這一司長職位可能近期出缺。我知道楊西崑當時在常任代表團的工作和聯合國託管理事會的業務有關，並和英、法兩國在非洲託管地若干政治領袖交往甚密。但外交部尚無掌管非洲事務的單位，而亞西司主管中東回教國家事務。當前之計，似可先進行爭取亞西司司長出缺的職位，至於開展非洲工作的構想，可待進部後視情勢發展再相機推動。楊西崑對我的看法頗以為然。此一思維策略，由於政務次長沈昌煥的適時介入，楊西崑果然順理成章地出任了外交部亞西司司長。日後的事實顯示，當初這一決擇完全正確。楊西崑的全力投入非洲工作，為中華民國作出了巨大的貢獻。

1960 年初，我奉派外調駐土耳其大使館擔任參事。於赴任途中，在黎巴嫩機場轉機時，恰巧與剛從紐約赴臺北就任的楊西崑相遇，他也在黎巴嫩機場轉機。老友在黎巴嫩機場候機室重逢，大家都感到分外親切和欣慰。他告訴我說，他正奉調返國，出任亞西司司長。他建議外交部讓他在返國途中順道訪問亞西司所轄的中東諸國，以儘可能熟悉和瞭解這些國家的情況。此議足見楊先生處事認真、思慮周密，常將公事掛在心頭；同時，由於是順道往訪而並非專程出訪，故也節省了政府不少的公費開支。

我在臺北外交部任職六年之後被派往土耳其。當時雖然借「入土為安」的俗語而自嘲，卻也確實希望趁此機會可以在土耳其安頓下來，讓年屆「不惑」的我能過點「悠閒」的日子。但事與願違，我在土耳其任職僅 11 個月，就接連多次被調派到非洲各國短期出差，分擔起「開拓非洲工作」的部分責任。我先是到馬利共和國設館、又從馬利撤館、轉赴比屬剛果（薩伊）襄助（前駐日本）沈覲鼎大使、再又離

開薩伊，被派到上伏塔（布吉納法索）設館，栗碌不停。1968 年，又從上伏塔調到象牙海岸（今名科特迪瓦）。直到 1983 年 3 月，中華民國與象牙海岸終止外交關係，我才以「大使回部辦事」名義，離開非洲返回臺灣。屈指算來，我在非洲輾轉多國，前後滯留達二十三年，我的「壯年黃金時期」也就在非洲耗掉了。

最「短命」的駐馬利大使館

　　1959 年年底，國防研究院第一期持續八個月的培訓結束後，我就被派往了土耳其。

　　中華民國駐土耳其大使是邵毓麟，號稱「日本通」，他曾在情治機構工作過。邵先生管理大使館的館務十分嚴格：他把自己的辦公室設在使館進門口，並將辦公室的門始終開著，因此，任何人何時進館，何時離館，他都能看到，一清二楚；當然，每個工作人員的遲到、早退情況，他也一目了然。

　　我有時候會成為邵大使的「替身」，即，他若不願參加某些外交應酬，往往就會派我代表他出席，比如一個酒會，一個茶會等。然而，這卻非「美差」，絕不是去喝喝酒、飲飲茶就可以了事的。因為他要求我第二天得向他提交報告，告訴他，哪些政府重要人士出席了？還見到了哪些人？與哪些人作了交談？內容是什麼？諸如此類。有鑑於此，我其實並不盼望當邵大使的「替身」，因為這個差使並不輕鬆。但是退一步想，不妨自己「阿 Q」一下，這也是給我學習及磨練的機會。於是，鞭策自己、鼓勵自己，態度由消極改為積極，認真以「貫徹精神」的意志，努力做到「不辱使命」。事後檢討，雖然累了點，但是這對於鍛

煉我的工作能力和增進我的社交關係，還是頗有裨益。因此對於邵大使所指派的這種附帶條件、類似「情報工作」的任務，也就不以為忤了。

如前文所言，我在土耳其工作了一年都不到，就又奉調前赴非洲的馬利。去馬利的任務便是設法和馬利建立邦交並在馬利首都建立大使館。但是，令人始料未及的是，我在馬利，從建館到撤館，竟然僅僅一月有零！這真可算是破天荒的一次「短命外交」了。

馬利本來是法國的殖民地，原名「法屬蘇丹」。而當時非洲稱為「蘇丹」的國家有兩個，一個是「東蘇丹」，亦即現在的蘇丹；另一個是「西蘇丹」，獨立前稱「法屬蘇丹」，後來則改名「馬利」。馬利與塞內加爾（西非的另一國家）組成了「馬利聯邦」，但是聯邦維持不久後，就在 1960 年的 8 月發生了分裂；分裂後的法屬蘇丹便在 1960 年 9 月 26 日改名為「馬利共和國」。

當時我國外交部判斷，塞內加爾與馬利已不可能重修舊好，因此希望我們能夠與新建的馬利共和國和塞內加爾兩個國家同時維持良好關係。於是，外交部一方面發電給我的同事，駐塞內加爾的陳厚儒代辦、也是我震旦大學的學長，命他設法穩定我國與塞內加爾的關係；另一方面，當馬利成立「馬利共和國」後我國政府立即予以承認，同時頒發外交部派令，任命我為「駐馬利大使館的代辦」，並命令我從土耳其儘速飛往馬利首都巴馬科 (Bamako)，向馬利執政當局表示友好和與之建立邦交的意願、並設立大使館。1960 年 9 月 17 日，我趕到馬利首都巴馬科。9 月 24 日晉見馬利共和國總理凱塔 (Modibo Keita)，轉達了蔣總統的摯誠問候，並且呈遞了有關建交、設館的一份節略（「節略」是外交文書的一種，用來說明事實、表達意願或訴求，不簽字也不用印，重要性次於照會）。建交手續迅速完成後，立即展開活動、到處拜會，除了介紹我國的國情和對外政策外，儘量促使馬利各

政要認識中華民國，對我瞭解和產生好感。同時，我還熱情地邀請他們赴臺訪問，以進一步加強友好關係。另外，我也勸說馬利政府接受我方派遣的農耕隊來馬利開展並協助他們發展農業。

儘管我十分努力地抓緊時間「建立友誼」，初步領略到馬利方面顯得對我態度相當友好，但是，已經存在的客觀環境卻為我們的工作開展設置了不小的障礙。當時的國際形勢是，所謂的「中國代表權案」已被在聯合國提出，即，究竟是臺北的「中華民國」還是北京新成立的「中華人民共和國」代表中國？在聯合國取得「中國」的代表權，已經成了一個「問題」，需要在聯合國大會由各成員國投票來決定。我們當然希望支持「中華民國」者「多多益善」，因為每一票都是關鍵性。因此，馬利政府對中華民國的支持，也就成了我當時全力爭取的目標。

最初，馬利的高層表示，他們打算對「中國代表權案」投棄權票，因為他們「不清楚中國的最新發展情況」。這一作法雖然並不令我們滿意，尚屬「情有可原」勉強可予接受，因為至少在這一票上，我們與中共打了個平手。然而，出乎意外的事情發生了：當聯合國正式投票表決時，馬利駐聯合國的常任代表卻並未遵照上級的指示去投棄權票，卻居然擅作主張，投票支持了蘇聯領銜提出的接納中共的「中國代表權案」！更令人震驚的是，這一立場的轉變竟然影響了馬利政界，乃至其高層也驟然變臉了。10 月 13 日，馬利電臺廣播稱，馬利政府將承認中華人民共和國，並且將與河內建交，同意北越在巴馬科設立大使館，而已經在馬利設立的南越駐馬利的大使館則將關閉云云。

馬利政府這一連串的措施與傳聞，與我國的構想完全背道而馳。所以，我立即於 10 月 14 日求見馬利的副總理高內 (Jean-Marie Kone)，要求他們澄清立場。高內解釋道：馬利是個新興小國，不想捲入大國的政治內爭，故承認中華人民共和國一事，只是在實踐馬利與世界各

國都能和平締交的原則與國策。馬利對於各國一視同仁，不願意歧視任何國家；馬利也未必要實行共產主義，也並非強調立場「偏左」。他當時還接受了我們提出的訪臺邀請，表示自己很願意去臺灣看看、多多瞭解中華民國的國情；同時，也十分歡迎我國派遣農業技術團前來馬利，協助他們開展農技合作工作。

我聽了高內的這番話，加以分析判斷，覺得局勢似乎尚未達到不可挽回的境地，因為馬利只是表示願意和所有國家建立外交關係，而並未顯示有單方面主張與中華民國斷交的任何企圖。我因此建議臺北外交部，婉轉地表達不要主動退讓，似可設法繼續留駐馬利「以靜制動」，給北京造成壓力。如果北京向馬利政府提出類似「臺北不走、北京不來」這樣的要求而不為馬利政府所接受的話，或許會放棄來馬利。如果我們不自己主動退讓，推想馬利政府也不致主動宣佈與我斷交，中共可能就不來馬利。這一思維實際上就是 20 餘年後我創議「彈性外交」或「務實外交」的「嚆矢」。

但是，非常遺憾的是，首先「主動退讓」的並非中共，而恰恰是我們自己：當 10 月 19 日馬利政府正式承認中華人民共和國為主權國家後僅僅兩天，中華民國政府便於 10 月 21 日斷然主動片面宣佈與馬利絕交！原因是，當時臺北的老一輩政治家，如副總統陳誠等，都堅持「寧為玉碎，不為瓦全」的中國傳統思維，都主張「漢賊不兩立」的原則，理直氣壯地要宣告主動與馬利絕交，並令我火速撤出馬利，以表達「國家尊嚴」。於是，其結果就可想而知了。這樣一來，倒是搞得我措手不及。我只能急忙地將外交部發來的中文「斷交電報」趕譯成「斷交照會」法文本，並立即遞交馬利政府。我向馬利總理呈送斷交照會後，馬上卸下懸掛在旅館臨時設立的中華民國大使館的青天白日滿地紅國旗，迅速整理好文書、物品、行李打包，狼狽地撤離使館，

儘快飛離了馬利。

所以，我國與馬利從建交到斷交，前後僅僅歷時一個月零三天，大概真可以列入現代國家建交史上最短命的「吉尼斯世界紀錄」了！

茅利塔尼亞沙漠中辦外交

離開馬利後，我就馬上搭乘飛機回到土耳其的安哥拉，到前供職單位「待命」了。當時，我的妻子正在那裡撫養著兩個兒子，同時等待第三個孩子的降生，見到我回到土耳其，當然十分高興。然而，這份「高興」卻維持不了多久：外交部旋即又交了一項新任務給我，要我前赴非洲的茅利塔尼亞，去參加他們的獨立日慶典並設法藉此機會達成雙方「建交」。茅利塔尼亞選定的「獨立日」是 11 月 28 日，所以外交部迅速作出各種人事安排：一方面任命定中明先生為駐茅利塔尼亞代辦，另一方面則派任駐黎巴嫩大使王季徵為「慶賀茅利塔尼亞獨立」特使，我則作為「慶賀特使團」隨員。我們相約先在巴黎會合，再一起飛往茅利塔尼亞。因為我們是先後留法同學，加以王大使講話詼諧、我也相當幽默，兩人一唱一和，一搭一檔，猶如「唱雙簧」般。一路有說有笑，倒也感到相當輕鬆。但是，我們的使命卻相當嚴肅：設法儘量與茅利塔尼亞總統接觸，交流，儘快洽談建交，以達成設立大使館和派遣使節等艱難任務。

我與王大使在巴黎會合，然後於 11 月 27 日晨一起抵達茅利塔尼亞首都努瓦克肖特 (Nouakchott)。這是一座沙漠海邊小城，其實也很難稱得上「城」，因為整個「城」內沒有幾棟像樣的房子，仍是一片沙漠，全「城」只有一條剛剛鋪好的柏油路。我們住在一座新建的旅館

內，卻連自來水都沒有！於是，我們只得用法國空運來的瓶裝礦泉水洗臉、擦身。號稱「首都」的這座城市到處都是沙地，搭建了大大小小的許多帳篷。帳篷作為臨時的客房，數以千計的人熙熙攘攘，來來去去，並與羊群、駱駝雜處，顯得混亂不堪。其中一個「特大號」大帳篷算是餐廳，排了數十公尺長的餐桌、鋪上了白桌布、擺滿了大盤的想必自法國空運來的各式菜肴。長桌四周擠滿了好幾層趕來吃飯的「貴賓」，大家爭先恐後都想擠進桌邊、掠取一些食品充饑，哪裡還有什麼「貴賓席」、「按名次」、「排坐位」的事兒。我這才知，當外交官不能全靠腦袋，尚須「孔武有力」。還好，我在中學大學時代都代表校隊踢過足球。這時，正好派上用場，運用一下體力，先擠進去桌邊一角拿到一個大空盤，再擠到另一角，好不容易伸手抓到了一支烤雞腿放在盤子裡，準備再拿些別的東西時，說時遲、那時快，後面一位「貴賓」卻從我背後機智地把我盤中的雞腿迅速抓起塞入口中，既不須排隊、也不用盤子，簡單明瞭、手法敏捷，真是神乎其技，令人啼笑皆非了。

在這幾乎是「叢林法則」的環境裡，我們如何去找他們的「外交部」「總統府」，四周都是白色帳篷。遑論「禮賓司」了。本來，按照正常的國際外交禮儀，我們必須先通過禮賓司，由他們安排我們會見駐在國的元首與外交部長，然後才有可能再洽談建立邦交、設立使館等事。可是，當時的情勢實在太亂了，根本不可能按常理出牌，所以，我們倒是一時之間興起「不知所措」之感了。

然後，經過我們「鍥而不捨」的努力，歷盡「七曲八彎」的尋覓，好不容易，終於在人群中找到了茅利塔尼亞主管禮賓的官員。我們趕緊抓住機會，表達十萬分的誠意，懇求他務必儘快安排一下我們與外長或總理單獨會面的事情。但是，他卻雙手一攤，說道：「這叫我怎麼安排？幾十個國家的使節都要謁見元首，我怎麼能為你們特別安排單

獨見面？這完全不可能的事！」不過，他說他會安排集體會面的機會。屆時，各個國家代表或特使按照國名的英文字母順序，依次排隊，等待總理的接見。

　　我聽了禮賓官員此言，經過一番腦力激盪後獲得了靈感，遂建議王大使，可以預擬一份「建交共同聲明」隨身攜帶，趁著向總理呈遞國書的短暫機會，設法將事先繕好的「建交共同聲明」拿出來請他簽字，不就得了嗎？王大使當過禮賓司長，深諳正規的國際禮儀和一般的外交慣例，知道這一作法實在有違常理，但是眼下事屬「非常」、情況特殊，因此在猶豫了一會之後，勉強接受我的建議、準備斗膽一試。於是，我們兩人遂在旅館拿出隨身攜帶的「袖珍」打字機，繕打了一份雙方建交的共同聲明，以備使用。

　　1960 年 11 月 27 日上午 12 點多，禮賓官員唱名，輪到中國特使團的時候，王大使與我二人便走進總理辦公室。總理站在中間，旁邊是國會議長。王大使先呈遞中華民國國書，並介紹我是「芮大使」後，他就像演戲背臺詞一樣，用流利的法語說：「我國蔣總統派我為特使，向總理閣下致意；中茅兩國人民摯愛和平，欣見茅國獨立；中華民國願意與茅利塔尼亞建立邦交，支持茅國進入聯合國，使世界正義得到伸張。」如此云云，令茅國總理十分「入耳」，他連聲稱謝，並說道，他久聞蔣總統領導抗日、反共等大業，甚為欽佩，因此也很願意與中華民國建立外交關係云云。王大使立即「打蛇隨棍上」，說道：「我們知道總理閣下公事十分繁忙，因此不想耽擱您很多時間。為了具體表示建交的誠意，我們已經擬好了一份建交聯合公報，如果總理認為恰當，就請在公報上簽字即可。如此作法大家可以節省時間，雙方辦事也就簡潔多了。」總理當時顯然很感突兀，不禁呆了一下，但是，他旋即從口袋裡摸出筆來，在我們已經擬好的建交公報一式兩份上簽了字，

彼此各執一份。前後不過三分鐘，就完成了本來可能會拖延數月甚至更長時間的建交大事，這真令人興奮之極。於是，我們當即發電報給外交部，報告中、茅兩國業已建交成功的喜訊。同時在人群中找到法新社的記者，告訴他中茅建交喜訊，讓他們向全世界通報這一消息。

回到旅館後，我和王大使相對大笑，喜悅之情溢於言表，乃至手舞足蹈起來。事後細細回味此事，我也確實頗感得意：我在上個月剛剛經歷了最「短命」的建交後馬上斷交的倒楣事件，如今卻又創造了「三分鐘建交成功」的奇蹟，日後告訴世人，恐怕也不失為一段「佳話」呢！

12 月 1 日，外交部就發佈命令，設置駐茅利塔尼亞伊斯蘭共和國大使館，並調派當時在黎巴嫩大使館擔任參事的定中明為代辦。定中

1960 年，王季徵大使與作者兩人「唱雙簧」以三分鐘達成中茅建交。

明是阿拉伯語文專家，曾經就讀並畢業於埃及大學。他的阿拉伯語文甚至比一般的阿拉伯人還要標準。茅利塔尼亞政府當然歡迎中華民國與之建立邦交，也十分讚賞中國派出一位精通阿拉伯語文的專家出任大使館代辦。

陪同沈琦學長訪問非洲

外交部在確定我們去慶賀茅利塔尼亞獨立的同時，另外派遣了一個訪問團訪問非洲各國，由當時的新聞局局長沈琦率領。1960 年 11 月 24 日在致茅利塔尼亞獨立慶賀特使王季徵的電報中，就有一段提到：「已決定派芮代辦隨沈局長於 12 月中訪問非洲，希轉告其於赴茅國任務完成後，最遲於 12 月 10 日前赴巴黎待命」。有鑑於此，我簡直無法稍作喘息，更遑論照顧家庭了。

12 月 2 日，我趕赴巴黎與沈局長會合，一起前往非洲。沈局長是我們國防研究院第一期的學長，比我大兩歲。在這次出訪中，我們先後訪問了利比亞、馬達加斯加、肯亞、南非、法屬剛果（今剛果布）、比屬剛果（今剛果金，即薩伊）、喀麥隆、達荷美（今貝寧）、多哥、象牙海岸、賴比瑞亞、奈及利亞、迦納、塞內加爾等 14 個國家。

這次訪問的時間很長，前後 55 天，飛行 30850 公里，於 1961 年 2 月 14 抵達巴黎。沈局長精明幹練，思慮周密，很有敬業精神。在飛機上，我往往閉目養神，但他則從來不打瞌睡，不是撰寫日記，就是檢討任務得失，或者策劃下一站的訪問計畫。這是他的長處，令我十分欽佩。

這次訪問的目的，主要是接受利比亞和賴比瑞亞政府的正式邀請，

前往訪問；同時再順道訪問其他國家，與各國政要交換意見，增進對彼此的瞭解。在交流中，我們向他們表達了反共的立場，介紹了我國經濟建設的進展，並將我們推行民主的經驗也提供給他們作為借鑑。至於對那些尚未建交的國家，如象牙海岸，則想方設法為日後的建交打基礎。每訪問一個國家，我都要擬出電報稿，將訪問情況報告給國內新聞局代理局長職務的副局長朱新民，供他參考，再由他轉報外交部和總統府。

那時由於公務太忙，我根本無法顧家，因此第三個兒子在土耳其誕生時，我卻遠在非洲道上僕僕風塵忙著到處建交，受到妻子的抱怨和責難，吵著要立即回臺灣。不久後，外交部又發佈命令，調派我到比屬剛果共和國大使館當參事。這一任命為我提供了追隨一位好長官的機會，因為當時駐比屬剛果大使館的大使是沈觀鼎，他精通日、英、法、俄等多種語言。我於 1958 年隨黃少谷特使赴教廷，途經日本時見過他，對他留下了很好的印象。多年後，他從外交部退休後在夏威夷定居，已是一百多歲，還給我寄賀卡，親筆寫的蠅頭小楷依然勁力十足。他是外交界的前輩，處事很老成，執著。他們伉儷都是認認真真，勤勤懇懇，寬以待人，對同事常加呵護，主動關懷。我至今仍十分懷念這兩位前輩沈大使伉儷，想起他們就倍感親切欣幸。

上伏塔設館吃「閉門羹」

我在比屬剛果工作的時間也並不長：1962 年年初，我便奉命離開比屬剛果趕往上伏塔（今改名布吉納法索）了。我的任務還是洽談雙方建交事宜，而這是相當艱巨的一項工作。建交的過程頗為周折，也

是我處世為人的一大考驗。

上伏塔於 1960 年 8 月宣佈獨立，中華民國便立即予以承認。上伏塔政府於同年 12 月 4 至 12 日，舉辦第一次獨立慶典活動，邀請我國派遣代表參加。當時奉命前往的就是駐法大使館陳雄飛公使（後來出任駐比利時大使）。當時臺北外交部指派陳雄飛出席上伏塔獨立慶典活動是希望他能乘機洽談雙方建交事宜。

陳公使可能也聽說不久前我和王大使兩人在茅利塔尼亞以「唱雙簧」方式「三分鐘達成建交」的故事，可能希望也能「如法炮製」。因此，他同樣地準備了一份類似的「中伏建交公報」放在身邊，以便相機行事。

陳雄飛公使也曾畢業於上海震旦大學法學院。後來到法國里昂大學留學，獲法學博士學位後進外交部。1949 年，他從重慶被派前往巴黎的駐法大使館當參事。所以有關法屬非洲國家的接觸聯繫，都是由他辦理的。陳大使曾多次去象牙海岸洽談建交，但未成功。但是，他在上伏塔設法簽署「建交公報」的機會有一天來臨了。

那是他在出席上伏塔總統主持的慶祝上伏塔獨立酒會時，他抓住了上伏塔外交部長柯內 (Lompolo Kone)，從口袋內掏出預先準備好的「建交公報」洽請其簽字。當時可能彼此都喝了幾杯酒，上伏塔外交部長就在歡樂氣氛中、帶著三分醉意的情況下在「公報」上「簽了字」。

等到臺北外交部依據這個「建交公報」於 1962 年 1 月正式派我為「駐上伏塔大使館代辦」搭機赴任時，卻在當地機場吃了「閉門羹」。我在機場枯候多時，「曲終人散」、所有乘客及「空服」人員都走光了，未見上伏塔外交部官員半個影子。這種尷尬的遭遇，不禁使我想起 1958 年我隨著黃少谷特使出席教宗加冕慶典返國順道訪問日本時，日本外務省惡意不派官員來機場接迎的不愉快事件。

　　我在機場設法打電話上伏塔禮賓司洽詢原因，得到的答覆是：「抱歉，沒有人手」。再直接電話外交部長，祕書答稱：「部長公出、不在」。於是，我遂自行雇車逕赴旅館。第二天，我直接找到了上伏塔外交部禮賓司，見到了禮賓司長高納德 (Konate)，他吞吐其詞，似有「難言之隱」，對未派員機場接迎一事，不能自圓其說。我要請見外長，他推說「外長公忙，正準備日內出席奈及利亞國際會議事務，無法接見，可待其返國後，再行安排」等語。我耐心地苦候外長出席會議歸來，再次請見，仍被託詞婉拒接見。如是者一再推延，不知上伏塔政府「葫蘆裡究竟賣什麼藥」。

　　我是 1962 年 1 月底抵達上伏塔的，上伏塔政府一兩個月來對我始終不理不睬。但我在這時期並未消極地放棄我的活動，「坐以待斃」。相反，我積極地先後拜會了美國、法國、德國、以色列等國駐上伏塔大使，並經常和他們保持密切聯繫，交換情報。各國駐使對我奇怪的遭遇和處境既同情又關注，因為他們也很好奇，為什麼上伏塔有這種奇怪的措施，這是外交上的特殊「個案」，也很想報告自己政府參考。我因而變成外交團的「熱門人物」，我的「遭遇」變成外交團的「熱門話題」，大家爭想瞭解內情，搶著和我接觸，共同分析、研究。大家變成了朋友。

　　到了 3 月初，上伏塔的禮賓司司長透過法國大使傳話，暗示我應當「知難而退」，自動離開上伏塔。我推想上伏塔政府不好意思趕我走、「驅逐出境」，因為找不出理由，所以希望我能夠自己「知趣」一些，主動離開上伏塔。他們打的是如意算盤，因為這樣一來，上伏塔政府就不必費任何勁，疑難問題就解決了。但是我豈是任人隨意擺佈的人，而且外交部交辦的建交使命與任務尚未完成，豈可輕言離去，棄甲而走！

當時，我對他們的猶豫不決的措施和對我怠慢的作法作了些分析，估計有如下幾個原因：首先，或許是對我們派代辦的方式表示不滿，好像沒有事先徵求其同意。其實嚴格來講，依照國際禮儀和外交慣例，派遣大使固然需要事先徵求對方的同意，但是如果派遣臨時代辦，一般可以不必徵求他們的同意。不過，作為新興獨立的小國家，或多或少有點過度的「自卑」或「自尊」感，所以，我們假如在形式上稍微有點欠尊重的話，也可能引起對方的不滿。

其次，是出於政治原因。上伏塔總統標榜中立，而當時蘇聯也有意與上伏塔建交。當時他可能考慮，假如同意我國設館，就也得同意蘇聯來設館。畢竟，他沒有明顯的理由拒絕蘇聯，否則會引起左派的反感。第三，還得考慮與中華人民共和國的關係：他若接納了中華民國，很可能會得罪中共，因此不如雙方都不接納。

最後，恐怕還有經濟方面的原因：我們若在上伏塔首都設館，依據國際間平等互惠原則，他們也得在臺北設館。而當時上伏塔的財政十分拮据，無力按互惠、平等的原則撥出經費在臺北設館。鑒於這幾方面的假設原因，上伏塔政府便因而採取推拖的消極態度，一切聽其自然發展，抱著「觀望」的態度。而這對我們來說，是一種很尷尬的局面。

我認為，上伏塔的外交部長與陳雄飛特使簽署「建交公報」在先，因此上伏塔政府不致主動要求我離去。所以我對上伏塔當局透過法國大使傳達的「暗示」置之不理，不予理會。依然「厚著臉皮」待下來，繼續沉著應付，堅守崗位，反而加強我的公關活動。我想，只要自己處處謹慎小心，不讓他們抓到我任何把柄，作為宣告我為「不受歡迎人物」的依據（拉丁文語 "Persona non grata"），那麼，他們就沒有任何理由和「藉口」把我強行驅逐出境。所以，當時我決定要像一個苦行僧「坐關」修道一樣，再挨幾個月看看。結果 3 月過去，4 月過去，

5 月過去，上伏塔的外長仍是拒不見面。

　　我這種積極樂觀，不屈不撓和超級忍耐的態度，贏得了外交團美國、法國、德國等派駐上伏塔的大使們的欽佩。同時我的「公關活動」也逐漸開花結果，我的堅韌不拔的精神的事實消息也慢慢傳了開來變成「家喻戶曉」的新聞。漸漸地，「善良的中華民國」願與上伏塔建交的誠意和我本人始終對上伏塔「非常友好」的表現，間接地傳到上伏塔政府的官員和總統的耳朵。同時，我也積極爭取與政府有「關係」的商人以及地方上的有影響人士如商會會長等，借著請客吃飯等社交機會，向他們介紹和解釋臺灣的情況，採取播放電影等方式，逐步增進當地人民和官員對我國的瞭解。於是，上伏塔政界對我的不友好態度終於改變了，由「敵意」轉化成了友情。再加上美國和法國兩個大使從旁遊說，遂使得對我不利的整個情勢頓然改觀。

　　最後，在 1962 年 6 月 6 日，也就是我抵達上伏塔後開始「坐關、苦修」的第 138 天，皇天不負苦心人，我終於收到了上伏塔總統亞默可 (Maurice Yameogo) 簽署的一封掛號信。信的內容大致如下：「關於上伏塔共和國和中華民國間交換使節一事，1961 年 12 月以後的各項函件均敬悉。本人茲欣告閣下，本國政府業已準備對中華民國任命駐上伏塔代辦一事予以同意」云云。從這封信的語氣來看，上伏塔政府好像希望我們再正式提一下對「我出任代辦的事情」。所以我就報告了外交部，於是，1962 年 6 月 16 日，外交部沈昌煥部長正式照會上伏塔外交部部長柯內，文書由我轉達。沈部長的照會內容如下：

　　　　本部長茲敬奉告貴部長，中華民國為建立與上伏塔共和國之間的正常外交關係，並尊重兩國間的友誼及瞭解起見，特設立中華民國駐上伏塔大使館，並在大使未任命前，派大使館參事芮

正皋先生為大使館臨時代辦，主持館務。本部長深信，貴部長
必能給予芮代辦一切必要之便利與協助，令其能圓滿達成任務。
本部長謹藉此機會，向貴部長申致最崇高之敬意，
此致

上伏塔外交部部長柯內閣下。

外交部長　沈昌煥（簽字）
1962 年 6 月 16 日

　　我於 6 月 28 日收到沈部長親簽的到任書，6 月 30 日就去上伏塔
外交部面遞外交長，當地電臺即日發佈兩國建交消息。7 月 3 日，接
到沈昌煥部長的電報，簡單幾句話：「執事沉著應對，達成任務，良足
嘉許，特電慰勉，沈昌煥」。我也回覆了一封簡單的電報，大意是，上
伏塔政府經多月之猶豫，終同意我派使設館。此全賴鈞座高瞻遠矚、
指揮若定，及駐法陳雄飛代辦從旁洽催有以致之。承賜電慰勉，感愧
良深，用當益圖奮發，以報德意等語。以盡禮數。
　　自此以後，我國與上伏塔正式開始了友好關係。我們也派遣了農
耕隊，西瓜也種出來了，稻米也種出來了。當我把西瓜分送給上伏塔
官員時，他們還不知道怎麼吃。他們問道：這個西瓜是不是煮湯，還
是怎麼燒？我說，你切開來就可以吃了。我的妻子這時也成了農耕隊
的保姆，替他們當翻譯，陪他們去看醫生。後來我們開發了波碧
(Boulbi)、鹿達 (Louda) 兩水庫，還有姑河 (Kou) 墾區（墾區有一千多
公頃面積），並開發了水稻田以及其他水利工程等。在很短的時間內，
上伏塔稻穀的產量激增，變成了一個穀倉，稻米產量達到了自給自足。

當時的世界銀行美國籍總裁麥克納馬拉 (McNamara) 來參觀姑河水稻墾區，當他看到我們自己用混凝土壘成的十幾公里長的灌溉渠時，覺得很不可思議，認為這是我們對發展中國家所作的一種最有價值，最有示範性的貢獻。

1965 年，我在擔任了幾年「代辦」之後，被正式任命為特命全權大使，這時我才開始獲得正式的「大使」頭銜。當時，好友楊西崑已於 1963 年升任常務司長，他本著一貫的主張，竭力推行「農業外交」。我的觀點和他的思維一向都非常有默契，彼此始終密切配合，不僅建立了和諧的工作關係，同時也鞏固了私人情誼。我們的思想原則和工作方式，不唯施之於上伏塔，還兼及其他非洲友邦，「如法炮製」，效果卓著。至今回想起來，楊西崑先生的外交才幹確屬非凡，而取得的成就也是舉世矚目；他為我國的外交事業作出的貢獻可稱「卓越」，絕不是我這枝禿筆所能描述、寥寥數語便能概括的。

1960 年之前，中華民國在非洲只有三個邦交國，即北非的利比亞 (Lybia)、西非的賴比瑞亞 (Liberia) 和南部非洲的南非 (South Africa)。當時，我國在賴比瑞亞設立了一個大使館，在賴比瑞亞設了一個公使館，而在南非則僅有一個總領事館。1960 年以後，英、法等國的殖民地紛紛獨立，而我國能在短短的幾年之內，在十幾個非洲國家開設使館，友好交往，經貿互利，確實是來之不易和值得自豪的，稱得上是「輝煌業績」，而楊西崑對此則功不可沒。當然，若真要「論功」，則決策者沈昌煥部長，以及密切配合的錢君復常務次長與負責非洲司的丁懋時兄和同仁，以及相關司的幾位司長、科長等，都居功至偉。而我作為一名駐外大使，能夠上有高瞻遠矚的上司，下有精練能幹的同事下屬，順利施政，效果顯著，私下感到很欣幸；不免有些陶醉於這些屬於大家的「集體工作成果」，而並不在乎自己的「功勞」究竟有多少了。

策劃中象建交，預為部署

在政府積極拓展非洲外交關係的政策下，我於 1963 年 3 月初，又接到外交部一個訓令，給我一個新的任務，即，要我設法洽辦與象牙海岸❶的建交事宜。事實上，在一年以前，駐法大使館的陳雄飛公使就已經開始為此事奔走了。他或在巴黎與象國駐巴黎的大使洽談，或是經過非洲之時，設法面謁象國總統菲力克斯‧伍弗布尼 (Félix Houphouët-Boigny) 洽談，但是始終未獲具體進展與成果。

為什麼外交部命我接替陳雄飛洽談「中象建交事宜」？依我推想，可能是由於非馬聯盟將於 1963 年 3 月間將在上伏塔首都召開會議。屆時，象牙海岸、尼日等國元首都將親自出席參加，因此，由於地緣關係，外交部希望我能就近藉此機會，設法促成中華民國與尼日、象牙海岸兩國建立外交關係。

「非馬聯盟」，即非洲與馬達加斯加聯盟。原來馬達加斯加自認不屬非洲，地域上它是處於非洲大陸以外的一個大島、一個大國，故不願見它的國名被列在「非洲」名下。非洲人很重視名位，為示尊重起見，「非洲聯盟」遂改成「非洲和馬達加斯加聯盟」，簡稱「非馬聯盟」。

---

❶ 位於西非的 Côte d'Ivoire（法文），英文意譯譯作 Ivory Coast，因此，漢文舊譯亦作意譯名「象牙海岸」。但從 1986 年 1 月 1 日起，聯合國統一規定國名作音譯，故此後的漢文譯名作「科特迪瓦」。由於本書所述與該國相關的事件均在其正式更改國名之前，故通常使用舊名「象牙海岸」以反映時代背景。特此說明。

接到任務命令後，我默想，「非馬聯盟」在上伏塔首都舉行元首會議，上伏塔總統亞默可當然是「東道主」，應該具有「東道主」的發言權和影響力。自忖一年前實施「苦肉計」苦候了五個多月，促使亞默可總統終於「回心轉意」接受我國的建交請求後，在多位使節中對我的態度顯得與眾不同，表達出特別友善、甚至親切的態度。這或許由於他對當時自己的失禮行為感到內疚或歉疚，也可能發現我為人不錯、做事認真，值得交往，所以他與我的關係與交情非同一般地密切起來。真是所謂「不打不相識」，甚至頗有「相見恨晚」之感。一念及此，我認為我完全可以利用這層關係，打出「亞默可總統牌」、借助他的交誼與影響力，來為我國進行中象、中尼建交事宜，代我們作「說客」。

基於上述思維，我就繕擬了一封信，於 3 月 7 日呈交上伏塔總統親啟。信的內容大致如次：中華民國與「非馬聯盟」成員各國，除了象牙海岸、尼日兩國之外，都已建立邦交。所以，我們期待能與象牙海岸、尼日兩國也迅速建立外交關係。在象牙海岸總統伍弗布尼和尼日總統狄奧里 (Hamani Diori) 即將蒞臨上伏塔首都，參加非馬聯盟元首會議之時期，懇請閣下代我們進言、相機斡旋，玉成其事。對此，我們將不勝感激。如果我國與象、尼兩國最終締交，則閣下鼎力相助之功巨甚，偉甚，閣下之英名及貴國首都瓦加杜古之大名亦將永載青史，千古不朽。如此云云。

信發出三天後，我在上伏塔外交部長出面的酒會中遇到了上伏塔總統。我們拉手後，他輕聲告訴我，「信已收到，他將樂於促成」。3 月 14 日晚間，他在自己主持的國宴散席後又告訴我，「他已與象、尼兩位總統談過我們請求建交事，他們都表示，原則上應當無問題」。當然，我並不以此為滿足，因為這個承諾還不夠具體，我因此立即將炮火集中「攻堅」，設法先請見象牙海岸總統面談，作為「第一目標」。

　　與象國總統面談當然是最理想的作法，但問題是，如何獲得與象國總統面談的機會呢？我當時就請教了已經成為好朋友的法國大使館負責政務的首席參事，伯爾納 (Bernard)——我的英文名字就是他的姓。他向我提了個很好的建議：要我聯繫一位關鍵性的重要人物，即象牙海岸總統的辦公廳主任奈瑞總督 (Gouverneur Nairy)。他說，此人足智多謀，思路異常清晰，極有智慧，故象國總統經常就有關的政治、外交事務與他商量，雖不能說「言聽計從」，但是對他的意見十分重視。所以，我若能透過這位辦公廳主任、使他對我產生好感，進而積極協助，則非但易於晉見象國總統，並且建交之事也大有希望。我聽了這番話，心中暗喜有路可走過，就立即設法與奈瑞總督聯繫，誠懇地邀請他蒞臨大使館官邸，接受專門為他單獨安排的晚宴。在宴席上，我們當然對他敬禮有加，並且坦陳中華民國建交的誠意，闡述互利互惠的前景，鄭重地懇託他轉達總統，並安排晉見象國總統的約會。奈瑞總督表達了充分理解的意向，並慨然允諾他將努力促成其事。

　　象國總統是一位著名的非洲智者，且經驗豐富，

中象建交功臣奈瑞總督。象國總統辦公廳主任奈瑞總督應邀參加晚宴，由他安排作者與象國總統晤談，終於達成兩國建交。圖為作者夫婦在使館前恭迎。

辦事沉穩，故在其他非洲國家領導人的心目中，他就是一位「老大哥」，甚至「前輩」。不少人都往往懷著「朝聖」的心態來誠意覲見，希望得到他的點撥和指導。他的政治地位很高、聲望很隆，曾經在戴高樂主政的內閣中擔任過主管衛生的國務部部長 (Minister of State)，地位比一般的部長還要高。所以，我這次幸得法國參事伯爾納的絕妙建議，以及象國奈瑞總督的積極相助，才獲得了這個珍貴的晉見象國總統的機會。1963 年 3 月 15 日下午 6 點鐘，象國總統在上伏塔總統府會客大廳接見了我。

晉見那天，我事先作了充分的準備，換了一身整潔的服裝，提前 5 分鐘到達上伏塔總統府。使者通報後不久，象國總統便翩然蒞臨客廳。彼此寒暄一番後，我就表達了蔣總統對他領導非洲獨立運動的欽敬之意，稱頌他這次在上伏塔首都舉行非馬聯盟元首會議中所扮演的重要「龍頭」角色，是非洲元首會議的成功不可或缺的因素；我並表達了誠摯的祝賀。

然後，我繼續說，「非馬聯盟」如今在國際間的地位日見重要，已經成為非洲大陸團結的向心力。最近東非洲盧安達（比利時的前屬地）也加入了此一聯盟，就是很好的證明。而這個向心力的核心即是協調四國，協調四國的核心則是象牙海岸！

我又說，我國政府對於非洲一向非常重視和關注，扶助弱小民族，聲援民族解放即是我們的國策。我們願以自己的經驗提供給非洲各友邦，希望有所神益。我們與非洲各國建立邦交關係，就是這一政策的實施結果。雖然我國目前已與非馬聯盟中的 11 個國家建立了邦交，但是尚未與聯盟中最重要的國家之一象牙海岸建交，這不能不說是一個「美中不足」的缺憾，也是我們雙方的一大損失。如今，我們與非洲各國的交往越來越多，關係越來越密切，因此中象兩國建交之事，無

論就客觀或主觀而言，都顯得更為迫切了。我今天奉命向總統閣下鄭重表達，重申我國政府與貴國建交、設館派使的誠摯願望，但願兩國都能因此獲益，共趨繁榮。如此云云。

象國總統伍弗布尼聽了我的這番話，感到很高興，連連點頭，並叫旁邊的侍者送上香檳，向我敬酒。他請我喝香檳，但自己卻不喝酒，而是只拿了一杯橘子汁。總統說道，他很贊成我的說法，並認為兩國建交的事情已經步入佳境了。他說，莫里斯（Maurice，上伏塔總統的昵稱）已經向他談及此事，他也很清楚中華民國與非馬聯盟中的多數國家建交的情況。如今，建交事宜已無原則問題，只要在下一屆「協調國會議」時提出來正式決定便可以了。

我聽了總統這樣簡潔的具體答復，十分興奮，便問他下一屆「協調國會議」在何時召開？他稱，他5月間先要參加在衣索比亞舉行的首屆「非洲團結組織」會議，這是他非得親自出席不可的會議。然後，約在7月間，再舉行協調四國會議通過決定。我覺得我應「打鐵趁熱」乘機「敲定」此事，不留任何變卦的餘地，於是又追問道：「那麼這個『決定』，是否將是一個『肯定的決定』呢？」象國總統答道：「可以保證是一個『肯定的決定』。」他的語氣相當堅定，這令我大為放心。

隨後，我們的談話就輕鬆多了，也寬泛多了。總統接著就大談其政治觀點。他說，當年在法國總統府愛麗舍宮，他曾經和蘇聯元首赫魯雪夫談及蘇聯與中共一起推動共產主義，日後是否會後悔的問題。他還說，非洲人的家鄉觀念、產權觀念和宗教觀念都是很深刻的，共產主義關於集體的公產制度以及無神論很難在非洲被接受，很難在非洲普及和深入。他又告訴我，當時塞內加爾承認中共後，他曾挺身而出，勸告塞內加爾懸崖勒馬；而當時，正好中共提出「雙方建交應以排除中華民國代表權」為條件，因此塞國未予接受，所以此事就順利

解決了。我趁機告訴他，我們在一個國家設館後，雖然不能保證完全排除共產思想，但是我們會盡最大努力，採取若干措施，抑制共黨滲透，相信這會起到一定的正面作用。這次會見耗時不短，超過了 40 分鐘。我覺得該說的話已經說了，該得到的承諾也已獲得了，「洽談」可稱十分圓滿。遂起身告辭，結束了這場令雙方都滿意的談話。

但是，我不能因此樂觀到「高枕無憂」。故在會晤象國總統兩個月之後（當時，他正在衣索比亞出席非洲團結組織會議），我又寫了一封信給總統府辦公廳主任奈瑞總督，告訴他，中華民國政府外交部長沈昌煥將於 7 月間訪問非洲，希望屆時兩國能夠正式簽署中象建交公報。5 月 28 日，得到奈瑞總督復函說，關於中華民國與象國建交的事情，他已向總統陳報，並且研討了此事；象國總統也再度證實同意與我建交，請沈昌煥部長可在 1963 年 7 月 20 日左右抵達象牙海岸，以便目前正在馬達加斯加訪問的代理外交部長阿里阿里 (Aliali) 及時趕回國內接待。就這樣，外交部交給我洽談「中象建交」的任務，已從「原則上同意」演進成具體化和落實階段了；只待沈部長訪問非洲，抵達象牙海岸，就可正式簽署「建交公報」，畫上最後一個句點了。

隨外交部長沈昌煥訪問非洲

從 1960 年開始，非洲國家紛紛獨立。到 1963 年初，非洲新興國家已經增加到 33 個，並且全都加入了聯合國，成為聯合國會員國；而每個國家，不論大小，都在聯合國會議中擁有一個投票權，因此，非洲聯盟在聯合國中就具有了舉足輕重的地位。而我國自 1960 年開始，就在非洲積極推行農業技術合作，這一舉措獲得了各國的重視和友誼，

同時也博得了好評。三年多來，我國邀請非洲友邦的政要訪臺，包括各國總統、國會議長、重要部長等，數量達到 190 多位。這一作法的效果相當地不錯，特別是贏得了外交上的巨大影響，開創了我國對非洲工作的新時代。

在這樣的大背景下，沈昌煥部長籌劃了 1963 年 7 月間訪問非洲各國的外交活動。代表團成員包括：駐比利時大使陳雄飛（他本來是駐法國公使，如今已升任駐比利時大使）、駐盧安達大使丁懋時、外交部專門委員李善中，以及時任駐上伏塔大使的我。此外隨團的，還有外交部醫藥顧問曹時英醫師，以便在漫長的旅途中，使得訪問團成員的健康有所保障，隨時可以獲得專業醫師提供的諮詢和照料。

沈昌煥部長是我國在非洲進行親善訪問的第一位外交部長。他先在梵蒂岡參加了新教宗教皇保祿六世的加冕典禮，並在希臘的雅典召開了一個我國駐歐洲、中東的使節會議。然後從歐洲啟程前往非洲訪問。我們先後訪問的非洲國家包括茅利塔尼亞、塞內加爾、上伏塔、象牙海岸、尼日、多哥、賴比瑞亞、達荷美、查德、中非、喀麥隆、加彭、法屬剛果、比屬剛果、盧安達、馬拉加西（今馬達加斯加）等 16 個國家。其中，參加了賴比瑞亞共和國建國 183 週年的國慶典禮、達荷美獨立 3 週年的慶典。這次訪問前後 72 天，訪問和經過的國家 27 個，航空旅程 5 萬多公里，幾可謂是「空前絕後」的行程。

有關這次非洲訪問，由於國家很眾多，為篇幅所限，無法逐一描述，在此只簡單地談一下與象牙海岸、尼日兩國建立邦交的過程。

在沈部長抵達非洲訪問之前，我先抽空於 6 月 27 日從上伏塔驅車去了一趟尼日首都尼阿美 (Niamey)，安排沈部長一行有關訪問尼日的事宜。從上伏塔首都到尼日首都單程車程 500 多公里，來回 1000 餘公里。兩國間的「國道」並非平坦的柏油路，全是鋪了紅沙的土路。

為了趕時間，我囑司機稍為加快些。也許車行太速了，結果在抵達尼京前轉彎處翻了車。幸虧司機和我都只是皮膚擦傷，沒有大礙，路人幫忙把館車翻了過來，看看車輛仍可開動，遂繼續駕車辦事。我接洽了一個舉行酒會的場地，另外和尼日政府洽商邀請參加酒會的貴賓名單和發送請柬等事務。事畢，又匆忙趕返上伏塔任所，積極準備接待沈部長 7 月 19 日至 20 日訪問上伏塔的節目。

1. 上伏塔禮遇，出乎意外

沈昌煥率團訪問上伏塔，政府當局接待極為隆重，在短短三天的訪問期間，沈部長與上伏塔總統有過四次晤談機會，分別是：上伏塔外交部長與總統先後分別晚宴款待，上伏塔總統專為贈勳沈部長暨全體訪問團而舉行的酒會，另外，我以「中華民國駐上伏塔大使」身分所舉行的歡迎訪賓酒會，上伏塔總統伉儷親自蒞臨參加。酒會貴賓來了 350 餘人，可稱是「冠蓋雲集」，極一時之盛。沈部長結束訪問臨別時，亞默可總統還「錦上添花」，特別指派他的總統專機把沈部長一行全團人馬送往象牙海岸。真可稱是「禮遇有加」。這和我一年前「坐關」「吃閉門羹」連續「苦候」五個月建交的景況相比，真是有「天壤之別」。大使館的唯一得力館員龔正定祕書的全程協助，其功不可沒。

下一個訪問國家便是象牙海岸。上伏塔的「貼鄰」，兩國間距離算是「短程」，卻也有 1000 多公里。幸而，搭乘了上伏塔總統私人專機，意外地享受了一段輕鬆愉快的旅程，反而覺得時間過得特別快。

2. 中象建交，水到渠成

沈昌煥部長一行於 1963 年 7 月 20 日中午搭乘上伏塔總統私人專機抵達象牙海岸首都阿比尚 (Abidjan)。象國代理外長阿里阿里

(Aliali) 偕同總統府禮賓局長魏甯 (Georges Ouegnin)，外交部禮賓司司長阿蓋 (Siméon Ake) 在機場歡迎。此後，主賓一起到貴賓招待所共進午餐。當天下午 4 點鐘，代表團晉見了象國代總統戴尼斯國務部長 (Auguste Denise)，因為象國總統出國參加非洲團結會議後尚未歸來（聽說他不愛搭飛機，喜好乘船，因此未能及時趕返）。我們與代總統戴尼斯洽談了兩國的建交事宜；由於雙方事先早已協議妥當、準備充分，建交一事僅為形式上的「官方儀式」，故一切進行極為順利。午餐後，下午 5 點鐘，雙方舉行正式「建交公報」簽署儀式，從此確立了中、象兩國間的友好關係。「建交公報」簽署後，雙方互贈勳章。

當時，我們隨身攜帶著幾枚勳章，於是由沈昌煥部長把「卿雲大綬勳章」贈予象國總統（出國未返，留交禮賓司轉呈），景星一等大綬勳章贈予象國代總統戴尼斯國務部長。外交部長、農業部長都獲得了景星大綬三等勳章。我在旁邊冷眼觀察，發覺象國的外交部禮賓司長阿蓋氣宇不凡，相貌堂堂，頗有「大官氣派」，心生靈感，建議沈部長加贈一枚領綬勳章給他。沈部長「從善如流」欣然接受我的建議，臨時頒贈禮賓司長阿蓋一枚領綬景星勳章。

有趣的是，嗣後阿蓋果然升任了駐英大使，後來又出任象國駐聯合國常任代表。當時在聯合國有關中國代表權的案子上，我曾與阿蓋有過非常密切的合作，從而成為好朋友；為了加強彼此友誼並適合他現職身分，他在出任駐聯合國常任代表時我又另建議政府再頒授他一枚景星大綬三等勳章。但是十分遺憾的是，我與他的良好關係未能「善始善終」，因為後來由於國際形勢變遷，就在阿蓋擔任外交部長期間，滋生了「趨炎附勢」之心，曾多次建議象國總統承認中華人民共和國。雖然我對於這種情勢瞭如指掌，建議政府對象牙海岸加強經援與技術援助，終為大勢所趨，隻手回天乏術，徒呼奈何了。這是後話。

沈部長授勳之後，象國也給我們贈勳。但象國贈勳採取法國禮賓制度，並未贈我們大綬。他們雖然也有大綬，可是依照法國禮賓規則，只能贈給國家元首。所以，沈部長獲贈的是僅次於大綬的一枚大文官勳章。按照法國的勳章制度，最高的是大綬 (Grand Cordon)，然後大文官 (Grand Officier)，之後是文官 (Officier)、領綬 (Cravate)，最後一級是騎士 (Chevalier) 勳章。所以，象國所頒給沈昌煥部長的是一個大文官勳章，是很高級別的勳章，僅次於國家元首。一般大使離任的時候，才能獲贈大文官勳章，因為大使在外代表總統。我當時僅獲得了一枚領綬勳章。交換贈勳後，舉行敬香檳儀式。象國雖然是一個非洲國家，可是政府的氣派卻很大，動輒就是開香檳酒。我們都是不太會喝酒的人，對香檳酒也並不特別欣賞，所以就稍作品嘗，以示禮貌而已。

與尼日的建交過程就沒有這麼順利了，而是有點曲折在內。當時幸虧沈部長親自出馬，若非如此，很可能建交之事還要拖延下去了。情況是這樣的：

1963 年 3 月，非馬聯盟的元首會議在上伏塔召開期間，外交部訓令我要同時推動中象、中尼建交。如今，中象建交業已完成，但中尼建交尚未達成，所以，我再請求「不打不相識」業已成為朋友的上伏塔總統亞默可繼續從中說項。亞默可總統也滿口答應為我繼續效勞。

尼日總統狄奧里長得人高馬大，是個回教徒，經常頭戴白色無邊高帽，戴著黑色眼鏡，身穿白色長袍。他曾口頭上對我表示，兩國建交在原則上沒有問題。可是，他的新任外交部長馬亞基 (Mayaki) 似乎有所異議，於是，此事就產生了波折。

我們曾經分析過，尼日政府是以象國總統之馬首是瞻，故一旦中象建交後，中尼建交也應可「順理成章」、「水到渠成」了。於是，我發了一函給尼日總統，告訴他，象國總統已經決定與我國建交，中華

民國外交部長沈昌煥預定於訪問上伏塔、象牙海岸後於 7 月 21 日抵達尼日訪問。我們期望在他訪問尼日期間，完成雙方建交事宜。

3.中、尼建交，使用奇招

7 月 21 日，我們抵達尼日訪問。尼日是個沙漠國家，首都尼阿美。我們首先拜會了尼日外交部長馬亞基，他說建交沒有問題。不過，他說該國的外交部最近才成立，人財兩缺，恐怕無法立刻締交，希望我們諒解。這番話引起了我的警惕，因為我認為這是一種託詞：他曾訪問過東歐國家與埃及，有可能受了那些國家的左傾思想的影響，故有意拖延與我們的建交事。我暗自有點著急。

見過尼日外交部長之後，我們在 11 點鐘晉見尼日總統，那位外長也在座陪見。沈部長對尼日總統說道：鑒於我們兩國的友誼日益加深，故建交時機業已成熟，似乎不再需要等待。我們已經與非馬聯盟的其他各國建交，尤其是最近已經和象牙海岸建立邦交。為了加強中尼的關係，蔣介石總統特派遣外交部長前來訪問。這表示我們十分重視非洲友邦的友誼，有著萬分的誠意。因此，盼望貴國能積極配合，也完成兩國締交，以便早日達成互利互惠，友好合作的雙贏關係。

尼日總統一邊點頭，連說「是，是」，一邊卻眼光掃著他的外交部長，似乎此事要由外交部長來作決定似的。而這位外交部長則還是強調，尼日外交部新成立，經費尚無著落，沒有人才，所以要積極部署外交部之後，才可以談到拓展對外關係云云。二人在這個場合互相推諉，有若爭辯，語氣都很激動。沈部長一看，覺得這樣的氣氛不好，我們不宜參與他們的內部爭論，於是就起身告辭了。

當天中午，尼日總統安排午宴款待。之後，雙方交換贈送勳章。尼日外長建議，他們可以發表一個聯合公報，拿出一個稿子，把擬好

的公報給我們看，徵求我們的意見。由於公報是法文，我就翻譯給沈部長聽。他聽後指出，公報裡根本未提建交之事，而只是說「雙方在會談中，曾就兩國間共同關心的問題，尤其技術合作方式和互派使節的可能性交換了意見」；至於設館派使一事，「將於年底前再付諸實施」云。似乎他們是先要求技術合作，後談設館派使之事的意思。

沈部長思考了一下，忽然靈機一動，就透過我的翻譯，首先稱讚了尼日外長所擬的文稿，文字很優美，內容也很妥善。但是也婉轉地告訴他，尼日方面既已同意於年底前考慮互派使節，就表示已經具有「同意建交」的意思；所以，如果在「技術合作方面交換意見」一語之後，考慮酌加「會談在友好氣氛中進行，雙方已經決定建立兩國外交關係」，那麼全篇就前後呼應符合邏輯了。這樣，「聯合公報」的語義就「有因有果」：有建立外交關係的「因」，才有技術合作的「果」。如此，貴部長所擬的文稿也就「盡善盡美」了。

尼日外長聽了沈部長這番話以後，一時也想不出別的話來辯答，於是就只能說「可以考慮接受」，並說了「謝謝你的高見，可表同意」的『門面話』。我怕他還在敷衍，就再把沈部長的這段意思重複地用法文跟他口述一遍，並且請他自己記錄，讓他自己寫下來，保證以「修正稿」為「定稿」予以發佈。至此，頗有周折的中、尼建交總算完成。中尼建交既是一個複雜的過程，也是一個愉快的轉機。新聞稿根據沈部長的修正意見交由法國新聞社發佈，尼日電臺也廣播了。中尼建交大事終於落實。

離開尼日後，我們繼續訪問了多哥、賴比瑞亞、達荷美、查德、中非、喀麥隆、加彭、盧安達等國，最後到馬達加斯加，圓滿結束了外交部長沈昌煥非洲 16 國的訪問。

1963 年 9 月 5 日，沈部長一行結束非洲的訪問，經由梵蒂岡返抵

臺灣，在機場發表即興演說。他說道：如今，非洲各國的朝野人士來臺訪問的很多，而我國回訪的也不少。由於彼此互訪，增進了許多瞭解，非洲各國對我國在遠東太平洋的作用、地位，就我國對世界和平所負的任務與貢獻，也都有了深刻的瞭解；他們對於我國近期在各方面取得的成就十分認同，頗加讚揚。在這次非洲訪問中，我們所到之處，都受到了各國朝野人士的熱烈歡迎和隆重接待，場面令人感動。

非洲各國多數都是獨立不久的政權，都很渴求進步。各國都在大力從事經濟建設，改善民生。在訪問象牙海岸和尼日兩國時，分別與兩國建立了外交關係。這樣，我國已與「非馬聯盟」中的 13 個國家建立了邦交關係，使得我國與非洲已獨立的 33 國中的建交國家數量增加到了 18 國。我國在有限的人力、財力情況下，派駐非洲各國的成員，無論是外交人員還是農耕示範隊，都能努力工作，配合駐在國的需求，獲得當地人民的信賴。至於僑胞方面，馬達加斯加的僑胞比較多，還設有華僑子弟學校。他們都很熱愛祖國，熱愛我國政府，與當地人相處得也頗為融洽，這令我們倍感欣慰。

沈部長在機場的談話令記者們相當滿意，故隨後各媒體的報導也都傳播了十分樂觀的氣氛。這對於我們這些遠在非洲的駐外使節來說，無異是一支「興奮劑」，大大地鼓舞了士氣，在深感自己「勞而有得」的同時，以更大的積極性投入到了未來的工作中。

負起文化使命，率團訪非百日

1961 年，我國政府運用了「美援」一部分款項成立了「先鋒案執行小組」，開始推行「外交下鄉，農業出洋」的技術合作計畫。1964

年，借助「先鋒案」的款項，外交部籌組了一個「赴非文化訪問團」，指派我擔任團長，國防部的白萬祥將軍為副團長。全團先由白副團長帶隊，從臺北帶團飛赴羅馬，再由我從上伏塔任所飛往羅馬接手、繼續帶隊，我到羅馬時，「訪問團」尚未抵達。先到大使館拜會于竣吉大使。于大使看到我非常高興，歡欣之情溢於言表。17 年前，1947 年，我還是一個考取公費留學到歐洲念書的留學生，和一百幾十位公費留學生一起從上海搭船到義大利拿波里下船。一夥兒經過羅馬，承蒙于大使厚愛照料，並請大家觀賞露天歌劇。17 年後，我已在外交界服務，並即將率團遠征非洲。值得快慰。

　　1964 年 8 月 17 日清晨 3、4 點鐘，國內飛來的、為數 39 人的「赴非文化訪問團」浩浩蕩蕩抵達羅馬，我隨同于大使等一起到機場迎接。訪問團在羅馬耽擱了幾天，由好客的于大使接待，也請大家觀賞了露天歌劇院，並參加了若干聚會，遊覽了一些景點，使得從未出國的團

「赴非文化訪問團」於臺北臨出發前，外交部沈昌煥部長致詞訓勉。

員們大開眼界，都認為「三生有幸」不虛此行。

但是工作優先、任務重要。我首先得儘快熟悉和瞭解文化訪問團的眾多成員，因此在他們借宿的旅館裡，對照著名冊上的照片，與其本人逐一對照，相互介紹認識。於是，沒花多少時間，我就與每個成員都有了交流，乃至對大部分人的名字已能記住，可以逕直稱呼了。

另一項工作，便是須預先觀看一下他們打算在非洲演出的節目。可是，在旅館中既無適當的場所，更不能使用真正的樂器，特別是中式的鑼鼓、絲竹等，否則肯定會妨害旅客的安寧，導致糾紛。所以，只能用簡易的方式，由人的口中哼哼曲子，或者模仿樂聲；而這也足夠讓我大致瞭解他們的節目內容，以及他們的演技了。我雖然並非專業演藝人員，但對於音樂、戲劇等始終頗有興趣，故在流覽他們的節目時，偶然也能提出些帶有「專業性」的意見來。例如，當鄭向恒女士（她後來在國內的文化大學和世界新聞大學擔任國學教授）演奏古箏與琵琶後，我便指出，其琵琶指法不及古箏來得嫻熟，故建議還是使用古箏演奏。由於我的話比較婉轉與「內行」，鄭向恒也接受了我的建議（但是以後正式上臺前古箏「調音」時，還是需我的「專業耳朵」來「校音」）。就這樣，我們以十分認真的態度做好最後的準備後，便於 1964 年 8 月 23 日啟程，飛往非洲第一站的利比亞，展開了漫長的赴非文化訪問活動。當時我們和利比亞有外交關係，由陳質平擔任大使。陳大使很關心訪問團的行止和團員的健康，尤其怕十幾位女團員經不起長途跋涉，問為什麼不加派一位醫務人員，可以一路照料。並且很熱心地要我和他聯名去電外交部請求加派醫務人員隨隊服務。果然，訪問團第一天在利比亞一家大戲院演出時，一位女團員穿著重重疊疊的戲裝上演一段「全武行」國劇時，因天氣炎熱、戲院又無空調，導致昏倒在舞臺上。可見陳大使的擔心不無見地。可是外交部覆電，

則稱限於預算礙難考慮等語。

　　雖說「文化活動」表面上看來比較輕鬆，但是對我而言卻是相當艱巨的任務，因為我畢竟只是外交官，對於組織和領導文化活動，實在是毫無經驗。特別是，文化訪問團的成員中有 16 位少女，她們大都不諳外語，而對女士們的照顧，顯然要比男士複雜得多，除了日常的餐飲等問題外，還要考慮到她們的安全。所以，我這個團長簡直就是「總務」，既要安排節目，又要擔任翻譯。到英語國家要講英語，到法語國家要講法語；還得替他們介紹情況，乃至報幕！

　　這次訪問長達 100 天，訪問的國家多達 15 個，訪問團的總人數40 人，隨身攜帶的道具、展覽文物和行李重達 2 噸多。幸得副團長白萬祥以及其他幾位男團員的齊心協力，才使我這個「團長」勉強勝任。這些團員包括陳晉照、郭其光、伊思微（是他當時的化名，原名伊竑。由國家安全局調來，負責全團安全事務，曾擔任中央黨部重要職務。溫州人，近年擔任過臺北臺灣溫州同鄉會理事長、名譽理事長）等。還有一位王如芝，從國防部調來協助工作。副團長白萬祥將軍則曾追隨過前總統蔣經國，相當能幹聰明，亦具謀略，頗有儒將風度。

　　多虧了文化訪問團全體成員的共同努力，充分發揮團隊精神。我們才在非洲平安地度過了這 100 天，既未發生安全問題，也未遺失任何物品行李。訪問期間的活動則是形形色色，多彩多姿。有關的詳細報導，多見於嗣後白萬祥將軍發表的《非洲紀行》和鄭向恒教授的《半個地球》等書籍中。我在本書中的報導就從簡了。

　　我們訪問的國家中，利比亞是第一站，此後相繼是查德、中非、喀麥隆、加彭、達荷美（今貝寧）、多哥、賴比瑞亞、獅子山、上伏塔（今布吉納法索）、尼日、象牙海岸、奈及利亞、馬拉加西、模里西斯等 15 個國家。其中，象牙海岸是轉機中心，故我們經常要在此換機，

前後經過 3 次，整個行程達 10000 多公里。文化訪問團總共演出 55
場，文物展覽 78 場。前來現場觀看演出的人，估計約有 30 餘萬；通
過廣播收聽者大概 200 多萬；電視觀眾大約 40 萬；參觀文物展覽的也
有 10 多萬。

我們團裡有兩位書法家和畫家，一位名章祐，另一位名傅申。他
們能在現場揮毫，作畫或者題字，贈送給前來參觀的重要人士，包括
各國元首、軍政首腦，前後贈送了 800 多幅畫。正因為訪問團充分展
示了如此悠久和燦爛的中國傳統文化，為非洲人民無償地提供了難得
一見的異域情調，故我們的文化團普遍受到了各國政府和民眾的熱烈
歡迎，影響至為深遠。以至相隔十多年之後，還有不少非洲人士念念
不忘這個文化團。

如上所述，我們的訪問團的展示包括兩大方面：文化展覽和節目
演出。展覽部分包括書畫（大概有 42 幅）、新聞照片（100 多張），介
紹臺灣地區的經濟繁榮、農村富庶、三軍強大等情況；同時還展出了
各種手工藝品，質料包括銅、石、木、瓷、玻璃、刺繡等，均屬精品，
達 300 多件。文藝演出方面，則有國樂隊演奏、民謠演唱、民族舞蹈
及國劇等。

全體團員，包括我這個團長在內一共 40 人，都是「身兼數職」，
發揮了高度的團隊精神。團員們除了演唱、舞蹈、演奏之外，還要兼
理展覽會場的佈置、文物的保管、裝箱運輸、女團員的安全、眾人的
伙食、文書記錄、財務出納、行程安排、機票預訂等等。我除了對外
交涉聯繫，也還得擔任演出前的英語或法語介紹、京劇的說明和古箏
的校音等工作。後來，我又不得不扮演了沒有行醫執照的「江湖郎中」
的角色：由於經費關係，並無隨團醫師負責醫療工作，所以我只得親
自出馬，到各地的藥房拿些免費的樣品；一旦訪問團中有人頭疼腦熱、

傷風感冒、肚痛便祕之類，我就根據我拿來的藥品說明書「對症下藥」，倒也治好了團員們的不少小毛病。

文化團每到一國，通常該國的元首都能蒞臨，觀賞演出。但是，尼日、象牙海岸、馬達加斯加三位元首卻均因故未能出席觀賞。我想，我國的文化訪問團難得來非洲一次，總得讓它的作用和影響儘量發揮吧？所以，我們主動設法「移樽就教」：全團「送戲上門」，前往各該總統府或官邸演出。終於，使得這三國的元首仍然能夠觀賞到團員們的精彩演出，並且，產生了熱烈的友善氣氛。例如，當我們在象牙海岸總統府演出時，除了總統夫婦本人外，他們的家人、親戚、高級幕僚、部長等也都來觀看，十分熱鬧；尼日、馬達加斯加的情況也與此類似。因此之故，我們與到訪國的友誼更大大的增進。這種具有感情成分的特殊「親和關係」，和一般的外交場合的酬酢關係不同。

也就是基於我對這種特殊關係的「體驗」與「認知」，我才敢於完成尼日訪問、搭乘飛往象牙海岸的班機發生問題時，打電話給尼日總統求助。事情的過程是這樣的：

當我們結束尼日訪問、準備搭機啟程到下一站象牙海岸的時刻，也正是在象牙海岸工作的大批法國技術援助人員和教師們暑期去法國渡假返回非洲工作地的季節。他們都帶一家大小連同許多行李大件小包地，可說是「滿載而歸」。這班飛機從法國飛象牙海岸，中間停靠尼日，我們雖然事先確認了 40 個訂位，但是訪問團的 2 噸多重的道具和行李由於體積相當龐大，飛機貨倉確實無法容納我們全部的行李和道具，他們也不能把法國到象牙海岸乘客的行李拿下來，換裝我們的行李。雖經我一再強硬交涉，由於實際困難，談判陷於僵局。航空公司說，我們人員可以先走，行李一星期後再送。這令我們十分為難，因為道具一旦與人分開，我們即使人員到了下一站，也無法開展活動，

勢將影響一連串其他各國的訪問演出，因此交涉非要人與行李「同機」不可。大有「共存亡」的「氣概」。

雙方僵持到翌日清晨五點。飛機無法久候，飛走了。我們只好留下來「與行李共存亡」。與此同時，實際上，我心中已有一張「緊急應變措施」的「王牌」，有待試用：於是，我壯起膽來，在機場打電話到尼日總統府，「要求與尼日總統狄奧里直接通話」。我告訴了他我們的遭遇，懇求他設法解決這一難題。尼日總統倒是非常熱情、並且同情我們的處境。立即慷慨地提供了一架專機——DC4 螺旋槳的總統專機！於是，我們 2 噸多重的道具和 40 個訪問團成員全都喜滋滋地登上了尼日總統的專機，享受了一次從未經歷過的「國家元首級待遇」，及時而平安地度過了從尼日到象牙海岸的 1500 多公里的空中行程。當然，我們都非常感激尼日總統的「及時雨」；而這一「及時雨」實際上也是我們「訪問團」在尼日總統官邸，專為總統特別「賣力演出」而贏來的友誼所導致的碩果。

最後一站是模里西斯，是 15 個國家中的最後一站。當地的一位僑領朱梅麟先生動員了全體家人來協助我們。說起朱梅麟先生，他還是我的舊識。他是客家人，當地的僑領，並曾擔任過模里西斯政府的部長多年，地位相當重要。他和他的妹妹朱紹華兩人曾代表模里西斯出席了 1952 年 10 月間在臺北召開的首屆「全球僑務會議」。同樣地，我也代表歐洲華僑出席了這個會議。我們還一起和蔣介石總統在總統府前一起平坐合影留念。由於朱梅麟以他政要兼僑領雙重身分的全力支援和安排，我們在模里西斯的演出與展覽，獲得當地眾多華僑的熱烈和盛大歡迎。模里西斯的總理夫婦和家人也出席了首場的演出與文物展覽會。從而為「赴非文化訪問團」這次長達百天的「非洲之行」畫上了一個圓滿的句號。替中華民國政府完成了一次另類的「文化外交」任務。

1964 年 11 月 21 日上午，全團從模里西斯搭機啟程返國，中途須赴馬達加斯加轉機，駐馬達加斯加汪公紀大使夫婦（以前的巴黎老友，我國前派駐巴黎新聞處的處長汪公紀大使夫婦），還有好幾位僑領，包括陳福勝、舒波仁等，在馬達加斯加歡迎和接待了我們。當晚，再換法航班機，經過吉布提，於翌日清晨抵達雅典，受到駐希臘大使館的祕書王肇元（後來擔任外交部的情報司司長、北美司司長、駐加拿大代表）的歡迎和照料。

我原以為可率領全體團員凱旋回國。豈料外交部來電，要我直接返回上伏塔任所。全團仍由副團長白萬祥帶返臺北。同仁們對於這樣的倉促離別，頗感突然，只能在機場話別。但還有時間共進早餐，大家一起舉杯，以水代酒，向我道別，分道揚鑣。100 天的共同工作和生活至此結束，令每個人都有依依不捨之感。畢竟，這 100 天包含了很不平凡的內容，有些事情可能會使人永世難忘。他們向東飛行，從曼谷返回臺灣。我則在一小時之後由雅典轉飛羅馬，再由羅馬返回上伏塔任所，正式結束了這非洲文化之旅的「百天訪問」。

這 100 天的相聚，幾乎使得所有成員相互間結成了終生的友誼。多年後，我回到臺北，還與他們經常相聚；當然，隨著各自年齡的增長，相聚的成員是日益減少了，但是我們的友誼卻有增無減。團員中的書法家傅申在臺大教書，後來成為書畫鑑賞家，鑑賞古董、書畫，尤其張大千的畫；歌手倪賓，男高音，在文藝界也頗有名氣；電影演員郎雄，則拍了好幾部電影，曾是當紅的明星。此外，彈奏古箏、琵琶的鄭向恒女士，先後在文化大學及世界新聞大學任教，連她的先生李殿魁博士和兒女們都至今與我仍保持很好的關係。

這次的「百天文化外交」可謂相當成功，無論對訪問團成員本身而言，還是對當年接觸到我們文化展示的非洲民眾而言，都留下了非

常深刻的印象；對於增進中國和非洲各國的官方關係，也確實有著不可小視的積極作用。遺憾的是，嗣後由於種種原因，這一「文化外交」沒有再繼續推行下去，不免興「虎頭蛇尾」之感，惜哉！

非洲狩獵，獅子、野牛斃於槍下

20 世紀 60 年代，我在上伏塔擔任大使期間，除了與人打交道外，在空閒之時，也與野獸「打交道」。蓋因上伏塔境內遍佈草原，野生動物品種繁多，數量甚巨，因此，當地人以狩獵為日常活動之一。一方面，我正在努力使自己適應當地的生活，爭取與當地人「水乳交融」，另一方面，「狩獵」對於我這種頗具「男子氣」和冒險精神的人來說，也確實是一種極大的誘惑；再說，各國駐上伏塔的外交官圈子內，不乏酷愛狩獵和精於此道者，這就更引發了我的躍躍欲試之心。於是，我未幾即加入了當地的「業餘狩獵團」，試圖在這一「戰場」上也打幾個漂亮仗。

非洲向來被認為是獵人的樂園。在南非和東非，打獵甚至與觀光遊覽結合在一起：有專業機構為觀光客提供槍枝、地圖、嚮導、車輛、食物、帳篷、無線電話等必要的狩獵配備，讓花得起錢的人過一把「打獵癮」。於是，那些「業餘獵人」穿著獵裝，帶著攝影師，儘管對打獵一竅不通，卻依然自我感覺良好，得意洋洋，尋覓獵物。因為自有職業獵人侍候在側，一旦發現獵物，他們就會立即吩咐業餘獵人開槍。這樣，業餘獵人開槍時，旁邊的職業獵人也開槍了，隨著「砰砰」的獵槍聲和「哢嚓哢嚓」的相機快門聲，在獵物中槍倒地的同時，那些「業餘獵人」舉槍射擊的雄姿也留下來了。當然，真正命中獵物目標

的，十之八九是那些職業獵人，但是，誰都不會拆穿這一「西洋鏡」，以免掃了那些掏錢遊客的興致；此事也就「天知地知，你知我知」了，各自「心中有數」。好在結果是各得其所，皆大歡喜：「職業獵人」用自己的出色槍法掙到了錢，可以養家糊口；「業餘獵人」雖然掏出了錢，卻換到了「獵獸英雄」的良好感覺和「英姿」照片，向家人朋友傳觀、自得其樂，不也是不小的享受嗎？

但是，在西非地區，要進行「業餘狩獵」就沒有這麼輕鬆了，因為那裡並無「職業獵人」來陪伴和「代勞」。因此，如果像我們這種人想過一把「狩獵癮」的話，就必須徹頭徹尾地依靠自己，從真槍實彈到其他配備，都得自己逐一準備好。有鑑於此，我的第一次狩獵頗費了些功夫。幸虧我找到了一位理想的「老師」兼同伴，即義大利駐上伏塔的領事安東尼，他酷愛打獵，並且本領高強。更妙的是，他的太太也喜歡狩獵，因此他們這對夫妻真可謂夫唱婦隨，配合默契。安東尼夫婦在上伏塔北方靠近達荷美（今名貝寧）邊境有一所渡假別墅，似乎就是專供打獵使用的。

上伏塔一年之內，除了5、6、7三個月有降雨外，其他九個月都屬旱季，因此在大部分的時間裡，天氣都十分晴好，所以可供狩獵的日子也就很多。儘管我並未因為自己是個「狩獵新手」而氣餒、退縮，但也不敢癡心妄想，企求第一次狩獵就「大獲全勝」。然而，有時候，當「幸運」要降臨時，即使你拒絕也是推辭不去的。我便有了這樣的例證——首次出獵就捕殺了一頭雄獅！

事情是這樣的：一天，我們夫妻前去拜訪義大利領事夫婦，本來並無打獵的意圖，只是想到上伏塔與達荷美邊境處，專供獵人打尖的客店去喝杯水，聊聊天。當時我們兩對夫妻，再加上兩個黑人嚮導，由安東尼夫人駕車，前去該處，時間已是黃昏五、六點了。

　　一路上風塵僕僕，大家只顧著趕路，也無心觀望沿途風景。但是我妻子偶然抬頭一望，不經意地說，前方約一百數十公尺處有一匹「馬」。我順著她的手指方向看去，卻見這根本不是什麼「馬」，而竟是一頭獅子！我剛學打獵不久，尚未真槍實彈地實踐過，故始終隨身帶著一桿新槍，準備隨時隨地「試」它一下。如今看到這隻獅子，當然視作「天賜良機」，自是興奮不已。

　　我立即請安東尼夫人停車，讓我進行首次狩獵實踐。但是，我或許是過於激動了，故汽車尚未停穩，就在搖晃的車上發了一槍。顯然，這一槍並未命中獅子要害，所以牠在負傷之後準備逃逸。不待車輛停穩，我就跳下車來，以跪姿再連發數槍。看到獅子終於倒地，我才舒了口氣，慢慢小心走上前去檢視。不過我還是端著槍、右手食指扣在扳機上，躡步上前，深恐獅子沒有完全死亡，如果牠忽然垂死掙扎，我豈非會吃大虧？在確認牠死亡後，才俯身「驗屍」，發現這赫然是頭老雄獅！這不禁使我大喜過望。

　　通常而言，獅子不容易獵到的。因為牠們的生活習性是白天睡覺，夜間才外出捕食。那麼，這頭老雄獅，尚未等到天黑就出來活動，在村落附近徘徊，很可能是因為體力衰退，無法捕殺身強力壯的其他獸類，而企圖到相對軟弱的人類那裡尋覓機會，不料倒因此斷送了牠的「老命」！我事後回想，自己射了四發子彈才制伏了這頭獅子，一方面是我槍法欠佳所致，另一方面也可能是因為槍上的望遠鏡和瞄準器來不及完全調整好。所以，我這首次狩獵的成功，多半是靠「運氣」，其實並不可恃。但是，又一個「意外」是，我這短暫的「英勇事蹟」卻被妻子隨帶的小型攝像機拍攝了下來，倒是極具紀念意義的。

　　我獵殺獅子的消息很快傳到附近村落。由於不久前村子裡有個孩童失蹤，遂被懷疑是已經葬身獅腹。村人們分析道，吃小孩的獅子，

作者在上伏塔（現名布吉納法索）獵得雄獅一頭。

作者成為獵獅英雄，為民除害，由鄉鎮層層轉報縣府，縣政府當局大肆慶
祝，冊封作者為首長，「黃袍加身」、頭戴金冠。金冠上綴有多塊足赤黃金，
戴上去昏昏沉沉，使我感到有些頭重腳輕，幸而僅是暫時借戴，典禮完成
後，執事人員隨即收回去，怕被我「沒收」留念，但仍送了幾隻雞、羊表
示感謝的意思。

一定是獵捕不到其他動物的極受饑餓煎熬的衰老獅子。所以，我捕殺的這頭老雄獅，即是吃掉那孩子的元兇；於是，我立即順理成章地成了為民除害的「獵獅英雄」了。獵獅始終是獵人們的理想和驕傲，許多有數十年狩獵經歷的老獵人都從未圓過獵獅之夢。因此，我之幸運也就可以想見：首次狩獵，居然就捕殺了一頭雄獅，成了「英雄」，真可謂「鴻運高照」了。

那頭老雄獅由我們一夥四個大男子拖拖拉拉，好不容易才搬上了車子，掉頭向村落駛去。進入村子後，村民們竟吹號打鼓，圍著我們跳起舞來，村長更是拿出珍藏多年的香檳，向我們敬酒。眾人一邊歡慶，一邊把獅子瓜分了：我要了獅子頭和幾隻獅爪，一位酋長領走獅尾，其餘的獅子肉則由眾家分割共用。

我之所以取了獅子頭，是有意剝製一個標本。但是，當時根本沒有剝製經驗，只是由土著嚮導代為處理，但是他也沒有處理好，以致日後皮崩肉爛，我只得將它重新刷淨，獨留一副顱骨，以作紀念。由於這次獅頭標本的製作失敗，故我下決心要好好地掌握這項技巧。我除了搜集和研讀相關的書籍外，更向有經驗的獵人請教，這樣，到後來獵獲野牛，製作野牛頭標本時，便得心應手了。

說到我之獵殺野牛，則更多的是依靠我的能力而非運氣了。這是一個「輝煌成果」，因為我是將大野牛「一槍斃命」的。

有一次，我與安東尼相約，偕妻前赴他家作客，並於翌日和他一起狩獵。當天晚上，我們在他家打開行軍床，露宿在寬敞的陽臺上，仰望清澄的夜空和滿天的星斗，享受著習習涼風所帶來的植物清香，確是別有一番風味。

第二天清晨四點多，晨曦尚未顯現時，我們就動身出發了。由安東尼駕駛「全地形」Land Rover 四輪驅動車，一路馳驅。由於車速甚

高，遂揚起一股股的茫茫沙塵，我們便在這黃色沙塵構成的簾幕中高速行進，未幾便抵達了目的地。那是一片廣闊的草原，一眼望去，在數百公尺的距離內，也不過稀稀落落的幾處灌木叢。我們走到土路的盡頭，接著便進入高深的草叢了。在此，我們根本無法辨識途徑，唯有依靠當地土著嚮導的指引，才能朝著正確目標前進。世世代代居住此地的黑人們，似乎對於茫茫草叢中的路徑和方位有著天然的敏感，對於他們到底是借助什麼標識來辨別途徑的問題，我至今仍然不甚了了；也許，他們具有動物一般的直覺吧？反正，我們這些自詡為「文明」的人在這些能力方面是完全難望其項背的。

我們進入「獵區」後，首先要做的是俯首察看，以尋找野獸的足跡。經驗豐富的獵人可以根據野獸腳印的形狀，判斷出是哪種動物在此經過——大象，野牛，還是馬羚？並且，還能得知該動物是何時經過的——是剛過不久，還是早就經過？對於這類本領，我在進入「狩獵社交圈」的初期就學到了一招：腳印上如果未見塵土，便表示該動物路過不久；相反，足跡上蓋有塵土，則表明牠離開已久。當然，足印上塵土的多少還能揭示出野獸離去時距今的時間短長。那麼，獵人再按該獸行進的速度來推測牠與這裡相隔的距離，以及獵者能否追得上牠。

除了通過野獸足跡上塵土之有無和多少來判斷牠行經此地的久暫外，還可以通過其糞便來「揭示真相」：不同的動物有不同的糞便，則可以據此而知是哪種動物曾經經過。另一方面，還可依據糞便的乾濕程度，而測知該動物經過時間的久暫——時間越久，糞便中的水分蒸發得越多，當然就顯得愈益乾燥了。

又如，若大象之類的巨型動物經過時，往往會碰斷周邊的樹枝。因此，根據樹枝折斷的「新鮮度」也可以判別動物的蹤跡——樹枝折斷處如果仍有水分，則表明該動物剛離去不久；若是斷枝業已乾枯，

則知牠早已走遠，獵人也就根本不必再追蹤了。

　　獵人在追蹤獵物時，還必須時刻瞭解風向，這在狩獵活動中是十分重要的一環，否則，很可能前功盡棄，一無所獲。辨別風向的方法很簡單：就地抓一把乾燥的泥土，往上方一撒，視塵土朝哪個方向飄揚，便可得知當時的風向了。所以，如果是順風，即是由獵人身後向行進方向吹拂的風，那就很可能將「人味」送往獵物處，那麼，獵物極可能因而逃之夭夭（獸類嗅覺之靈敏絕非人類可比）。鑒於此，獵人通常必須逆風而行，這樣才會提高捕獵的成功率。

　　我驚奇地發現，黑人土著的嗅覺靈敏度遠遠超出了我們「文明人」，甚至可以與動物相媲美！例如，他們在逆風時可以嗅出來自獵物的氣味，從而更加謹慎地接近獵物而不被牠（們）所察覺。此外，他們也「嗅」得出遠處水源的「水味」，從而推測到那裡可能有獵物，因為動物多會前去飲水，特別是在黎明時分。

　　諸如此類的狩獵經驗和方法，雖然道理都很簡單，但是一個新手若要在實踐中真正把握分寸，作出正確判斷，卻遠非說起來那麼容易。不過，我的特點之一是喜歡「自我挑戰」，因此對於這類經驗如獲至寶，異常認真地學習和實踐起來，從而不久就品嘗到了「勝利果實」。

　　我們一行人就這樣一路循跡追蹤，分析各種跡象，最後，終於發現數百公尺外出現了幾個黑點。用望遠鏡一看，居然是七、八頭野牛在低頭吃草。當時，大家面對這種體重以噸計的龐然大物，既興奮又緊張，於是立即躡手躡腳地悄悄逼近。等到野牛進入我們的射程之後，各人開始作「最後一擊」的準備。我雄心勃勃，心想，要麼不「鳴」，一旦「鳴」的話，就要力爭「驚人」，於是選擇了牛群中最壯的一頭公牛，予以瞄準。

　　我又想道，若是打牠的頭，則嗣後製作牛頭標本時就有彈孔的缺

陷，有損美觀了。最佳的射擊部位當然是心臟，但是非洲大野牛身強
體壯，平時就兇狠無比，舌頭一舐，往往能撕掉人的一大塊皮，用角
一挑，足以導致人仰馬翻。所以，除非我能一槍就致其死命，否則後
果不堪設想；不過，我最後還是決定冒一次險，射擊牠的心臟。

我端著業已上膛的槍，緩步走近，幾乎完全屏住了呼吸。由於是逆
風，大野牛居然尚未發覺危險正在降臨。等我逼近到離牠約 50 公尺時，
牠才警覺起來，但是為時已晚，子彈已從我的槍膛中飛出，「砰」地一
聲巨響，大野牛頹然倒地，幾乎未見掙扎之狀。其他野牛立即驚恐地逃
遁了。我上前檢視我的獵物，發現其心臟附近的動脈破裂，已經斃命。

當時我用的是 0.357 口徑的溫徹斯特 (Winchester) 牌「全天候」
(All round) 獵槍，子彈是所謂的鉛頭「開花彈」。這種子彈射入獵物
後，鉛質彈殼會爆裂成四、五瓣，按螺旋方向進行，鑽入體內，彈骸
宛如蕈或花朵狀，故殺傷力極大。

這次一槍擊斃大野牛，是我進入「狩獵圈」以來的最輝煌戰果了，
我當然十分滿意和得意。這倒並非因為我獲得了這麼豐厚的「物質報
酬」，而主要是證明了自己的「英雄氣概」。所以，對於這麼巨大的獵
物，我只要了一顆野牛頭、一隻牛蹄，其他部分便都送給了陪同的黑
人嚮導，讓他們運回村莊，分贈給全村人員共用。

而我所取的牛頭，卻也有七、八十公斤之重，由幾個壯漢抬著，
還得走不多遠就要換手。處理這個大牛頭，更是費了我半天功夫。在
此之前，我已由多方搜集的書籍中學得了剝製標本的方法，並且還置
備有整套剝製標本所需的外科手術刀。所以面對這個龐然大物時，便
已成竹在胸，不至於像早先製作獅子頭標本時那樣笨手笨腳了。

野牛皮相當厚，約有一釐米多。因此，下刀解剖時，光有利刃還
不夠，必須兼有外科醫師般穩定而利索的刀法才行。我穩穩地握住刀，

從牛後頸往前劃下一刀，再朝左右耳各一刀，在兩角中間劃出一個 Y 型，然後朝兩側拉開，邊割邊挖，挖除多餘的肉。剝製獸類標本，講究的功夫就在去肉留皮之際，下刀如何拿捏得當，恰到好處。

　　肉挖掉後，帶血水的皮要徹底沖洗乾淨，然後抹上粗鹽或藥粉，使其乾燥。陰乾後的第二天再沖洗一番，之後便可長久保存了。對於頭骨部分，必須除淨其中的腦髓和粘附的肉。其法是用一只大柴油桶盛裝頭骨，加水煮燒，令肉、髓等物糜爛後從骨頭剝離；但是更簡便的一法，便是在地上挖個土坑，把整個頭骨埋進去，經過三、四天再挖出來，這時候，頭骨肯定已變得非常乾淨、白潔，因為非洲的大螞蟻在此期間已將頭骨上的肉、髓剝離得乾乾淨淨了。

　　我把初步處理好的頭皮連同頭骨一起寄到美國，由專做標本的專家 (Taxidermist) 對它作進一步的處理加工。待此物郵寄回來時，就又

獵得羚羊一頭。

是一只栩栩如生的牛頭了。這只牛頭陪伴了我數十年，至今仍然靜靜地懸掛在客廳的一角，因為當我看到它時，就會回憶起當年在非洲大草原狩獵時的生動情景。至於牛蹄標本則製成一個有蓋的容器，後來我借「『牛』不停蹄」名義送給谷正綱先生為生日禮，因為他幹勁十足，到處奔波開會、同時他生肖也屬牛。

　　我還有一段獵捕野豬的經歷。非洲野豬由於頰上長著兩個贅疣，所以又叫疣豬 (Warthog)，其形之醜，堪稱「世上最醜陋動物」。疣豬一般都在城郊出沒，多以獠牙掘食植物的球根而充饑。那一次，正好有頭野豬從我前面約 150 公尺處自右向左奔跑而過。我馬上以跪姿瞄準牠的胸前方，並且計算著牠的奔跑速度，待到我的槍響，野豬幾乎同時倒地，並在地上打滾。我小心翼翼地走上前去，只見牠像卡車輪胎洩氣一般，「哧……」地呼出了最後一口長氣，然後就不再動彈了。

使館客廳牆壁上掛的獵物標本（左起：馬羚、羚羊、野豬）。

我仔細檢視了一下，發現我的子彈恰巧命中牠的心臟部位。這是我狩獵經歷中最完美的一次「飛靶」（因為你要把牠的奔跑速度計算在內），故認為也頗有意義，應當「記錄備案」。

我的好勝心很強，每做一事，總想「爭優」和「完善」，即使就「業餘」和「消遣」的狩獵活動而言，也不例外。因此，我為了在每次與凶禽猛獸的搏殺中穩操勝券，平時就勤練槍法，從不懈怠。從自己館舍後院的靶場到空中的飛鳥，我用各種口徑的槍支鍛煉一槍命中目標的能力，逐步地，後來我真練就了相當精準的槍法。然而，精準的槍法也未必能夠保證狩獵的完全成功，因為我也有過面對大好獵物而最終無功而返的失敗經歷。當然，其原因不是在於我的槍法不好，而是在於我當時根本不敢開槍！事情是這樣的：

有一次，我在狩獵中遇到了象群：一頭母象帶著二、三頭小象在吃草。我知道象是天然的近視眼，牠們看不見我的身影，因此就躲在遠處裝子彈。然而，我卻大大低估了象的聽覺，因為我在換裝金屬頭子彈（象皮厚，必須使用能穿甲的金屬頭子彈才能獵象），拉動槍膛時產生了微弱的音響。而我不以為意的這一微弱聲響卻驚動了牠們，母象立即揚起頭來，發出淒厲的尖叫聲，牠顯然是想以鳴叫來警告我。但是我仍不甘心，又向前逼近了幾步，而這一行動令母象再次感受到了威脅。牠立即用長鼻子捲起身旁的一株小樹，連根拔起，重重地摔到地上，並加上一腳，踩得稀爛，顯示牠的巨大威力。

我面對這種令人心驚膽戰的強大示威，不禁心生畏懼了，於是自我安慰道：反正象牙不大，也不值得冒險捕殺。顯然是一副「吃不到葡萄，就說葡萄酸」的心態。隨後，我帶著一種失意的心情，怏怏地撤走了。但是，過了一會兒，又覺得這是第一次遭遇象群，不能輕易坐失獵象的良機。於是，我再度返身，回到剛才發現象群的地方。可

惜的是，此時已經「人去樓空」，象群不知去向了。所以，這次獵象畢竟是以「失敗」告終的。

此事成為我的「狩獵史」上的重大缺憾，總想有所彌補。因此，當嗣後有人向我兜售一對碩大無比，弧線優美，重達 80 多公斤的象牙時，我就心動了。儘管價格不菲，但我最後還是咬咬牙，傾囊相授，把這對象牙買了下來。也算是對「象」的一種「思念」吧。

如今回想起當年的狩獵活動，頗多體會，也頗多感慨。比如說，我認為，這是對自己「生存能力」的一種鍛煉，是對個人之體力、智力、膽識的考驗，甚至，也是 Fair Play 精神的體現。

獵人固然有槍支彈藥，但若無使用這些武器的優秀技巧，在凶禽猛獸之前，也難免遭到傷害，甚至殞命，因為畢竟猛獸有著比人類強壯得多的體格和利爪、利牙。作為一個成功的獵人，無論是主動追擊凶禽猛獸，還是消極抵禦凶禽猛獸的攻擊，他們都必須擁有豐富的經驗、清晰的頭腦、足夠的耐心、堅強的意志、精確的判斷和充沛的體力等等，所有這些條件，其實也是人與人之間友好交往或者克敵制勝的基礎和前提。

所以，當我的狩獵每獲一次成功，我都認為自己的「為人」素質又提高了一個層次。尤其是當我確實與猛獸直面對峙，猶如角鬥士那樣最終取勝時，我就有一股特別的自豪感；一旦得知被我擊斃者確實是傷害人類的「惡獸」時，我更會感到此前的冒險是十分值得。因此之故，我有時甚至故意追求與猛獸的「公平決鬥」，而對某些獵人設置陷阱或在夜間用強光等等的「不公平」作法頗不以為然。

當然，隨著環境的改變和時代的進步，當今非洲的「狩獵」情況已經迥異於我們那個時代了。比如，首先要提倡「保護動物」；即使在某些情況下允許適當狩獵，但也制訂了種種規定，例如，在繁殖期間

不打母獸，不捕殺身邊有幼崽的野獸，夜間不獵，以及狩獵者必須申
請憑證與繳費等等。總而言之，當代的獵人必須明白「獵亦有道」的
道理。不過，我想，在允許狩獵的範圍內，我以上歸納的「獵人素質」
也是仍然十分需要的。環境變了，「精神」沒變。

打開甘比亞大門，「甘之如飴」

在擔任駐上伏塔大使的任內，我的職責實際上不僅僅限於拓展和
加強與上伏塔的外交關係，還須兼顧其他非洲國家的事務與職責，例
如，與甘比亞建立農業技術合作關係，便是我在此一期間的兼理工作
之一。

甘比亞也是 20 世紀 60 年代獨立的數十個非洲國家之一。該國人
口不多，大約也就六、七十萬。國土面積也很小，只一萬多平方公里，
包含在塞內加爾的領土內。所以，若要前赴甘比亞，必須得經過塞內
加爾的首都達卡 (Dakar) 方能抵達。兩國之間隔著一條甘比亞河，有
渡輪往來。

當時，由於楊西崑在美國留學時，同時在中華民國駐聯合國常任
代表團工作，並兼理聯合國託管委員會的事務，經常需要和聯合國在
非洲地區的託管地國，如多哥、達荷美等打交道。他因此與非洲不少
政要們結下了友誼。

後來，楊西崑於 1960 年離開我駐紐約聯合國常任代表團，赴臺北
外交部服務、出任亞西司長。這時候，適值英、法各國在非洲的殖民
地紛紛獨立。外交部為因應新情勢而增設非洲司，楊西崑改任新設的
非洲司司長，積極展開對非外交。尤其在首階段，火力集中於西非地

區。先後和多個非洲國家建立邦交。非洲地區法語國家佔多數，英語國家居少數。而甘比亞是少數英語國家之一。基於「有『交』無類」原則，雖然國家很小，也已列入楊西崑創議的「外交下鄉，農業出洋」口號下「戰略攻勢」目標之一。加以我的駐在國上伏塔在地緣上比較接近，很自然地，我便被楊西崑選擇為進攻這個「戰略目標」的「執行人」。

在私下，我也很歡迎這個「挑戰性」的任務，因為，我在非洲法語國家主要使用的是法語，很少機會使用我的「第二外國語」——英語。和甘比亞打交道，也可使我的英語不致「生鏽」。而且，楊西崑的英語造詣很高，對語文的審核也非常嚴謹。這無異是要我提高我的英文寫作水準。因此，我欣然接受這個「任務」。

1.若非甘比亞的「關鍵票」，中華民國早已不在聯合國了

1965 年，聯合國第二十屆大會上，在「中國代表權」提案的投票表決時，臺北方面岌岌可危，雙方票數十分接近。在最後關頭——「投票日」的隔天晚上——幸而找到了甘比亞代表，獲得了甘比亞的一票之助，雙方才以 47 票對 47 票拉成平手，使得阿爾巴尼亞、蘇聯等國連署的要求排臺北納北京的「中國代表權」提案未獲通過。我國在聯合國的席位從而得以暫時保留。如果當年少了甘比亞這一票，臺灣政權早在 1965 年就被迫退出聯合國了。

那一年，我剛好奉派前去紐約，參與聯合國大會的「遊說」與爭取票助的工作，我和舒梅生兄負責非洲區的票源。就在聯合國大會表決「中國代表權」提案的前一天，就在我們快下班之際，紐約發生了有史以來的第一次大規模停電，整個紐約陷入一片「漆黑」之中。當時，我們本「每磚必翻」(Leaving no stone unturned) 的原則與作法，

正要駕車出發、尋找甘比亞代表，請他於翌日伸出援手，投票支持中
華民國。由於電訊也中斷了，我們無法事先聯繫，只好駕車到他住處
上門去找。我權充「司機」，開了代表團一輛老舊的別克牌公務車，偕
同代表團的同事也是好友羅明元、舒梅生兩兄，在紐約黑暗而交通擁
擠的街頭，緩慢地費了幾乎兩個小時才摸索到住在紐約東區（哈林區）
的甘比亞代表，派巴·恩加（Papa N'Jie）。能找到他，我和羅、舒兩兄
都非常欣慰。其實他只是一個留學生，不過，他的叔父是甘比亞外交
部長恩加（A. B. N'Jie）。因為甘比亞政府財政拮据，故請他的侄子就近
兼任聯大代表。我們便告訴派巴，在第二天如何如何投票，再三叮嚀
勿忘；同時，怕他沒錢雇計程車，還致送了他 50 美元車資，以「聊表
意思」。結果，甘比亞的這一票成了「關鍵票」才導致了最後 47 對 47
「平票」的結局，使中華民國能繼續保持了我們在聯合國的席位。我
們平時精心培養的友誼與連絡工作總算沒有白費，在這緊要關頭產生
了效果。甘比亞這一票，使中華民國度過了一個難關。讓我們在聯合
國的席位多維持了 6 年。甘比亞支援我們這種「誠摯友誼」的表達並
非偶然倖致，而是我們經年累月、辛勤經營、點滴積聚的成果。

　　譬如有一年，甘比亞外交部長恩加來紐約出席聯合國大會，我到
機場接機。紐約 9 月的天氣已進入秋季、略有寒意，見外長仍穿著一
套非洲登機的普通西服，車輛進入紐約市區時，我就叫司機在一家服
裝店前停車，記得叫 Barneys，我買了一件合他身材的 Gabardine（華
達呢）夾大衣送給他。這算不得「雪中送炭」之舉，但多少讓他感受
到我們友誼的溫馨性。又如，上文所提到外交部長的侄子留學美國兼
任駐聯合國代表，有一次他表達希望買一套音響，我簽報了楊西崑次
長買了一套送他。這些「小惠」後來都「開花結果」了。下面再略舉
幾個「耕耘」的實例，以證實友誼的「回饋」不是偶然獲致的。

2.和甘比亞交往，先苦後「甘」

事實上，早於 1965 年 1 月到 5 月期間，有「非洲先生」之稱的楊西崑司長即已「高瞻遠矚」，在臺北「運籌帷幄」。曾致函甘比亞總理賈瓦拉，建議在雙方未建交前，先進行雙方農技合作，獲甘比亞總理於 8 月間復函表歡迎。同年 12 月 24 日，楊西崑（此時已升任次長）再函甘比亞總理，具體告知將派駐上伏塔大使芮正皋偕同水利局總工程師劉方燁及駐塞內加爾農耕隊吳連慶隊長前往甘比亞實地考察並協商簽訂農技合作協定等事宜。我們於 3 月初抵達甘比亞，選定示範農場地點，決定正式任命栗達為農技隊隊長，儘速派遣農耕隊員抵達甘比亞展開示範工作，並商定「農技合作協定」約本內容。在此同時，甘比亞外交部長恩加也於 3 月 11 日至 14 日訪問了中華民國，與外交部長沈昌煥簽署了聯合公報，我國與甘比亞的關係便進入了友好與良性發展時期。甘比亞在這數年間，也基於「禮尚往來」及「互惠」原則，不僅投票反對阿爾巴尼亞等國提出的排臺北納北京提案，還支援臺北的其他重要提案，對我國的態度表現得十分友好。

1966 年 8 月 9 日，我再一次攜帶了中甘雙方業已商定好的《中甘農技合作協定》約本，從上伏塔出發，經塞內加爾的首都達卡換機，於同日上午抵達甘比亞。我很快就見到了甘比亞的農業部長康儀，雙方談妥在 8 月 12 日上午簽約。當天下午，我們與我國新派駐甘比亞的栗達隊長坐車花了 4 個多小時，抵達了距離甘比亞首都 170 多英里的農耕隊隊部駐紮地。我們還另外花費兩天的時間，參觀了我們農耕隊的三個示範農場，欣見隊員們在抵達不到幾個月便種出的水稻、瓜果、蔬菜都生長得非常好，這令我們滿懷信心。8 月 11 日晚上，我們一行人員又駕車返回到甘比亞的首都，準備第二天簽約。

3.英籍官員作梗、幾乎誤事

8 月 12 日上午 9 點，我和栗達隊長準備到甘比亞農業部簽約。先由甘比亞農業部的英國籍主任祕書接見（相當於次長的職位）。他指出，我們所準備的約本內並未納入甘比亞政府於 6 月底向我方提出的三點修正意見。他要求需要把「修正意見」列入協定、修改約本後才能簽署。英籍主任祕書這一「要求」，使我們感到相當尷尬和為難，因為我們已經準備在簽約後，當天下午離開甘比亞，返回上伏塔，而且返任機票及機位都已訂好了。若果真要作出這些修改的話，在半天時間內絕對無法完成，在這短短的時間內也來不及向我國外交部請示。如果當天不簽，以後將「夜長夢多」，誰都無法保證何年何月才能正式落實。

我再查看了英籍官員所指出的幾點修正意見，發現都是無關宏旨的細節問題，絕不會影響到雙方的合作原則和實施細則。

在此情況下，我就心平氣和地、很婉轉客氣地向英籍主任祕書解釋：我方約本並未按照貴方的建議修正，可能是由於貴方所寄發的修正文件被郵遞所誤，我方並未收到。如果一定要等待修正本收到後再更改約本重行簽署的話，勢將「曠時費日」、延遲簽約日期，個人可以下次再來簽約，但農隊工作因缺乏法律根據而不能展開，這種情況對甘比亞並不有利。貴方所提的修正意見非常合理，我相信我國政府必將同意。所以，為了爭取時間，使得我們的農技合作合法化，使預定開發計畫立即大規模展開，是否可以考慮先簽署業已繕妥的原協定。至於貴國提出的修正意見，則可以「換文」(Exchange of Letters) 方式作為「原協定」的「附件」，亦即以甘比亞農業部長及我雙方往來書信的方式，由農業部長把「修正各點」列入他對我來函的書信，我則照錄其來信、復函同意。這兩封往來信一併附列於「合作協定」內，具

有和「合作協定」同等法律效力的「正式文件」。如此作法，不就可「兩全其美」，解決所有問題了嗎。擬請再行考慮云云。

　　經過我這樣一番解釋，那位英籍主任祕書被說動了，覺得我的建議不無見地，也就不再堅持，經他轉報甘比亞農業部長同意，立即由農業部祕書繕打函稿，經過雙方核對無誤後，就在當天中午、亦即兩個小時後，將雙方的「換文」連同原《中甘農技合作協定》，由我與甘比亞農業部長康儀一併完成簽署儀式。事後，我將《中甘農技合作協定》報請我國外交部，轉呈行政院於 9 月間通過「准予核備」。一件本來可能拖延時日的「外交文件簽署事件」，由於「簡化處理」和「如簧之舌」而輕鬆解決了。我的內心免不了「喜悅」一番。

4.隨楊次長多次訪問甘比亞，心「甘」情願

　　我於 1968 年 9 月間調任駐象牙海岸大使。在駐象國任內，還有過兩次愉快的機會，隨同楊西崑司長一起訪問甘比亞，為繼續推動中甘關係而努力。第一次是 1968 年 10 月初，我剛抵達象牙海岸任所不久。楊西崑特使與甘比亞總理發表聯合公報，表示兩國應當早日建立邦交，並決定在甘比亞總理近期內訪問臺北時再就此作進一步的協商。稍後，甘比亞總理賈瓦拉果然率同外交部長等一行 6 人在 11 月 8 日至 12 日訪問臺北。在離華前，甘比亞總理與嚴家淦副總統簽署聯合公報，宣佈兩國正式建立外交關係。這好像是目前年輕人流行的「試婚」模式，先同居、後結婚一般似的。我們是先去甘比亞考察、然後設農技隊、再實施「農技合作」（我們故意不稱「援助」而稱「合作」，為了顧及非洲人的「自卑」「自尊」感，表示雙方「平等合作」）。最後，時機成熟，才正式建立邦交、發展外交關係。亦可見我們對友邦的友誼與誠意經得起考驗，同時也顯示與一國建交工作的艱辛。以甘比亞

而論，可以確當地說：「苦盡『甘』來」。

　　第二次隨楊西崑訪問甘比亞是因為甘比亞政體改制。甘比亞在1970 年 4 月 23 日變換政治體制，改稱「甘比亞共和國」，楊西崑於1971 年 2 月奉派為「慶賀特使」，參加甘比亞改制「共和」後的首屆國慶大典。我也順理成章地成為「特使團」的團員，作為他的隨員，遂再度訪問了甘比亞。在慶賀期間，特使團和甘國農業部長一起搭乘遊艇，在甘比亞河逆流而上去參觀農耕隊的時候，楊西崑不小心把他的太陽眼鏡掉落在河中。在旁的甘比亞農業部長很幽默地笑稱：「楊特使推動中甘兩國農技合作不遺餘力，一再訪問督導還是不放心，最後還把自己的『眼睛』留在了甘比亞，以便隨時照顧」。他的應景幽默，令在場者哄笑不已。

　　因為甘比亞改制共和，我也先後收到蔣中正總統簽署的兩張「任命令」，第一張是特任我「兼任駐『甘比亞國』特命全權大使」（頒發日期：1969 年 5 月 26 日），第二張是特任我「兼任駐『甘比亞共和國』特命全權大使」（頒發日期：1970 年 8 月 25 日），兩張任命令時間相隔 1 年零 3 個月，任命令上都由行政院長嚴家淦和外交部長魏道明副署。可見當局對於駐外使節的任用派令是絲毫不苟、非常嚴謹周密的。

　　象牙海岸距離甘比亞有兩千多公里。象國的業務已經相當繁劇，我除了兼任了駐甘比亞共和國大使館事務外，還兼管鄰國迦納的事務，積極推動中迦農技合作，此外，又須負責與非洲大國奈及利亞「打交道」的機密任務。如此身兼多職頗有「力不從心」之感，於是建議當局，似可另派幹練人員專任駐甘比亞大使，我也藉機推薦了我的好友，一起在聯合國打拼、合作無間的舒梅生學長擔任這一職位。當局本來也很欣賞他的才能，遂接受了我的建議。同時我也徵得舒大使夫婦的同意，安排了我從前擔任大使期間所聘請的廚司蔡嫂為他們服務。在

作了上述的妥善安排後，我兼駐甘比亞大使的職責也就告一段落，於公於私都留下了一段愉快的回憶。

上述的「蔡嫂」是我在上伏塔及象牙海岸任內聘用過的大廚司（一位女士，姓蔡，為表示平等和尊重起見，我們稱她「蔡嫂」視同家人，後來變成朋友）。蔡嫂為我們服務時，手藝不錯，工作認真，待人也很誠懇，因此，獲得我們的充分信任和授權，我們不當她為「僕從」，對她像朋友一樣，因此大家相處非常愉快。她大方好客，每當農耕隊員來大使館辦事，或者順道路過，她總是熱忱接待、提供茶水，還邀請他們留下吃飯，冰箱裡的食品也隨意供應，代表我們接待客人，幫助我們維繫與農隊的友善關係。蔡嫂等於間接幫我們辦外交、辦理僑務，她的貢獻自不能抹殺。但是，後來聽說她在甘比亞服務，生活過得並不很快樂。本來，人與人間能和諧相處，是一種「緣分」，「可遇而不可求」，但不能強求、不一定「想當然耳」。對於這點，我已盡了我的心，其他方面，也就「愛莫能助」了。

搭乘 36 小時火車會晤張群

前文已經提及，我在擔任蔣介石總統的法語翻譯期間，由於總統府祕書長張群先生每逢總統會見外賓，他都在場陪同，因此，我與他經常見面，多有交談，從而與這位前輩建立了相當的友誼。在此，則略談一點有關他的軼事。

張群是四川華陽人，因為他字「岳軍」，故同仁們通常都尊稱他為「岳公」。岳公的臉型可謂方面大耳，相貌堂堂，頗有「福相」；身材則背厚腹大，形狀渾圓，大約相仿於書稱的「虎背熊腰」吧。再兼他

待人寬厚，禮賢下士，常現笑容，故十分容易令人聯想到「宰相肚裡好撐船」一語。以他這樣的品性和風格，倒也十分適宜於襄助蔣總統。因為總統公務繁忙，有時難免心焦，顯得脾氣「暴躁」；但是只要岳公在側，他便能以其「柔性」為總統「消火」，往往未隔多時便化解了「火氣」，使得一切問題在完全理性的考慮中解決。蔣總統因此對他至為器重並依賴。

　　岳公生於光緒十五年 (1889) 四月初十，西曆五月九日。而他已經習慣於「新法」，故每年的陽曆五月九日便是他的壽誕。我則每逢這天上午，都要驅車前赴臺北近郊士林的他的官邸向他祝壽。當時的政要們，少不了要去遞個名片、表示祝賀之意，禮貌一番。所以那天官邸門口車水馬龍，但他自己並不出面接待，由他的羅姓副官在大門口收接訪客名片，這也是官場的一種禮貌的表達。我當然算不上是什麼政要，但確實對他很尊敬，遂也「如法炮製」，藉此向父執輩的他老人家聊表小輩的一點敬意而已。後來，我駐節國外，無法再親自登門拜謁，但是總不忘在他華誕將臨之際，寫信遙遙拜壽，年年如此，從不間斷。我在臺北或返國述職時，岳公不止一次地邀我在他家用餐，我則也往往備點薄禮，聊表寸心。我曾送他一個野豬頭標本，是用我在非洲的獵獲物剝製。他對此頗為珍視，將它掛在客廳的樓梯邊牆上。我送他的另一個鹿蹄標本，則被放置在客廳沙發中間的茶几上。岳公曾經開玩笑地指著鹿蹄後的兩根支趾對我說：為什麼鞋商沒有參照鹿蹄雙趾的樣式，設計一種新穎的「雙高跟」女鞋呢？我聽了不禁莞爾。深佩岳公想像力的豐富、也真是幽默兼風趣，這也是他長壽的原因。由於岳公的年紀比我大了足足三十歲，且人品端正，所以我以父禮事之；但是由於他又平易近人，禮賢下士，故我內心卻又以「友」待之，我們的關係因此十分特殊、又相當密切。

　　岳公與蔣介石當年一起在日本士官學校讀書,他們既是袍澤同學,又是革命同志,共事達六七十年之多,實是當世鮮見的「老同學」、「老朋友」、「老同事」了。最後,蔣介石出任總統,岳公則擔任總統府祕書長,仍然是「老搭檔」。更令人稱奇的是,父輩的這種水乳交融關係居然也延伸到下一代:蔣經國先生出任行政院長的時候,岳公的兒子張繼正兄則擔任他的祕書長(又當過財政部長)!這也可謂中國現代政壇的一段「佳話」了。

　　抗日戰爭勝利之前,岳公在重慶擔任過外交部長,其外交才能曾得到過相當的展示,因此,即使他後期不再從事專職的外交工作,但他在這方面的才幹卻不時地發揮著作用。1967 年的年底,岳公的外交才能又有了一個「用武之地」。

　　事情是這樣的:可能是號稱「非洲先生」的楊西崑次長將我國的對非工作推進到了一個空前的高度,從而引發岳公對非洲外交的興趣;也有可能是我國高層有意更加「推波助瀾」。不管怎樣,這次居然派遣了一位高級別的官員,親率特使團,訪問象牙海岸,並參加賴比瑞亞總統杜伯曼的就職典禮;而這位高官即是身任總統府祕書長的張群!特使團的副特使為楊西崑次長,另有特使團祕書龔政定及隨員周隆歧。

　　1967 年 12 月初,時任駐上伏塔大使的我聽說老上司岳公將遠道前來非洲訪問,不勝欣喜萬狀。因此,決定前赴象牙海岸,親向岳公致敬,慰問。象牙海岸位於上伏塔之南,兩國相距 1000 多公里,飛機的行程約為 1 小時 20 分鐘。

　　1967 年 12 月 28 日 (星期四),來自巴黎,經上伏塔而飛赴象牙海岸首都阿比尚的班機預定清晨五時抵達(該班機僅為每週一次)。哪知當時天公不作美,我們這裡突然颳起沙塵風暴,能見度大為降低。於是,這趟班機被迫臨時取消降落,逕自越過上伏塔機場上空,直飛

阿比尚而去!

　　這真使我倒抽了一口冷氣,不禁呆若木雞。要知道,我若不能搭上這趟班機,須得再等整整一個星期,那時岳公早已離開象牙海岸,豈非完全無濟於事了?! 再一轉念,或許可以搭乘火車,只是不知從上伏塔開往象牙海岸的班車是否已經開出? 好在大使館的汽車司機尚未離開機場,故我立即請他驅車前赴火車站。我發現有一班火車正停在月臺上,詢問了月臺工作人員,確知這是開往象牙海岸的列車尚未開出。於是安心不少,遂到窗口買票。我問道,火車要多久可達目的地? 售票員答道: 快則 37、38 個小時,慢則 40 多個小時。我問他有沒有臥鋪,他顯得很驚訝,然後明白過來,笑著答稱「沒有」。我問: 那麼有頭等座、二等座嗎? 他仍稱「沒有」;只是票價有高有低,視距離而定。於是,我這才明白,這是一種最低劣、最緩慢的火車! 但是我別無選擇,只能硬著頭皮登車了。

　　我只有一個輕便的旅行箱,所以就行李而言,我倒是沒有什麼負擔。火車預定 6 時 30 分開,現在距開車時間尚有十幾分鐘,但車上已經擠滿了人,大多是婦女,還帶著小孩,或者背著、抱著嬰孩;男人卻不多,只見幾個老頭。車廂內的地上堆滿了箱子、雜物、大大小小的包袱,甚至還有裝在籠內的雞鴨,另有幾頭山羊被綁在車廂外的廁所門口。我穿行於這人與動物的「共同世界」中,好不容易擠到了一個座位。坐定之後,放眼望去,滿車廂都是黑人,唯我獨「白」! 在非洲,外國人都被稱作「白人」,因此,我周圍的人群顯然都正帶著好奇的眼光在看我: 一是在想,「為何此人這麼白」? 二亦在問,「為何白人會與我們一起乘這種火車」? 當然,我在這些眼光的「審視」下,不覺有點手足無措起來。

　　婦女們的身材都頗高大,她們穿著顏色鮮豔的大布袍,頭上戴了

同一顏色的頭巾，更顯得身高馬大。她們在這類人群中，似乎不無某種優越感，她們毫無顧忌地大聲交談，似乎生怕別人聽不見一樣。這種高分貝的講話聲，再加上嬰兒的啼哭聲、幼童的吵鬧聲、雞鴨的鳴啼聲，以及「咩咩」的羊叫聲，各種聲音交織成令人頭痛欲裂的噪音。若想在這樣的氛圍中「閉目養神」，幾乎是不可能的；至於若想入睡，恐怕更是比駱駝穿過針眼都困難了。我儘管有過「靜坐」的訓練，但要在此「聽而不聞」，顯然僅屬妄想！

火車行駛緩慢，每個車站必停，每次停車必久。一到車停，到站的當然要下車，不到站的也多要下車，為的是活絡一下手腳，或幹點其他事情：有的抽煙，有的圍著攤販買小吃，有的去「方便」。姑不論男的「方便」時十分「大方」，即使婦女，也不過稍走遠些，就蹲下「放鬆」了，好在有大布袍遮著，倒也沒有太過裸露。此外，火車司機也要下車，與親友或熟識之人聊聊天。我當然也得「隨大流」，也下車鬆鬆腿，活動活動；順便買幾包餅乾、幾瓶礦泉水，聊解饑渴。

火車就這樣開開停停，磨磨蹭蹭，終於看到天色暗下來了，窗外的景色已經看不太清，抬腕一看手錶，已是晚上 6 時半，火車行駛了整整 12 個小時了。我心想，總算熬過差不多三分之一的行程了。

過不多久，火車又停下。這時，外面已經漆黑一片，只聽得窗外小販的叫賣聲，看到地面上火光融融，並且圍著人群，鼻子嗅到一陣焦香味，卻也令人食指大動。於是我立即下車，發現原來是在炭上烤小雞。在車上「折磨」了一整天的我，雖然吃過些餅乾，喝過些礦泉水，卻早已饑腸轆轆了，故一見此物，連價錢也不問，要了兩隻小雞，丟下錢就走。我回到車上，也顧不上髒與不髒，用手撕開小雞，就大嚼起來了，真可謂「狼吞虎嚥」。多年以後回想起來，仍然覺得這是我一生中最有「享受感」的晚餐之一！究其原因，無非是因為我這一天

消耗太大，攝入太少，成了「餓漢」的緣故。所以，真心希望那些高層的「飽漢」，也應該不時地體驗一下低層「餓漢」的感受，以多多改善他們的苦境！

這頓晚餐對於此時此地的我來說，不啻是通常意義上的「飯飽酒足」了，因此，我在餐後恨不得立刻伸伸腰，展展腿，舒舒服服地睡個好覺，做個好夢。然而，我旋即意識到，這種想法在目前不僅是個「奢望」，甚至只是「夢想」！因為我的「領地」顯然被鄰座那位真正舒手坦足，酣然入睡的胖太太侵佔了不少，那麼，我就只能「蜷頭縮尾」，奉行 Lady First 的紳士原則了。說實話，我對此倒也並不埋怨，更多的卻是「欽佩」——在這種環境下能夠安然入睡，確實是難能可貴的，也是頗有「福氣」的！

既然無法入睡，就難免胡思亂想了；而在晚間思慮一多，似乎就易於引起「內急」之感。但是，這種在平時最容易解決的事情，現在卻成了不小的「問題」：我是在車上的廁所中解決呢，還是效學非洲朋友，等火車到下一站停靠時再下車解決？之所以有此猶豫，是因為若用前一方式，很可能髒得不知所云；但若使用後一方式，則不知自己能否熬到下一次停車，再說，車外漆黑一片，倒也令人疑懼。最後，我決定先到設在車廂尾端的廁所去察看一下。

車廂中的過道上堆滿了大大小小的東西，我一路過去，不但必須時時「側身」，還得設法「插足」，或者「跨越」。好在我的「運動員素質」還不錯，故一路擠去，總算沒被絆倒。好不容易擠到了車廂尾端，打開廁所門，朝裡一看，只見那狹小的空間裡雖然還堆滿放著許多雜物，但是便桶卻並不如想像中的那樣骯髒和臭氣沖天，居然還相當乾淨！當時雖然大惑不解，但也無暇多想，首先解決了「問題」再說。過後，回到座位上，為了消磨時光，再次琢磨此事，才終於「悟道」：

原來，非洲的土著居民不習慣使用「文明的」便桶，而更喜歡在室外隨時隨地地「方便」，因此，車廂中的廁所倒成了「備而不用」者，或者改變功能，成了小小的「儲藏室」。這一習慣對他們來說毫無損害，對我而言卻是大佔「便宜」：我這個車上唯一的「白人」，意外地獲得了一個潔淨的「方便環境」。這是繼剛才「吃」的享受之後的「拉」的享受。看來，我臨時被迫改乘火車，倒也「不虛此行」呢！

忽然發現，火車又靠站了，但是這次月臺上燈光通明，應該是個大站吧？一看站名，原來是卜卜迪拉索 (Bobodioulasso)，而我國農技團開闢的面積達 1000 公頃的「姑河墾區」就在它的附近。這一墾區即是當年世界銀行總裁麥克納馬拉所稱讚的「對第三世界最佳的技術援助計畫」的成果。我國的農業技術團指導當地農民使用 IR8 優種水稻密集插秧，結果，每公頃的產量高達 4 噸。並且一年「雙作」，年產量可達 8 噸，與當地傳統的稻作方式相比，糧食產量增長了十餘倍，上伏塔因此變成了西非洲的稻米穀倉。

這個卜卜迪拉索是上伏塔的邊境重鎮，再過去就進入象牙海岸國境了。象國邊境的小鎮名叫費爾凱塞杜古 (Ferkessedougou)，在中、象建交（1963 年）前即設有我國的農耕隊。由於當時沒有大使館，所以駐象牙海岸的農耕隊就歸我兼領，我曾經不止一次地從上伏塔首都驅車前往那裡視察。那時的農耕隊隊長是臺糖公司派遣的大將，名叫陳宗仁，十分能幹；回國以後，曾經擔任臺肥公司的董事長。農耕隊的隊員，如黃文森、詹德懿等，也都是一流的農業專家，故在非洲當地設立了水稻種植小型示範農場。

逐漸夜深，「噪音」也逐漸降低，以至於幾乎只留下此起彼伏，但不很響亮的打鼾聲。我由於長時間的疲乏，也不禁困倦起來，終於從「閉目養神」狀態陷入半睡眠狀態。

等我陡然驚醒時，天色已經大亮，窗外的景觀也迥異於前了。原來的鄉村風光已逐步減少，市鎮景色漸漸增多，出現了與火車軌道平行的柏油路面，以及往來奔馳的各種汽車，顯得繁華起來。而這便展示了上伏塔和象牙海岸兩國的貧富差距。火車在象牙海岸中部的大城布阿蓋 (Bouake) 停靠，停留的時間較長，因為火車在此要裝卸貨物，乘客的上下車也很繁忙。布阿蓋距首都阿比尚還有三百多公里，預計傍晚可以抵達象京阿比尚。我想，這「苦難歷程」終於快要結束了。

傍晚 6 時 30 分，火車在行駛了 36 個小時後，終於在象國首都阿比尚靠站了。我一下車，立即趕往我國的大使官邸，第一件事便是借用他們的盥洗室，刮鬍子、洗臉、換襯衫。待到徹底「梳妝」後，這才出來與大家見面。

我首先拜謁了岳公張群。他對我如此不辭勞苦，從迢迢千里之外，乘坐數十小時的「黑人火車」，前來拜會他，表示了十分的謝意；當然，對於能在這「異國他鄉」重逢我這「小朋友」，也是異常高興。我則也很「志得意滿」，倒並非因為岳公對我的讚揚，而主要是因為自己憑著一股堅強的毅力，終於克服了種種意外困難，達到了我的既定目標，這是值得自豪的一種品格。

同時，我也會晤了段茂瀾大使及其夫人王藹芬女士。段大使於1949 年從我國駐英國的倫敦大使館奉調前赴巴黎，處理變節館員的事件（詳情參見本書第一章）。當時，我只是一名留學生，但出於為國效勞之心，曾幫助他一起遏阻叛變館員「起義」事故，從而為「事故」最終獲得圓滿解決有過菲薄的貢獻。如今，大家同在外交部服務、又同在非洲出任外交官，更增添了新的友誼，見面後的氣氛自然相當熱烈。1968 年 9 月，段大使奉調出任我國駐阿根廷的大使，我則繼承他，調任駐象牙海岸的大使。因此，我與他前後交往數十年，也算屬

於「有緣之人」了。段夫人也相當能幹，可稱「女中豪傑」，她是我國立法院外交委員會的立法委員，因此同仁們通常稱呼她為「王委員」。每逢立法院會期，她都必須回到臺北開會，公務十分繁忙。

最後，順便談一下我與岳公的公子張繼正先生的一段交往。張繼正也是我的國防研究院的學長（他是第七期畢業生）。我與他的初次會面是在他出任財政部長的期間，當時，我已和岳公交往了多年。1979年9月，國際貨幣基金會在南斯拉夫舉行年會，我被任命為中華民國代表團的顧問。代表團成員除了財政部長張繼正外，還有中央銀行總裁俞國華、賈新葆、辜濂松等。

當時，由於我國與南斯拉夫沒有外交關係，故在臺北無法辦理赴南斯拉夫的簽證。張繼正遂問我，有什麼辦法？我考慮了一下，便想到象牙海岸首都阿比尚設有羅馬尼亞大使館，而我與羅馬尼亞大使的私交尚不錯，因此，或許能為我們解決此事。於是，我問他，羅馬尼亞使館是否兼辦南斯拉夫簽證？他的回答令我喜出望外：他們不僅可代辦南斯拉夫簽證，還兼及其他東歐國家的簽證事務！結果，中華民國出席國際貨幣基金會議的代表們都很順利地獲得了南斯拉夫的簽證，而且都是「外交簽證」，這倒令我頗感意外。這是出於政府國際禮遇呢，還是出於羅馬尼亞大使的個人的「優待」，則不得而知了。反正，本來很「嚴肅」的公務，有時也會出現「變通」的。

在國際貨幣基金會議期間，張繼正先生轉交了一封他老太爺給我的親筆信，這使我倍感親切。張繼正並說，他父親經常談起我，對我的盛情好意相當領情，並要他轉致謝意云云。這番話不免令我「受寵若驚」，連連說「不敢當，不敢當」。同時，內心對於岳公的謙和品格更是肅然起敬了。

我們的代表團要去南斯拉夫，先得經過奧地利的首都維也納。而

我的一位好友陸以正則是駐奧地利的大使，他非常熱情地帶領我們參
觀奧匈帝國時代歷代帝王的靈柩陳列館。陸大使一路行進，流利解說，
對於諸王的名字、生平、業績、軼事等等，無不通曉，娓娓道來，如
數家珍，遠勝於普通導遊。而我昔日在巴黎政治學院時，曾經修過有
關鐵血宰相俾斯麥之外交的課程，當然對於奧匈帝國的史實相當熟悉，
因此更易理解陸大使的講解內容，從而亦步亦趨，很是認真，猶如一
個潛心聽講的「好學生」。這堂「課」也算是參加國際貨幣基金會南斯
拉夫年會過程中的一個令人難忘的「小插曲」吧。

　　綜上所述，雖然我之搭乘火車拜會張群只是小事一件，但因此引發
了我對老上司、老同事、老朋友們的思念和紀念，倒也是值得一書的。

1.張群擺「龍門陣」

　　段大使夫婦素來好客，今天又逢貴客來臨，故更是熱情款待，招
呼周到。廚司們早已準備好了晚餐，歡迎張特使與特使團人員，和使
館諸同仁，我則也「叨陪末座」。席間，張群祕書長顯得相當輕鬆，隨
和，談笑風生，語多幽默。他說道，這次出國，由於應酬很多，故吃
得既多，講話的時間自然也多，由此看來，當「特使」未必是好事，
至少是違背了「養生之道」，對於身體絕無好處。他笑著說道：「這次
訪問象牙海岸的最大收穫，便是向總統推銷了中國傳統的養生之道。
因為他問及中國人為何長壽者很多、其原因和祕訣何在。我便向象國
總統介紹了中國民間流行的太極拳。並向他承諾，如果他有興趣學習
太極拳，那我可以替他請一位太極拳名師前來非洲，手把手地教他，
保證他深得『個中三昧』。總統聽後，十分欣喜，表示很願意接受這一
厚意。所以，現在看來，我國的農業科技已經遠渡重洋，則國術太極
拳不也可以輸出推廣嗎？很可能，太極拳也可成為一種外交手段呢！」

席間諸人聞得岳公這番高論，無不稱讚與附和，並期望這一靈光乍現的「奇招」日後會有出乎意外的「奇效」。

岳公的話匣子一開，便有點「欲罷不能」了。他接著相當得意地誇耀自己的「養生之道」，說道：其實，養生之道十分簡單，按他的歸納，可以用以下的三字經表達：「睡得好，起得早，七分飽，常跑跑，多笑笑，莫煩惱，天天忙，永不老」。此外，並有養生「三少訣」：「一要口中話少，二要心中事少，三要腹中食少，有此三少，長生不老。」不過，當他講到這裡時，我心中暗道：「岳公呀岳公，你現在卻有違你自己的養生要訣了——因為說話顯然不『少』了！」當然，這僅僅是喜謔之想，並非真的責備他。

此外，岳公還談到了「一笑一少，一怒一老」（意即心態常樂，易保年輕；時常氣惱，則易衰老）等俗諺，雖然並非全由他老人家獨創，但是他能如此娓娓道來，顯然對此是深有心得，並認真奉行的，殊為

象國駐華大使高飛夫婦及作者與張岳公合影。

不易，也令人欽佩。我當時尚屬中年，且體質相當不錯，故對於這些養生之道的高論遠未達到「共鳴」和「知己」的程度。但是日後隨著年歲的增長，卻越來越體會到此乃「真正的金玉良言也」，甚至後悔自己為何不早些「奉行此道」！好在自己還有「知過即改」的優點，故一旦有所覺悟，就立即修正和實施，以至自 60 歲後的這三十多年中，倒也有了不小的收穫。今天，在暗自得意於目前仍屬不錯的身體狀況時，也還得承認當日岳公的一番話，對於我今天的身體也有著不小的「貢獻」呢。

　　岳公見大家聽得津津有味，便談興更濃，不期然地流露出四川人擺「龍門陣」的本色。他說道：「我再跟大家講一個〈出對聯徵女婿〉的故事，好嗎？」在座眾人當然都無不齊聲叫「好」，乃至鼓掌歡迎。岳公見此氣氛，很受鼓舞，於是打足精神，非常風趣和傳神地講起故事來。不知是因為岳公講這故事時的認真態度，還是這故事本身的精彩內容感染了我（或許二者兼有吧），我對於這故事的印象特別深刻，後來曾向其他友朋轉述過許多次，幾乎達到「滾瓜爛熟」的程度了，所以今天在此再度複述，也毫無滯窒之感：

　　〈出對聯徵女婿〉

　　從前，有一位諸侯，有財有勢，而其女兒也是美貌異常，並且已到了出嫁的年齡。為了從更多的候選者中挑選出「乘龍快婿」，諸侯便頒發通告，公開徵婚。其方式是約定日期，舉行考試；試題是對對聯：諸侯出上聯，求婚者對下聯，若下聯完全符合要求，就能娶到諸侯的女兒。

　　「應考」之日，竟有數十人前來碰運氣，甚是熱鬧。諸侯的女兒在簾子後面設了個座位，諸侯則在簾前主持「考試」，出了上

聯，請應徵者續對下聯。上聯一共十四個字，以春、夏、秋、冬四季的典型花卉為題：「春牡丹、夏荷蓮、秋菊、冬梅，花花世界。」此聯看似簡單，但以四季代表性的花名為題，四個季節雖然不同，但彼此有連貫性，並須兼顧用詞的平仄，所以下聯並不容易答對。全場應徵者苦思冥想了半天，絕大部分人都未能擬出像樣的下聯，於是只得相繼地快快離去。

唯獨一位男士留了下來，因為他已撰好了下聯。諸侯一看他的考卷，大為欣賞，因為其下聯是：「東啟明、西長庚、南辰、北斗，朗朗乾坤。」則是用代表東、西、南、北四方位的星辰名來對應上聯春、夏、秋、冬四季節的花卉名，不僅答對工仗，而且較諸上聯更有氣魄。

諸侯非常高興，拿了答卷轉到簾後給女兒看，說道：「這考生很有才華，他的下聯答對工整，而且氣魄恢宏，看來你可以託付終生了。」女兒從簾縫中窺看，卻見考生竟然是一個身材矮小、滿頭白髮的老頭兒，急忙說道：「不可，不可，我怎麼能嫁給這樣一個老頭兒?!」諸侯很是為難，說道：「他既然答對了，我可不能拒絕他，這樣豈不失信於人?」女兒沉思了半晌，說道：「既然如此，你可告訴他，今天算是『筆試』通過，明天則再要『口試』。待我明天自出試題難他，讓他落選，此事不就解決了嗎。」諸侯認為此計甚好，於是如言轉告老頭，要他明天再來。老頭兒明知是諸侯父女刁難，臨時設置障礙，但也不說破，欣然離去。

第二天，老頭如約前來，見諸侯的千金端坐在白玉臺階頂層的紅羅帳中，容貌姣好，服飾華麗，豔美飄逸，宛若天女。諸侯的千金小姐隨即嬌聲嬌氣地念出一條長聯：「白玉階前，白髮老

翁，矮篤篤，皮皺皺；呸！你去吧！今生休想！」小姐出的上聯
連用兩個「白」字，以增加難度。一方面是故意挖苦老頭，揭
他短處，儘量醜化，以使他惱羞成怒，難以靜心思考下聯；一
方面則是明顯地嚴詞拒絕，宣告「今生休想」希望他知難而退。
但是，這位老者卻一點也不為所動，他鎮靜地抬頭觀望，察看
四周的情景，以求有所啟發。未幾，即觸動靈感，不慌不忙地
誦出下聯：「紅羅帳裡，紅粉佳人，嬌滴滴，嫩窈窈；哎！我來
了！前世姻緣！」他以兩個「紅」字對應上聯的兩個「白」字，
且下文的「我來了」云云不僅詞面對仗，更在含義方面也確切
吻合，可謂形、聲俱佳。諸侯的千金小姐聞此下聯，也不得不
暗暗佩服這位矮老頭兒的才學和機智，心想莫非這真是天意，
前世註定的姻緣，於是不禁「噗嗤」一笑，含羞示意「口試通
過」。

於是，年近花甲的矮小老頭竟因自己的非凡才學而「抱得美人
歸」了！年輕的「才俊」們哪，可得好自為之，發憤學習，別
在關鍵時刻輸給了老頭兒喲！

這一故事當然不是張群祕書長獨創，應該是在民間流傳千百年了，
其內容除了「才子佳人」的傳統套式外，確實不無敦促年輕人努力學
習，以免「書到用時方恨少」的教育意義在內。今天，經岳公繪聲繪
色地一講，且用四川方言念誦「哎！我來了！前世姻緣」一句，真是
極為傳神，令人有身歷其境之感，好像自己也剛得美人青睞，要入贅
侯府一般了！至今回想起來，仍不禁莞爾。

我搭乘了兩天的火車，「廢寢忘食」，千里迢迢地趕到象牙海岸，
前來拜謁我所景仰的前輩張群先生，雖然路途勞頓，且與他老人家的

相聚時間十分短暫，但是得以親聆他的教誨，聽他在笑談中闡述人生哲理，用親身體會傳授養生之道，也已經是受益匪淺，不虛此行了。再說，藉此機會與諸位同仁歡樂相聚，交流思想，增進友誼，也是一大樂趣和一大收穫。若謂此行是「滿載而歸」，並非虛言也！

在張群祕書長訪問象牙海岸後將近一年，我就從上伏塔調任往象牙海岸，繼段茂瀾（觀海）大使，出任駐該國的大使，開始了我在非洲諸國中最漫長的同一職務任期。或許，與岳公的這次聚談，也是冥冥之中安排好的一個新時期的「前兆」或「前奏」吧。

2.「太極拳外交」

我到達象牙海岸任所後的第一件大事，便是儘量設法實踐岳公在一年前席間所提到對象牙海岸總統所作「派遣太極拳老師」的承諾，也就是岳公所指的「太極拳外交」。我認為，不僅因為這一舉措確實比較現實，有效，「可行性」也大，而且必將改善我國與邦交國的關係；另一方面，即使這不過是岳公因一時的「靈感」和興趣而許下的諾言，我也有責任將它付諸實施，因為這一「諾言」關係到我國的「大國形象」以及岳公「重然諾」的個人形象，則我無論以中華民國外交官的身分還是以岳公之晚輩的身分，都有義務辦妥此事。

於是，我積極地與外交部聯繫，商量可行性方案。最終，在外交部非洲司同仁們的配合和努力下，終於找到了一位在臺灣電力公司任職的鄺允征工程師。他擅長太極拳，並願意犧牲個人利益而來非洲擔任這項特殊任務。此前的多年間，鄺老師利用業餘時間教授太極拳，招收了很多門生，其中包括美國駐臺北的馬康衛大使夫婦等人，具有相當名氣。當然，由於鄺老師在國內的未了事務頗多，一切都得逐一安排，所以他到 1969 年 1 月 9 日始能前來象牙海岸就任象國總統學

太極拳的私人老師。

象牙海岸總統對於我國如此信守諾言，鄭重其事地為他安排專門高手教授太極拳一事十分感動，因此對於鄺老師禮遇有加，在他抵達首都阿比尚的第二天即予接見，並表示翌日就可以上課。鄺老師想不到象國總統這麼性急，但自己長途跋涉、喘息未定、時差也未調整，遂表示，按照中國人的傳統規矩，太極拳開班授徒，須擇黃道吉日；唯有這樣，才能一切順利。此語雖帶些「迷信」但亦不無道理。鄺老師之所以這樣說，無非是因為剛抵非洲，一切尚未安頓下來，畢竟有些倉促、猶豫。不如稍緩一下，以便準備得更充分些。

哪知「言者無心，聽者有意」，鄺老師的這一「託辭」對於象國總統來說，卻「正中下懷」，蓋因象牙海岸也流行「吉日授徒」的信仰！總統此前之所以提出「明天即要上課」的要求，也主要是出於禮貌，以表達自己對我國此舉的十分重視。既然如此，雙方再無「歧見」，很爽快地達成了共識：定於 1 月 16 日早晨 8 時，鄺老師正式開始向總統傳授太極拳。

授課日的前一天，總統府派出專車，將鄺老師先接到總統在象京的官邸。第二天一早，總統便偕同鄺老師一起驅車前赴 300 公里外的自己的故鄉「農莊別墅」，正式「開班授課」。他的認真態度由此可見一斑，所以，鄺老師在教授太極拳時，也是一絲不苟，不敢有半點懈怠。正因為如此，太極拳的「教學效果」倒頗顯著，雙方「皆大歡喜」。

從此以後，不管總統到哪裡，鄺老師就跟隨到哪裡，真有點「如影隨形」的意味了。甚至，總統出國訪問或者赴國外渡假，都要請鄺老師伴隨前往，以便每天習拳，絕不中斷。為了使得鄺老師免卻頻繁辦理出國簽證手續的麻煩，總統還特意將他列入總統隨員名單，發給他象

牙海岸的外交護照。1月底，總統赴剛果訪問，並出席「非馬聯盟」，鄺老師也隨之去了剛果的金沙薩市；2月初，總統赴瑞士日內瓦度假，鄺老師也伴同遊山玩水，兩三個月內一直享受著貴賓式的待遇。諸如此類的「享受」，令我們這些多年駐紮非洲的外交官都羨慕異常，甚至有人開玩笑地說：「噯唷，早知道如此，我也花上個五年、十年，好好地學成太極拳，如今既能健身，又能悠閒地名利雙收，豈不美哉！」此語雖是玩笑，卻也反映出我國「太極拳外交」的順利和成功之處。

鄺允征不會講法語，因此在起初與總統的溝通有所不便，只能由大使館派員負責翻譯。但是，由於總統經常出國，對於英語也有一定程度的熟悉和掌握，所以鄺老師後來便設法用英語講解。時日一長，雙方表達的意思便越來越容易理解了，乃至有時候可以「心領神會」了。總統每天早晨6時自行練拳，8時則由鄺老師授課，晚間臨睡前再復習多遍。這樣的教、學方式，加速了進度，使得總統很是高興。所以，隨著時日的推移，「師生關係」也越來越好，雙方也就「熟不拘禮」了：總統不再拘謹，索性穿了睡衣睡褲上課；鄺老師也不再客套，有時就直截了當地指出總統的手足欠妥之處。

正因為「老師」認真教，「學生」刻苦學，故象國總統隨著其太極拳拳術的日益精湛，健康狀況也日益改善了：後來，他讀報紙、看公文時，老花眼鏡都不用了；其私人醫師替他作例行體檢後說道：「總統自從習拳以來，健康大有進步，本來有些高血壓，現在血壓逐漸規則化。鄺先生的貢獻真是很大呀。」

確實，由張群祕書長靈感首倡，由我具體落實，由鄺允征老師親身實踐的「另類外交」──「太極拳外交」確實為我國的非洲外交工作做出了很大的貢獻。依個人淺見，我國之所以能夠與象牙海岸維持了多年的友好邦交，這一「太極拳外交」是功不可沒的。

贏得塞內加爾總統的支持

我在駐上伏塔和象牙海岸大使的任內,為了幫助我國政府爭取「中國代表權」,經常想方設法地與非洲諸國的高層政要元首們溝通,首先是博得他們的同情,其次是獲得他們的理解,最後是贏得他們的支持。所以,我在動員、勸說他們之前,往往要花許多時間做準備工作,包括摸清對方的關鍵利益所在、個人的性格與愛好、對方周圍成員的態度,以及我方能夠在多大程度上滿足對方的利益等等。總之,與「交流」時所花的時間相比,我在「備課」上花的時間往往是數倍、甚至更多。或許是「皇天不負苦心人」,我的種種努力終於取得了不少成果。當然,有的成果是長期的、隱性的,有的成果則是明顯的和「立竿見影」的。下文所舉的一個例子即屬於「有明顯效果」者,此即說服西非洲的塞內加爾共和國總統桑高 (Léopold Sédar Senghor),使之改變原持態度轉而投票支持我國的故事。

桑高總統曾留學法國巴黎大學文學院,博學多才,尤擅詩作,聞名於當時的詩界,故在法國文學界頗有名望。法國政府並禮聘他為「法蘭西學院」的院士。塞內加爾是法國在非洲最早的殖民地之一,因此在許多方面都頗受法國的影響,尤其是文化方面。特別是那些知識分子、上層社會人士和高級政客,其知識和思想與同類身分的法國本土人幾乎沒有什麼差別、甚至超越他們。塞內加爾總統桑高就是這樣一位深具法國文化修養的飽學之士。他的妻子也是出自法國名門的一位淑女。

我國政府認為,塞內加爾在「中國代表權」問題上,是個可以爭取的對象。因此,外交部於 1969 年 10 月 24 日通知我前赴塞內加爾,

任務便是爭取塞內加爾在本年度聯合國大會討論「中國代表權案」問題時，投票支持中華民國。

當時，就所謂「中國問題」而提交聯合國大會審議的有兩個提案。一個是所謂「重要問題」案，即，首先決定「中國代表權」問題是否聯合國憲章所稱的「重要問題」。如果投票結果認為「中國問題」是個「重要問題」而非「一般問題」，那麼根據聯合國憲章第18條投票規定，必須獲得三分之二或以上的票數才能通過；反之，若認為這僅是「一般問題」，那麼嗣後對「排我」的實質案投票只需簡單多數就可獲得通過了。所以，「重要問題」案是一個有關議事規則和程序問題的提案，也是維護中華民國留在聯合國的第一道防線。

而另一個則是有關實質問題的提案，就是阿爾巴尼亞等國提出、獲得蘇聯支持的「排中華民國納中華人民共和國」案（即所謂「排臺北納中共」案），簡稱「阿（爾巴尼亞）案」。往年，塞內加爾都是對「重要問題」案投贊成票的，即認為「中國代表權」若要表決，必須三分之二或以上票數才能獲得通過。但是，他們對於「排臺北納中共」案，卻也未投反對票，而只是棄權。

對於今年（1969年）的形勢，號稱「非洲先生」的外交部常務次長楊西崑分析道，儘管塞內加爾剛於本年7月與我國恢復外交關係，但是鑒於它以前曾經支持中共政權進入聯合國，故要它立即一百八十度地轉變立場，恐怕有相當難度。所以，要多下功夫，使其不但支持「重要問題」案，並且還要進一步反對「排臺北納中共」案，不是僅僅投棄權票而已。

我當時擔任駐象牙海岸大使，接奉外交部的指令後，就認真受命、積極準備啟程。我將此行之目的定為兩個：一是讓塞內加爾同意復交後我國所提出的新任大使人選；二是要強調聯大反對「阿案」的重要

性，請求塞內加爾本年對「阿案」的投票應從「棄權」改為「投反對票」。顯然，後一主要目標要比前一目標的難度大多了；不過，我倒頗感興奮，因為這正是我所喜歡的「自我挑戰」的大好機會。

10 月 28 日中午，當我抵達塞內加爾首都達卡的時候，對於究竟應該先接洽何人仍然有點舉棋不定。是不是先拜訪外交部長？這固然要容易一些，但是考慮到該國幾乎所有的重要事情都由桑高總統親自作最後決定的現實情況，那麼我若首先拜訪外交部長，不但時間方面會有所耽擱，而且也不太可能馬上獲得明確的答復。這豈非倒有「拖泥帶水」的弊病了？所以，倒不如「直搗黃龍」，設法直接晉見塞內加爾總統桑高，直截了當地提出問題，充分發揮我的「如簧之舌」，或許倒能避免「小鬼難擋」的不利，而收到「閻王好見」的奇效呢！一念及此，一股「衝鋒陷陣」的傻勁就來了。一離開機場，就立即趕往塞內加爾外交部，請我的朋友，塞內加爾外交部辦公廳主任巴巴卡(Babacar) 務必幫忙，安排我儘早晉見總統桑高。

我與巴巴卡是舊識，以前曾經交往過，已經建立一定的友誼關係，故這次也算是「老相識」了。因此，他倒是不忘「舊情」，很積極地替我策劃、安排。所以，我竟能在當天晚上就很順利地見到了塞內加爾總統。

當然，我事先已對總統的背景資料作了很多調查和分析，以便最恰如其分地與他交流，希望能「潛移默化」地影響他的立場和觀念。他既然是「文人」出身，那麼，我就可以在相關知識和「情感」方面多下些功夫，為此後的談話奠定較好基礎。此外，他也很重視友誼；又，早年在巴黎念書的時候，就對中國文化表達了濃厚的興趣；再如，他很有大格局觀念，通達事理，具備法國的傳統邏輯思維；當然，也具有非洲人士通常會有的傲慢和矜持性格。鑒於此，我設想自己的談

話方式，當是首先博得其好感，引起他的同情，激發其正義感；然後，再根據事實予以分析，輔以邏輯，甚至激將法，使他接受我的請求和建議。

塞國總統接見我的時間是 10 月 28 日下午 6 點半。我首先對他在百忙之中接見我表示衷心感謝，並表達我對他的景仰和崇敬。我說，在他卓越的領導之下，塞內加爾不僅政治穩定，經濟日趨繁榮，而且為非洲區域合作作出了決定性貢獻，總統的個人才華和道德為大眾所折服，尤其對有「當代詩人」之稱的閣下欽遲已久云云。總統聽了很是高興，含笑遜謝。

我見進展順利，便將話鋒轉入正題。我告訴他說，我此行的目的是代表中華民國政府請求他的支持。所謂「中國代表權」案已經列入本年度的聯大議程，即將於 11 月 3 日開始審議討論。去年，貴國曾經支持「重要問題」案，認為中國的代表權案是一個重要問題；對於「排臺北納中共」案，曾予以棄權。如今，由於閣下明智果敢的決定，前不久，貴國外交部長與蔣介石總統的特使楊西崑先生簽署了兩國「復交公報」，恢復了中塞兩國正常的外交關係，開創了兩國友好交往的新紀元。為了顯示中華民國對中塞兩國友誼的意願和誠意，我國政府已經選派新的駐塞大使人選，由經驗豐富的前駐巴黎總領使館的總領事蔣恩鎧大使出任，在此徵求貴國政府的同意。與此同時，臺北方面已經承諾支援塞內加爾競選聯合國工業發展組織理事會的理事國。

中華民國政府請求塞內加爾政府在今年的聯合國大會上，在討論所謂「中國代表權」問題時，不僅能夠繼續投票支持「重要問題」案，而且積極反對阿爾巴尼亞等國提出的「排臺北納中共」案。我國政府認為，與貴國政府復交這一歷史性的事件具有雙重意義：它不僅恢復了兩國的外交關係，並且承認了中華民國的國際人格及其在聯合國憲

章所規定應享有的權益及應盡的義務。因此，我代表政府呼籲在非洲
素來主持正義的塞內加爾，對「阿案」投反對票，以盡友邦道義的責
任，同時也貫徹並符合邦交國間互惠互助的國際法原則與道義責任。

總統對於我的這番話表示認同肯定。他說，塞內加爾本來就不贊
成將中華民國排除在聯合國之外。至於紅色中國，由於最近搞起了所
謂的「文化大革命」，國內搞得一片混亂，在國際上也自我孤立，因此
塞內加爾對它不再抱有幻想。事實上，目前的確客觀地存在著兩個「政
治實體」。他素來欽仰中國的古老文化，對於臺北前派駐塞內加爾的陳
厚儒代辦任期內所發生的中塞斷交一事，一直深感遺憾。所以，如今
中塞復交，則正符宿願，至感欣慰。有鑒於此，塞內加爾對於聯大的
排臺「阿案」自將會繼續投棄權票。

我聞得此言，心想不妙，塞內加爾總統顯然對問題並未進入情況，
應設法開導糾正，但不能傷他自尊心。他若無意更改往年對「阿案」
投棄權票的作法，那我此行豈非實際上失敗了？於是，我立即婉轉說
明道，承蒙總統今天對中國文化的懷念，我們深感欣慰與榮幸。現在，
臺灣的中華民國政府實際上是中國傳統文化的保衛者，並不像毛澤東
那樣搞「文化革命」，要把中國悠久的傳統文化徹底剷除。因此，積極
支持中華民國政府，也就是符合閣下愛護中華文化的具體表現。近來
外界有些傳言，說塞內加爾政府的勇氣不足，在本屆聯大不敢斷然改
變往年作法、轉而積極支持中華民國政府在「中國代表權」問題上的
立場。我國政府對此說法不予輕信，堅信貴國政府會作出明確與正面
的決策。因為我們認為，兩國既然已經復交，而且復交是經過閣下鄭
重考慮後所作出的睿智決定；那麼，這樣就連帶衍生了邦交國應該積
極支持對方「代表權」的道義責任。這樣的邏輯思維，想必早蒙大政
治家如總統閣下者所鑒及、並擬付諸實施者。總統聽了我的話後，雖

然仍面露笑容，卻一時也未置可否，使我莫測高深。

　　我心想，話已至此，我已經沒有退路，唯有繼續採取「攻勢」。於是，我也顧不上太多的「禮貌」，繼續講道，我國政府會恪守承諾，盡最大努力為貴國謀福利，例如，兩國的農業技術合作業已擴大並加強。但貴國若在聯合國大會上不能全面支持我國，勢將使我國政府陷於為難的境地、有失「平等互惠原則」，而難以向自己的國會和全國輿論有

說服塞內加爾總統費盡心機。

所交代。

至於貴國政府支持中共進入聯合國，甚至支持「兩個中國」，這是貴國政府的主權，我國政府不便干涉。但是，「阿案」不但主張接納中共，還要排斥中華民國！而如今作為貴國的友邦，我們當然有合法權利向貴國政府呼籲支持。總統閣下是有名的詩人，又具備法國大哲學家笛卡爾的思維方式，重演繹。那麼，在為友邦盡道義的責任問題上，相信必然會有符合邏輯的作法了。

謝冠生 1969.12.02.（欣悉與外國元首洽談成功）。

我講到這裡，發現總統有一點兒動容了，並現出靜默思考的樣子。於是，我在稍加停頓之後，繼續說話，意在給他一個「轉彎」與「藉口」的機會。我說道，根據目前貴國的處境，如果要改變投票的話，不妨訓令貴國駐聯合國大會的常任代表在所謂「中國代表權」案付表決之前，或者付表決之後，對投票態度發表「解釋投票立場的聲明」。聲明內容可以說，因為「阿案」裡有「排斥中華民國」的字樣，不符塞國立場與政策因而予以反對。這樣不僅使得各國能夠明瞭貴國改變投票立場的原因，同時也符合事情的邏輯。

桑高總統一聽這個建議，連說「這個主意不錯」，感覺有了一個「下臺階」，竟有點如釋重負的樣子；他並答應，會立刻將此一「解釋

投票立場」的「策略」轉交外交部長參考辦理。我接著說,「中國代表權」案將在 11 月 3 日開議,大概討論幾天之後,就可以表決了。我本人預定在 11 月 1 日返回象牙海岸,不知能否在返任前可以得知貴國對於此事的明確態度?塞總統答道:「明天早晨將召見外長,給他訓令。你明天就會得到答復。」

我是有備而去的,所以當即從口袋裡掏出一份書面備忘錄,交給桑高總統。我說道,方才面陳的一切都在這份書面備忘錄裡面。此外,還附有一份有關非洲國家兩年來在「中國代表權」案上的投票記錄,供您參考。總統閣下可以看到,大部分非洲國家,尤其是非馬聯盟國家,在「中國代表權」案上都積極支持臺北。假定貴國投票反對「阿案」,正好符合非洲大多數國家的立場,並不孤立。桑高總統翻閱了一下資料,點點頭,顯出已經同意我說法的樣子。

這時我看了一下表,我們的談話已經花了 40 多分鐘,心想目前基本上是「大功告成」,於是就起身告辭了。我把帶去的禮物,即一款水晶擺設呈獻給他。總統表示感謝、請我稍候。他按鈴,請女祕書送來一本他著的詩集,並提筆簽名,贈給了我。其題詞為:「贈與芮正皋博士,借此表達敝人對古老中國的欽頌之意。」落款是他的名字。我向總統閣下表達了謝意:「承蒙賜贈這本詩集,是我畢生的榮幸,當永留紀念。」總統很高興地緊握我手,熱情道別。

第二天,即 10 月 29 日下午,我再到塞內加爾外交部去看我的朋友——辦公廳主任巴巴卡,向他轉告了昨天會見總統的情況。巴巴卡說,他已經知道了。因為總統已經指示外交部長,給塞內加爾駐聯合國常任代表團發出訓令,對「阿案」改投反對票。這項訓令是中午發出去的。為確定起見,我說:「能不能把訓令稿給我看一看?」巴巴卡笑笑,從抽屜裡拿出電文稿。電文寫得很簡單:「27 日、28 日兩天的

電文都收到了，希對阿案投反對票，並解釋投票」等字樣。這樣，我
此行的遊說工作總算有了結果，任務圓滿達成。

最終，塞內加爾在 1969 年聯合國第二十四屆常會的「中國代表
權」案上，果然投票全面支持「重要問題」案，反對「阿案」。被我們
稱為福將的蔣恩鎧大使（用莊）也迅速地獲得了塞內加爾政府的正式
同意。他於 1970 年 1 月赴塞內加爾就任，展開了一段兩國友好的新關
係。外交部也選派了曾在象牙海岸實習法文的一位幹練同仁楊榮藻兄
前往駐塞內加爾大使館襄助蔣大使拓展館務。楊榮藻兄後來曾擔任歐
洲司司長、華府祕書、駐以色列代表等工作。

水利技師冤死，法國醫師遣返

外交使節派駐在國外，除了辦理外交事務外，有時候也需要協助
駐外農技人員，照料他們。如若他們生病，便得替他們找醫生，幫忙
當翻譯；有住院者，還得探病、送飯、買藥等等，病人的方方面面都
得顧及。如果出了死傷事故，還要辦交涉，甚至辦後事，儘量維護他
們的權益，料理一切事務。

中華民國派駐在象牙海岸北部的農耕隊原來規模很小，只有十來
個人。後來總統菲力克斯・伍弗布尼向「非洲先生」楊西崑當面要求增
派 60 人。我們就尊重他們的願望，成立了農業科技團，人數最多時達
到六七十人。每三四人構成一小組，分有十幾個組，分佈在全國各地。

我作為大使，要不時地輪流到各地視察，瞭解他們工作進度和其
他情況，另一方面也是慰問長期背井離鄉，遠離親人的農耕隊成員。
讓他們見到本國大使館的官員，甚或大使本人，確實是一種很大的鼓

勵與安慰。有時候，我們還帶些土產和禮品給他們，如香煙、酒等，或者放一場電影，與他們一起渡過一個夜晚或者節日。

這些事務對我而言，一方面固然是工作的需要，另一方面卻也是別具一格的「調劑」或「享受」，至少是精神方面的享受。我們並不介意農耕隊的設備簡陋，即使在炎熱的氣溫中沒有空調冷氣，也都滿不在乎，大家全打赤膊就是了。這樣，反而更易與他們產生親近感；若是始終衣冠楚楚，倒反而有點「見外」了。在那裡，我可以品嘗到活殺的土雞、剛從地裡採摘的新鮮蔬菜；或者，親自到田裡抓幾個田雞，做一盤焦鹽蛙腿。有時候，在田地裡張上捕鳥網，未幾便能抓到不少「自投羅網」的小鳥，宰殺、褪毛，用醬油和薑蒜泡漬一下，烤製後又香又嫩，非常可口，至今想來，還不禁唾沫頓生！又如，捕蛇也不太困難，一旦有所收穫，便可做成蛇羹清湯，較諸土雞湯還要鮮美。這種田園之樂，往往把我驅車數百里的旅途勞頓一下子就全部掃光了。那時候，不敢說有「采菊東籬下，悠然見南山」的心態，但是「流連忘返」，甚至「樂不思蜀」的心境倒是時有所現的。

但是，如果當地的土著酋長知道了「大使蒞臨」，硬是要出於「禮節」而安插什麼招待節目，那就難免大煞風景了。當然，為了搞好「農交」（非正規「外交」），我們只得壯著膽子去應酬一番。我在此說「壯著膽子」，並非過陳其詞或誤用成語，而是在確切地表述我們的心境。原來，在那些酋長及其隨扈中，有不少都是麻瘋病患者。那麼，我們一旦接受其「款待」，就非得與東道主方的眾人一一握手、親抱不可；而他們奉獻的「佳釀」，則與泥漿相差無幾，其中究竟有多少細菌或什麼細菌，都不得而知；最後，我們還不得不使用他們剛剛喝過酒的葫蘆「酒杯」，同樣一口一口地往肚裡灌酒！試想，在這樣的「親密接觸」中，我們能逃避被感染的概率到底有多大？！對此，我們都不敢多

想，因為越想會越膽顫心驚的，所以索性一切「聽天由命」，時刻準備「為國捐軀」就是了。好在蒼天有眼，我在非洲前後待了 23 年，倒並未染上那種令人「談虎色變」的毛病。呵呵，感謝老天爺！

但是，並非每個人都像我這樣幸運，我就親眼見到好幾位成員遭遇了不幸的事故，其中之一便是農耕隊一位名叫林鼎旺的水利技師，他因為感染瘧疾，後轉化為黃膽病及肝炎而最終不幸去世。

林技師來自臺灣的花蓮縣，是一位相當傑出的水利技師，負責開發象牙海岸總統之故鄉亞默蘇克洛的 100 多公頃水稻農場。象國總統有的是地，隨便找一塊荒地，請我國的農耕隊來開發。這個開發的重任便託付給林技師。林技師從測量、規劃、開墾、整地、建構灌溉及排水系統直到播種、施肥、收割，都一抓到底，全身心投入，付出了大量心血，從而達到了每公頃 4000 公斤稻穀的收穫量，成績非凡。這被象牙海岸總統稱讚為「奇蹟」，因此對林技師待若上賓，禮遇有加。總統得閒之時，便來故鄉渡假，往往在傍晚時刻，輕車簡從，在田間散步，左顧右盼，享受著林技師替他創建的「無中生有」的輝煌成果。

非洲氣候炎熱，到處孳生瘧蚊，故人類很容易感染瘧疾。我們必須每天服食防瘧疾藥，否則就很危險。法國專家研發出來的瘧疾藥叫「尼伐基納」(Nivaquine)，非常有效。我們不敢拿自己的生命作賭注，故每天必服這種瘧疾藥。但是，這種藥有副作用，最明顯的副作用是，吃多後，手指甲、足趾甲都會變黑，甚至連嘴唇也變成紫褐色。不過，我們還是不敢不吃；我也經常提醒農技人員，要大家必須服食此藥，千萬不能疏忽。

但是，不知何故，林技師還是不幸地感染上了瘧疾，他臉色臘黃，並伴隨發燒。於是急赴首都阿比尚的中央醫院就醫，主持醫師是法國援助象牙海岸技術合作項目的「技術顧問」(Conseiller technique) 比爾

雄 (Pierchon) 醫師。或許是他缺乏臨床經驗，也可能是缺乏醫德，故居然未能對症下藥，也未及時讓林技師轉往其他醫院診治，從而一誤再誤，最終竟然導致林技師病情惡化，不治身亡！在這期間，我隨時向象牙海岸總統報告林技師的病況；最後，我見林技師的病情實在嚴重，已經來不及按正常禮賓程式求見總統了，而是直接駕車赴總統官邸求見，懇請總統設法搶救，即派遣他的專機送林技師前往法國診治。總統同意了我的請求，但是林技師的病情卻急轉直下，尚未送往巴黎，他已經回天乏術，不幸去世了。

我們大家都很悲痛，象牙海岸總統也深為哀傷，他曾親筆來函，對林技師之死弔唁。此外，他還吩咐總統府購置了一具銅棺，派禮賓局長魏甯大使親自伴同林技師的靈柩，搭機送往臺灣，並贈送林技師家屬美金二萬元。由此足見總統的為人厚道，實際上也展示了林技師在象牙海岸國人心目中的地位很高，當然也是我國與之長期友好關係的結果。

象牙海岸總統不獨待人寬厚，在政治上亦具真知灼見，有過人的智慧，在非洲各國元首間享有極高的聲望。他經常成為其他非洲國家元首請教的對象，不少元首甚至遠途跋涉，專程前來象牙海岸，請求他的指教，這被稱為「朝聖之旅」。下述二例，可以說明這位總統的睿智：

一個例子是，在他獲得我國派遣 60 多個農技人員在各地以密集插秧方式，全面推廣水稻增產運動之後不久，加拿大政府打算贈送給象牙海岸三萬噸小麥。若是別的非洲國家元首，很可能對此照單全收，或者將其拋售，換取現錢，納入私囊了。但是，他卻婉拒了這份厚禮，理由是，本國已經接受了中華民國的技術援助，正在鼓勵全國人民種植水稻而吃米飯，故如果接受大量小麥來做麵包，就有違背國策之嫌了。這說明這位總統的目光遠大，不貪眼前小利，而圖國家的長遠利益。

　　另一例子是，總統在 1960 年代成立「協調國會議」(Pays de l'Entente)，包括象牙海岸、上伏塔、尼日、達荷美，後來加上多哥。協調國家會員如有經濟開發計畫，並經審核而可行者，象牙海岸即可融資支援，助其實施。這樣做的理論是：貧富不均猶如沙漠中的少數綠洲，若聽任「綠洲」獨「綠」(獨富)，則遲早要被周圍的沙漠所吞噬；而若擴大「綠洲」範圍 (共富)，則就能維護「綠洲」的久遠，達到「共存共榮」。總統這種著眼於大格局的觀念，確實給人以「高瞻遠矚」之歎，自非常人所能企及，一切政治家都當認真體會、學習。

　　對於林技師之不幸病故，所有同仁都認為那個所謂「技術顧問」的法國醫師有著不可推卸的責任，這顯然主要是因為這個醫師的水準太差，誤診誤斷，草率從事而斷送了林技師的性命。我也深有同感，因此，決定要讓這個不負責任的醫師受到應有的處罰。於是，我寫了一封密函給象牙海岸總統，細述了林技師醫療事故的前因後果，要求總統伸張正義，將那個法國庸醫調離象牙海岸。信的原文為法文，今譯成中文如次：

　　　　　　　　　　　　　　　　　　Abidjan，1971 年 6 月 24 日

總統先生：

我們對閣下所給予水利技師林鼎旺的信任、關懷、照顧、同情所表達的偉大友誼，再度申致我們衷心感激之情。

林技師盡心竭力、任勞任怨，為了不辜負中華民國總統蔣介石所賦予的使命，背井離鄉，遠涉重洋，前來貴國服務。不獨他本人，連同其他農技人員，無不寵蒙照顧，享受優渥待遇及多方眷顧，使彼等雖遠赴海外，仍能感受到溫馨的家庭氣氛、而能在異鄉客地安心工作，提供他們的技術服務。

可是，由於最近林鼎旺水利技師因被庸醫誤診而不幸死亡的悲慘事故，使其他農技隊員人心惶惶，無心工作。他們對中央醫院比爾雄醫師對林技師不負責任的誤診誤斷，人人自危，對其醫術、醫德水準之低，對待患者態度的惡劣與無禮，深表憤慨。尤其，比爾雄醫師對林技師草率的診斷後，反囑林技師可於1971 年 5 月 6 日出院，並可搭乘飛機返臺。但林技師卻於數週內不治身亡（1971 年 5 月 22 日）。

另外，不可思議的是，比爾雄醫師在林技師住院後，始終沒想到要林技師拍攝 X 光照檢查。事實上，即便是最簡單的 X 光照片，即可顯示林技師肺部已有葡萄球菌異常擴散的現象。等到之後「大學醫療中心」(C.H.U.) 拍攝 X 光發現此一現象時，已經為時過晚。充分顯示比爾雄醫師無知，和延誤、疏忽、草菅人命的不負責任的態度。

林技師自覺病情不但未減輕、反更嚴重，遂於 1971 年 5 月 15 日抱病趕赴中央醫院，請求比爾雄醫師再度替他診斷，卻不料後者居然勃然大怒，反責林技師沒有事先約會。這簡直是對病患者一個莫大的打擊。尤其是，比爾雄醫師明知林技師是主持閣下農場的負責人，而居然目中無人，藐視林技師的背景。等到發現林技師確屬病情不輕，趕緊囑其轉診到「大學醫療中心」，改請布維里醫師 (Dr. Bouvry) 診治，但已錯失黃金時機。

在象牙海岸的中華民國全體農技人員及本人對像比爾雄這種庸醫和他對病人漠不關心的態度，以及他無知無能又無醫德地在貴國醫院「濫竽充數」，深為憤慨。如果他早一步請林技師轉診，請別的醫師診治，或許還可保持林技師的生命。

比爾雄這種不負責任的態度，把病患拖延了好幾個星期而不給

予任何適當的治療，簡直是「故意致人於死」的「殺人犯」。

謹按林技師係於 1971 年 4 月 9 日進住中央醫院，迄 1971 年 5 月 22 日死亡期間，比爾雄醫師聽任林員病情惡化而不採取任何適當措施，比爾雄醫師實應負全部刑責任。

綜上所述，總統先生，基於當前形勢，為了平息中華民國駐象牙海岸全體農技人員的忿怒，也為了使死者林鼎旺技師能在泉下安眠，謹不揣冒昧，懇求總統閣下迅作睿智決定：將這位犯罪元凶的庸醫立即調離象國，以絕後患。

謹請閣下垂察，本人所提請求，並非對貴國內部事務有所干預。此一舉措純係基於保障象牙海岸所有病患，外國人或本國人的基本人權，以免彼等遭受與林技師同樣的不幸命運，而成為另一個受害人。

為此，本人恭謹地懇請總統先生採取斷然措施，使該庸醫不再有加害於人的機會。唯有如此，始能安撫人心，使外國派遣到象國的技術人員，或貴國公民，能在他們的崗位上繼續安心工作。謹此向閣下申致最崇高的敬意。

　　　中華民國駐象牙海岸共和國特命全權大使　芮正皋（簽名）

　　這封密函發出後沒有幾個月，法國駐象大使館果然便悄悄地把這位技術顧問醫師遣返了法國。我也總算替屈死者伸張了正義，為日後的患者除去了一位可能害人的醫師。這使我頗有類似於數年前在上伏塔打死了一頭獅子後的「為民除害」的感受。事後，外交團及象牙海岸政府的有關單位都曾私下傳言，稱中國大使芮正皋著實屬害，把法國派來的技術援助顧問都趕了回去。在外交使節集會場合，有人向我

探聽詳情，我只是含糊回應，因為這事關我與總統間的機密交涉，不宜公開。我但求事情解決，卻不應炫耀自己的「能力」。

三十餘年後的某一年（可能是 2005 年），我從澳洲回臺灣。林鼎旺技師的遺孀徐玉琴女士特地帶了禮物，由她寡居後辛苦撫養長大的女兒林文慧、兒子林怡陪同，來到我家探望。林技師不幸客死異鄉數十年後，其遺眷來訪，真是不勝今昔之慨。我得知他們已經在多年前，從花蓮分別遷居桃園縣龍潭鄉及臺北市內湖區，長子林明則在美國工作，都已各自成家立業，獨立負擔家計，而且孫子女及外孫子女成群，心中感到莫大的安慰，但也禁不住熱淚盈眶。

林技師去世之時，子女都很幼小，未必知道三十餘年前我寫信給象牙海岸總統，密告法國醫生之事。當時，也沒有向外交部報備。因為我曾把寫給象國總統這封法文密函批交給使館的一位同事，請他「酌譯備用」；但後來這位同事在離館前始終未及翻譯，錯過了報外交部的時機。本來，「為善」何必求人知，更不必在三十餘年後再向林技師的家屬「表功」。何況，這件為「死者復仇」的「公案」事隔多年，也早就忘了。

現在，難得林技師的遺孀率同子女登門造訪，我們從未見過面，我才想起此事，便到書房從舊卷中檢出紙張已經泛黃的原函影本，交給林怡說：「這是你老爸當年在象牙海岸給庸醫誤診病死後，我寫給象國總統的密函，留給您們紀念吧。不過是法文本。將來有機會翻成中文時再給你中文本」。林怡一看是法文，一臉茫然。我見此狀，便把當年的事情簡單地向他們解釋了一下。他們露出又驚訝又感激的表情。

光陰似箭，距離林家來看我的時光又是好幾年了。當時答應翻譯原函的承諾一直在我心頭，並未忘懷。現在既然在《回憶錄》中提到此事，就自己把這封信譯成中文，總算了卻了這一「翻譯承諾」的宿

願，做到了「問心無愧」，去掉了心頭的「壓力」，同時也可告慰於林
技師的英靈。

「針灸外交」

　　無獨有偶，與上述「太極拳外交」類同的另一個例子，是所謂的
「針灸外交」。其事的始末情況是這樣的：

　　朱作銘是一位針灸專業醫師，曾經師從上海的著名針灸專家方慎
庵醫師，並盡得其真傳。後來，朱醫師偕其妻子前來象牙海岸，投靠
已是象牙海岸僑界領袖之一的他內弟李師曾（李氏的胞姊李師孟是朱
醫師之妻）。我與朱醫師數度交流後，發覺他不獨醫術超群，並且醫德
也佳，是個難得的人才，於是把他引薦給了曾經兩度訪問我國的象牙
海岸經濟暨社會理事長、首都阿比尚 (Abidjan) 市的雀來喜區
(Trechville) 醫院內科主任貝達 (Beda) 教授。貝達教授對朱醫師也頗為
欣賞，遂延聘他服務於雀來喜市醫院，並增設了「針灸科」門診部，
委由朱醫師主持。

　　我覺得，針灸之術就如太極拳一樣，也是我國傳統的寶貴文化遺
產（針灸甚至更甚於太極拳），千百年來救治了不計其數的人。進入近
代以來，一方面由於「西醫」的迅猛發展，另一方面由於針灸醫術的
逐步失傳，故其影響相對下降，甚至被某些無知之徒曲解為「沒有科
學根據」（其實只是他們自己無法解釋其深奧原理罷了）。這是非常遺
憾的，甚至是人類的悲劇。所以，作為中國政府和中國人，自當積極
地擔負起復興、推廣這一寶貴文化的責任。有鑒於此，我之推薦朱作
銘醫師，不是僅僅為了幫助他解決「就業問題」，似乎更應該借助他的

針灸醫術和高尚醫德，在非洲這塊大陸上，推廣流傳了千百年的中國悠久文化。一念及此，我就覺得「熱血沸騰」起來，自己感到有一種「使命感」、非得馬上行動不可。

於是，我撰寫了一封致象牙海岸總統的特別專函，向他鄭重地推介了朱作銘醫師，並婉轉地建議總統，是否願意一試。像這種事涉一國元首健康的外交文牘必須謹慎從事，不能隨便撰寫。因此，我是經過深思熟慮後才動筆的。此信用法文寫就（因為象牙海岸憲法規定，本國的語言、文字為法語、法文），並且全文用大寫字體繕打，以示尊敬。其中譯文大意如下：

總統崇鑒：

基於對閣下的尊敬與忠誠，特上函閣下。

欣聞閣下大選榮獲連任，鑒於國內及國際事務蝟集，在在均須閣下運籌帷幄、一一處理，為國操勞，政躬康泰，眾所關注。

謹不揣冒昧，奉告閣下，不久以前，有來自中國的針灸專家朱醫師來象投靠其親戚李君。

朱醫師醫術高明，擅長調和氣血，平衡內分泌，增加活力，防止衰老，用敢樂為紹介，以供閣下本人或尊府實眷酌參，聽候驅遣。

如閣下不擬考慮，則亦請垂察，恕我唐突，諒我率直。此項建議，實出於對閣下之愛戴、尊敬與赤誠之心。

大使芮正皋（簽名）

1980 年 11 月 6 日

雖然象牙海岸總統對這封未作書面答復，但是他卻委託總統辦公

廳主任奈瑞總督傳話給我，稱說總統十分感謝我的好意，但因公務繁忙，暫時還沒有時間接受朱醫師的診療。這種方式實際上是一種「外交手法」或「外交禮節」：總統在不便用書面答復的情形下，派個親信，傳個話，是一種極為得體的「外交互動」。這種「禮節」也並非全是表面文章，因為朱醫師來象牙海岸，並在雀來喜市醫院新設「針灸科」的消息畢竟傳達到了象牙海岸的最高層，而總統也因此對中國的「針灸」醫術有了一個最初步的認識，這總勝於「全然無聞」吧。

再說，朱作銘醫師能以一個外國人身分在象牙海岸的首都醫院設立了「針灸門診部」；此事推想應得到象牙海岸的「官方默許」和精神支持。這樣，朱醫師與他的針灸就很自然地替我打開了一條與象國政要們建立「另類接觸」的特殊管道，而且總統的辦公廳主任奈瑞總督也成為朱醫師的病人之一。奈瑞總督並非外人，他即是 1963 年 3 月在上伏塔安排我晉見象牙海岸總統的「牽線人」，促成中、象建交的功臣與關鍵人物，後來也成為我的好朋友。

在不到幾個月的時間裡，經過我介紹而接受朱醫師施診，並顯示療效者，包括了總統的大部分重要親信與骨幹。這些人員中，除總統辦公廳主任奈瑞總督外，還有最高法院院長包尼 (Alphomse Boni) 夫婦、首席國務部長戴尼斯夫婦及其家人、政府祕書長白基禮 (Alain Belkiri)、最高法院副院長克萊比 (John Creppy)（他是我留學法國時巴黎大學的博士候選人）、大使級禮賓局局長魏甯、計畫暨工業部長諾來巴 (Maurice Gnoleba)、公共工程部長巴尼 (Desire Boni)、總統的外甥阿迦 (Aka Lambert) 夫婦，以及外交部的官員等，並且都是由我陪同並擔任傳譯的。他們經過朱醫生診治過後大都感到療效良好。

朱醫師的醫術高明，服務熱忱，並且不收任何費用和酬勞；最重要的是，經他之手治療的人，都展示出相當不錯的效果。這一鐵的事實

是最有震撼力的，於是有口皆碑，消息迅速傳開；特別是經過上述政要們及其家屬之宣揚，形成「有口皆碑」的情勢。這類消息自然傳播到象牙海岸總統及其近親與家人的耳中，他們對此也頗感新奇和興趣，從而有了「一試」之意，這使得「針灸外交」達到了一個新的高點。

1982 年 6 月 12 日，透過象牙海岸總統之外甥的安排，我和朱醫師又被邀請「遠征」，到距離阿比尚 300 多公里的地方，即總統的故鄉亞默蘇克洛鎮（Yamoussoukro，昵稱「亞穆」）「出診」。病人正是象牙海岸總統最親近的長姊費戴 (Faitai) 夫人。

我們一早出發，車行甚速，不到三個小時，就到了費戴夫人的私邸。象牙海岸的部落很多，最大的部落也就是執政黨的部落，叫巴烏萊族 (Baoule)。巴烏萊族的傳統是重視母系親人，父母亡故時以長姊為家長，父輩姊妹的子女較己出的子女更為重要。如總統的外甥阿迦為總統的二姊（已故）所出，但總統視同己出。所以象國總統對其長姊費戴夫人極為尊敬，對她的意見也非常重視。

朱醫師對於這樣重要的一位「病人」當然不敢怠慢，於是通過我的傳譯，細心地問清了病情，便對症施針了。

其實，替非洲婦女施診、扎針，倒也很方便。因為一般人都有關節痛、或關節發炎症、面部和口腔等各種疾患，以及高血壓、中風、腸胃不適等，扎針穴位大都在手臂、小腿、足部、手掌。她們穿著寬肩大袖、大布袍，又習慣不穿襪子。如果要在腿部扎針，只須掀起大布袍，就可以扎足三里、膝陽關、陽陵泉等穴位。如果在足部，那腿伸出來便是，如三陰交穴。如果在手臂部那更方便，轉個身便可。

因為費戴夫人有高血壓、腎水不足，須雙臂同時扎針，朱醫師請她躺平，就在她左右雙臂及雙腿足部，扎了上面所述各穴位，還包括少府、神門、內關、間使、曲池、合谷、三間、手三里等穴位，加上

頭頂一針百會穴，各留針三四十分鐘。前後花了兩個多小時。這時，大家開始有些饑腸轆轆了。

我和朱醫師兩人，由總統的外甥阿迦接待，在他家吃頓便餐。他家有一位廚司，西非達荷美人，能做法國菜。說是「便餐」，倒也蠻像樣，有板有眼。餐桌擺設整齊，鋪著高級桌布，桌布底下還有襯墊，摸上去軟綿綿的，桌上擺著法國著名 Limoge（猶如我們的景德鎮瓷器）的大小磁盤、水晶酒杯、潔白的漿洗餐巾。進餐前先開香檳，閒聊一番，然後入座。前菜是鵝肝醬，配法國紅、白酒。主菜是炭烤牛排，繼之以生菜、乳酪、甜點、象國咖啡（象牙海岸的咖啡豆產量排名世界第二，僅次於哥倫比亞）。餐後主人命廚司出場見貴賓。按照一般禮儀，我當然得讚美幾句，稱道他手藝高超，有資格可獲得「世界美食會」(Chaîne des Rôtisseurs) 的獎狀云云。

我們當晚就住宿在阿迦的私邸。那是一棟二樓的花園別墅。二樓有四間臥房，我和朱醫師各住一間套房。第二天用過早餐後，我們又再赴費戴夫人家，作第二度施診。在她家，我們備受重視與禮遇，這種登堂入室，進入駐在國總統近親貴夫人閨房的交往，實非一般外交接觸所能獲得。

1971 年 10 月，我國被迫退出聯合國後，本來與我國建立邦交的非洲國家，大都相繼轉向北京，從而與我國斷交。雖然我在象牙海岸使出渾身解數，運用各種「怪招」，做得有聲有色，贏得了總統的重視與私人友誼，也獲得了他一再保證不會背棄、對我忠誠始終不渝的承諾，使得中、象兩國關係的前景還不至於太差。但是，我綜覽國際大勢，感到這種友好關係畢竟不太可能持續很久，故內心只是希望我於 20 年前（1963 年 3 月）在上伏塔首都會晤象牙海岸總統所搞定的中象締交成果，不在我的手中丟失。

　　所以，有一年，我借返臺述職的機會，拜會了時任經濟部長的孫運璿學長（國防研究院第一期同學）。我向他透露，在非洲太久，很想調回國內或者換個地方。他在我背上重重地拍了一下，一付山東人直性子的樣子，說：「老兄不能走。您跑了，象牙海岸恐怕保不住。再辛苦幾年吧！」就在這種「身不由主」和「欲罷不能」的情況下，我只能在象牙海岸繼續堅韌不拔、埋頭苦幹下去。

苦修英文

　　20世紀50年代，我結束法國的學業，前赴臺灣進入外交部工作，曾為蔣介石總統充任法文傳譯。後來，他指定我參加他創辦的「國防研究院」受訓，我有幸成為該院第一期學員，歷時八個月。

　　由於工作上的關係、以及參加國防研究院受訓的原因，我多次得到蔣總統的接見。蔣總統在我的眼光中，總是顯得很慈祥、親切。在與我交談時，往往用帶有寧波鄉音的普通話問我道：「你的英語怎麼樣？」言外之意，是認為我通曉法語，但不知我的英語程度如何、是否也可媲美法語。此語雖然是個「問句」，但是總統之意顯然並不是真要瞭解我的英語情況，而更是企盼我也努力學好英語；他對我的關切鼓勵之意，從其語氣中是很清楚地聽得出來的。

　　對此關切，我當然心存感激。事實上我一直在自己努力進修英語，由於他的關切，我格外努力。於是通常就以「報告總統，我正在繼續努力學習，還在不斷進修中」之類的話予以答復。但是過後想想，總覺得回答得空洞了些，我應該有點具體的表現，才不至於辜負了他老人家的一番厚望。所以，蔣總統的這句問話對於我此後刻苦學習英文，

實際上起到了莫大的推動作用。數十年來，我始終沒有改變對於英文的自修乃至「苦修」的狀態，最後達到能以英文撰寫專欄的程度（不敢自吹「水準」）。

我自幼生活在上海，後來又居住在法租界，所以從高小、中學、高中到大學，都是在徐匯中學、震旦高中、震旦大學等法國天主教教會學校就讀的，因此除「母語」中文之外的「第一外語」自然是法語了。後來赴法留學，當然使用的都是法語。而在臺灣進入外交部之後，所派駐的「外國」，除少數英語系國家外，也大部分是非洲地區的法語系國家。因此，我對於法語、法文之運用，應可達到「自如」之境；而早年之於英語、英文，則就沒有像法語那麼流暢了。所以，今日我能用英文寫信、撰寫文稿、專欄、專著等等，主要是得益於壯年時代的「奮起直追」和「埋頭努力」，甚至可以說是全憑「苦修」而來，也未獲得家庭補助留學英、美，多少有些「土法煉鋼」的意味，亦即英語所稱 "self-taught" 或 "self-made" 之謂。

我在此之所以談到我的英文自修，一方面是因為我在擔任駐象牙海岸大使期間，曾經對此下過大力氣，用過死功夫。另一方面，自思我的英文學習經歷，除了「自勉」之外，恐怕對於當今的年輕學子，也不無鼓勵作用。它至少說明一個道理：一個人無論做什麼事情，都一定要努力不懈、「專注」(mindfulness)；唯有今日的一分耕耘，才會有異日的一分收穫！

學習外國語言沒有快捷方式，就是學、學、學，不斷地學而已。關於學習英語，我認為，第一要下決心。無論讀書還是作其他的研究，其實都是很枯燥的，所以一定要培養興趣。其次，要講究「方法論」，要講究方式、方法。就學習外國語言來講，聽、說、讀、寫是四項不同的技能，一定要均衡發展。一般而言，學英語，看看書報、雜誌，

查查字典，就能提高閱讀能力。但是，由於很少有人跟你用英語對話，所以聽、說的能力就相對弱一點。寫的機會也不多。這樣，就不能全面發展，多少有點缺陷。能夠看懂一點書、報、雜誌，外語程度已經算是不錯了。為了全面發展，除了讀報章雜誌比如《紐約時報》、《國際先驅論壇》、《時代》雜誌、《新聞週刊》等外，還要收聽廣播，比如「美國之音」(VOA) 和英國的「國家廣播」(BBC)；還要看電視，比如美國的有線電視網 CNN 等。此外，還可以去消遣，「寓娛樂於學習」，比如看一些不錯的英國電影，聽錄音等。當然，還可以找一位操英語的人與我們聊天。這種人可以是外國人，也可以是英語講得不錯的中國人。還可以用英語寫信，寫日記，或者撰寫英文稿件等。

以此為基礎，再加上我自身的法語基礎，在學習過程中，我可以對兩種語言進行互相借鑑。加拿大的魁北克省使用法語，所以加拿大的出版物有很多是英法雙語的。可以買一些英法雙語的小說名著，對照著學習。這樣，不僅可以互補，還提升了兩種語言的水準。

誠如我剛才提到，學語言沒有捷徑，仍需不斷地努力進修，要培養自己的興趣。以我自己為例，我喜歡偵探小說，就買了很多英文原版的偵探小說。比如大家都熟悉的《福爾摩斯探案集》，以及英國「偵探小說之后」愛葛莎・克利斯蒂 (Agatha Christie) 的作品。愛葛莎・克利斯蒂先後出版了八九十部偵探小說，我差不多都買齊、讀過了。此外，根據她的小說拍了很多電影、電視劇。我就找來，經常收聽，這樣就訓練了聽力，因為我已經瞭解了這些小說或電影的寫作背景，瞭解了英國當地的民情風俗。這樣，一方面修讀，一方面培養興趣，所謂「寓教於樂」或者「寓學於樂」，把閱讀與聽力訓練結合在一起。

此外，我還收集了很多學習工具。我有許多字典，分置於家中的各處，或是臥房，或是客廳，甚至是廁所。這樣，隨時可以查閱，相

當方便，也就提高了學習的效率。說到在廁所中讀書，不免要多說幾句。蓋按傳統觀念，書是「聖物」，一定得對它恭恭敬敬才對；而若在「方便」之際讀書，難免伴隨「臭氣」，豈非「大不敬」？所以，我們那個時代的老人，特別是出身「書香門第」的老人，是絕不允許年輕人在廁所看書的。但是，眾所周知，許多人在「方便」之時，偏偏喜歡手持一書；而那種時候渾身放鬆，悠閒自得，故讀書效果偏偏就很不錯。所以，若從「功利主義」考慮，在廁所中讀點書，其實也並非壞事。就我個人而言，有些「學習成果」，恐怕倒真是拜廁所之「賜」呢！不過，讀者諸君請勿誤會：我並非在此蓄意提倡「廁所讀書論」，只是說它無可厚非而已。

目前，科技發達，學語言更為方便。學語言的工具也浩如煙海，五花八門的字典、辭典並可儲存在各種廠牌的「智慧型手機」的小小體積內，攜帶方便、可以隨時查詢。不須再使用笨重的大字典、辭典、百科全書等。

最近，我又發現新的學習英語同時吸收新知的方法，即是選擇購買美國一家出版公司發行的一系列的有關歷史、文學、語言、醫學、宗教、宇宙、航太、科技、數學、勵志、音樂欣賞等等 DVD「數字視頻光盤」(Digital Video Disk)，來聆聽學習。現身說法的都是當代英、美各大學的著名教授，課程內容也是最新的大學或研究所的教材。這等於不花旅費、生活費、學雜費而收到並享受赴英、美留學的效果和樂趣。這家公司名稱就叫：The Great Courses。有興趣的年輕讀者們可以上網查看 (www.thegreatcourses.com)。

繼續再說英語學習。參加英語考試，是個不錯的方式，因為其整個過程，會促使參與者全身心地投入英語學習，其效果會相當好。比如，倫敦大學每年舉辦的英語中級考試──O Level (Ordinary Level)

和高級考試——A Level (Advanced Level) 等，都是可選項目。這些考試是公開招考的，任何人都可以報名參加。此外，也可以參加英國劍橋大學的「英語專修文憑」考試 (Cambridge Certificate of Proficiency in English)。但是這需要多少瞭解一些莎士比亞及近代、現代的英美文學，甚至非洲英語國如南非、奈及利亞等國家的作者之後才能夠去參加考試。

我在駐象牙海岸的大使任內，曾利用業餘時間自學，閉門勤讀，犧牲了不少娛樂時間和休息時間。我還偷偷地報考了阿比尚大學的夜間部，去進修英美文學學士學位。這樣，週末就得拼命閉門讀書，準備考試，跟一般普通的學生一樣參加筆試、口試。我當年留學法國時已經獲得了巴黎大學的法學博士學位，那麼阿比尚大學的英美「文學學士」學位對我而言自然是不足為奇。但是，我這樣做是有原因的，一方面考驗自己這把「寶刀」是否已老，一方面是挑戰自我，鞭策自己繼續研究英美文學，這是我的目標之一。

當時，我很低調，儘量避免讓同班學員知道我是「大使」。畢竟，「大使當學生」是個不大不小的新聞，一旦傳播到社會上，難免引起議論，這豈不是自找麻煩了？所以，除了象國總統、少數幾位部長，以及學校的一、二位老師以外，其他人都不知道這件事。這樣的「神祕學生」經歷，倒也是一段頗有意思的生活。

大概是 1973 年 5 月，我忽然收到臺灣《聯合報》負責跑外交新聞的記者鍾榮吉先生（他後來出任中華民國立法院的副院長）的一封信。他在信中表示，聽說我這位大使在當學生，攻讀英美文學。而這個消息很有報導的價值，他也希望知道我如何勤學英文、有何祕訣，問我能否准許他就此事寫個專訪報導。我的第一反應是不需要，根本不需要，免得國內議論紛紛，認為我「不務正業」，搞不好還要牽扯到外交部。

　　於是，我就抽空寫了一封相當長的復信，大概有六七頁。我寫道，接到這封信是個意外；但雖然是個意外，卻是一個很愉快的意外，孤身遠處海外，忽然接到國內友人來信，非常欣慰。我還說，經常拜讀他的文章，也的確記得他常到外交部非洲司、新聞文化司採訪新聞，十分勤奮敬業。當然，我也對他表示了謝意，感謝他對我業餘進修的讚美和鼓勵。

　　我接著寫道，業餘讀書其實是件很普通、很自然的事情，其動機和目標說起來很簡單，就是追求知識和鍛鍊自己的意志而已。俗語講，活到老，學到老。孔夫子也曾講過「學然後知不足」，也就是說學習之後，才知道自己此前知識的貧乏。英美文學是個巨大的寶藏，一個人就算窮其一生，始終兢兢業業地學習，也很難真正地悟其精粹。我曾經在學生時代讀過幾部英美文學名著，但是要進一步研讀，達到真正的欣賞，就是另一個層次了。

　　文學欣賞作為一種專門學科，有其自身的方法和根據。就我的英語水準來說，能夠達到普通的應酬談話，看看報章雜誌，寫寫公文，做個報告，這在外交工作而言已經夠了。可是，若要進入文學領域，那又是一種境界。這樣，我就感到自己知識的貧乏，這也是我為什麼在業餘時間進修英美文學的第一個動機，亦即「求知」。

　　另一方面，這也是一種意志的鍛鍊。生命是永恆的鬥爭，人生的每一件小事都是一個小小的鬥爭，是打一場小仗。以讀書為例，當強迫自己在限定的時間之內讀完一本書，比如是一本文學名著，我們總是會有一種打贏了一個「小勝仗」似的滿足感。我已經五十多歲了，想看看自己這把「刀」有未生鏽，還能不能跟年輕人在同一課堂上一爭短長。這就相當於自己在挑戰自己，自己給自己出難題。這即是鍛鍊意志的方法。

　　這幾年來，我每天早晨六七點鐘起床。由於早課在 7 點鐘就開始了，所以如果有早課，我就在辦公之前聽早課。而晚課則在晚上 8 時到 10 時，那麼，若逢晚課，我就匆匆忙忙地吃點簡單的晚餐，就去上課了。就這樣，我早出晚歸，風雨無阻。週末的時候，在家裡閉門讀書，過得像苦行僧一樣。但是，我發現自己的記憶力還沒有衰退，學習知識的能力也沒有飽和，而求知的興趣卻越來越旺盛，求知所得的樂趣也不斷增長。因此，當我這個大使去當學生的時候，既沒有自卑感，也沒有自豪感。

　　事實上，我們每個人每天都在學習，只是並沒有意識到而已。不管學習的方式怎樣，我們應當抱著終身當學生的態度。學習的方式可以是有形的，也可以是無形的。正式報名、上學、聽課、參加考試，這就是一個有形的學生。而無形的則太多了。為了滿足自身對其他事物的好奇，我們可以學習任何事，可以就此請教任何人。因此，孔夫子講「三人行必有我師」，就是說每個人都可以教給你新的知識。以大使館的司機來說，他會開車，駕車技術很高，我就可以向他請教關於駕車方面的知識。人人可以做老師，這是不分社會階級高低的。所以，我對「虛懷若谷」的解釋，除了其「胸懷寬廣，猶如山谷」的本意外，還可以引申為「要像寬大山谷一樣，容納得下無數的新知識」。

　　在當地，知道我在阿比尚大學進修的人很少，知道此事的人既對我很欽佩，又對我的行為感到很奇怪。他們認為，我已經取得了巴黎大學的博士學位，怎麼還念阿比尚大學的一個「學士」學位。我跟他們提到了前面求知和挑戰自己的觀點，另外還加上了兩個理由：一是作為留駐象牙海岸的紀念，將來回憶起來，這也是一段很有意思的經歷；二是我與年輕的學生接觸，能使自己的心態也更為年輕，自然，生活也就更有活力和更有意義了。

　　阿比尚大學是一所綜合性大學，除了文學院，還有醫學院、法學院、經濟學院、理工學院等。文學院包括德國文學、法國文學和英美文學。我報考的就是文學院的英美文學系。阿比尚大學的制度是法國式的，教授中除了少數是有學問的非洲人士外，大部分是法國籍人士，此外，也有專門從英國、美國或加拿大聘來的教授。作為法國對外技術援助的一種方式，阿比尚大學的經費和教授薪資都由法國政府負擔。從這個意義上來說，阿比尚大學雖然位於非洲的象牙海岸，但實際上卻相當於法國的海外學校。文學院的教授們雖然看起來都很年輕，但是他們的學問卻並不含糊，而且往往出乎我的意料之外。他們都能操英國牛津或劍橋口音，講一口流利的英語。當我剛入學時，私下有些輕視這些年輕教授。後來參加了筆試、口試，看到他們所出的題目後，才知道這些老師其實很不簡單。於是，我立即改變態度，加倍努力地學習起來，再也不敢稍存輕視之心。也幸虧我及時修正了自己的心態，認真地埋頭努力，最終才未被淘汰。否則，說不定倒是我自己被我所「看不起」的人「看不起」了呢！

　　至於方才提到的英國劍橋大學的英語專修文憑，則是劍橋大學的三種英語考試之一。參加的人不限年齡，也不限國籍。這是專門為外國人設立的文憑，英國人不能參加，所以參加的都是外國研究英文的學生。該考試每年舉行兩次，分別在 6 月和 12 月。每次考試的科目不同，但是可以分為四類：一是英國文學，二是英語，三是翻譯，四是口試。文學方面必修、必考的包括：莎士比亞的作品，以及 17、18、19 世紀及近代的文學小說、詩歌等。英語方面包括：撰寫論文 (essay)、答問、英國專門的「摘要」(Précis)、瞭解、欣賞和文化。翻譯方面則是英法互譯或是其他語言與英文的互譯。口試包括：聽寫 (dictation)、會話、辯論和朗讀。其中，口試 1 小時，其他三項是筆

試，每項 3 小時。劍橋大學的英語專修文憑分為中級、高級和特級三級。我參加的是高級。特級是最難的，參加報考的人也最少。特級考試除了口試外，還有 8 張試卷，每張 3 小時，包括英國的古代文學，以及幾乎每個世紀的代表作，範圍涉及戲劇、小說、詩歌。校方規定，要想參加特級考試，必須先獲得高級文憑（就是我參加報考的那個課程），而且要在獲得這個文憑兩年之後，才有資格報考特級文憑 (Cambridge Diploma of English Studies)。我在給鍾先生的信中提到，假如時間與精力許可，我很想試一試。但是，自那時至今的數十年中，我再也沒有時間去繼續進修。於是，這也只好作為一種良好願望，終生保存了。

這些文憑並沒有學位，但是由於是劍橋大學主辦的，所以校方抱著寧缺毋濫的態度，辦得很認真。因此，這個文憑也具有相當的學術地位。我在信中告訴鍾先生，從中學開始，我進修的外語就是法文，之後又留學法國，後來工作的國家也都屬於法語系，所以一直沒有機會好好學習英語。為了彌補這一短處與缺陷，我才充分利用了這一學習兼進修的機會。

我每天收聽美國之音、BBC 等，再讀讀英文的書報，用英文寫寫日記。自己獲得那張劍橋大學的英語文憑，雖然提到「精通」(Proficiency)，但實際上離精通還很遠。國內英語高手很多，很想有機會跟他們請教。

幾十年後，20 世紀 90 年代，我在英文《中國郵報》(China Post)、英文《中國日報》、《遠東經濟評論》、《亞洲華爾街日報》等報紙上，用英文撰寫了上百篇社論或專欄，也算是自己數十年來不斷研讀英文的一張成績單吧。當然，我現在看英文報的時候，還是很仔細，碰到不認識的詞、難念的詞，我一定要查字典，一定要打破沙鍋問到底。現

在，我居住在澳大利亞。澳大利亞的英語又不同於英國和美國的英語，有很多詞是澳大利亞英語所特有的，因此我還經常上網去查看，這樣才能睡得著覺，吃得下飯。

作為一位外交公職人員，我認為，除了做好自己的本職工作外，還需要做一些開拓性的工作。文字的靈活運用，是開展開拓性工作的最佳工具。《聯合報》1970 年 3 月 19 日的社論，曾經談到「士而優則學」這個道理。我本人認為不管優或不優均需要學，要養成隨時隨地學習的態度。這不僅僅是因為開卷有益，能夠滿足求知欲，能夠充實自己，還因為學習可以鍛煉意志，陶冶性情。有這麼多好處，那麼，犧牲一點娛樂、消遣、聊天、吃飯、睡眠的時間，以及週末的休息，何樂而不為呢？

我在給鍾先生的復函中最後寫道：不知您對我寫的內容是否感到滿意？不過我主要希望能夠提起您學習英語或者其他任何技能的興趣。我認為，這是一種生活的藝術。可是我無意沽名釣譽——意思是我不想讓你登報報導這件事——這封信只供您個人參考。如果這封信能夠對您的進修有些幫助，那我就很高興、很滿足了。如果您對學英文有興趣的話，儘管寫信來問，我一定很高興奉告。落款「芮正皋敬啟，1973 年 5 月 19 日燈下」。

這位鍾先生現任臺灣立法院副院長，有著很高的社會地位。當然我不能說我寫給他的這封信會對他產生什麼影響。不過，從他來信所表達的好學、求知、努力向上、自我提升的精神和態度來看，他今天能有很高的社會地位，相信並非事出偶然。我為他高興，也感到欣慰。我在數十年後重提此事，是因為我的「大使學生」經歷，不僅給自己帶來了知識和樂趣，似乎也為他人提供了某些有益的啟示和實際的得益。看來並不是毫無意義的事情。

終止與象牙海岸長達 15 年的外交關係

　　1971 年 10 月，中華民國從聯合國退出以後，象牙海岸的部分政界人士的態度開始有所轉變。至 1975 年 4 月，我們獲得的情報顯示，他們在計畫與中華人民共和國建立邦交關係的活動。象牙海岸的政黨體制是一黨專政，始終由民主黨執政。本國政府的一切重要事件，多是經過政治局討論後，再交付政府的內閣會議執行。民主黨每隔五年舉行一次全會，時間多在 10 月份。而總統的任期也是五年，通常是黨在全會之後舉行總統大選。因此，舉行民主黨的全會是象牙海岸的一件舉國大事。

　　1975 年，也就是在我國退出聯合國之後的約四年，即 1975 年的 4 月間，象牙海岸的執政黨預定舉行第六屆大會。同月，有一位專向我們提供情報的朋友（姑稱之為 P 先生）來大使館密報，說是象國政府將在民主黨全會的前後，與中共建立邦交關係。我想，如今是 4 月，則距預期的民主黨 10 月全會還有半年時間，故此事差不多是「迫在眉睫」了，我方對此消息必須予以高度重視，寧可信其有，不可信其無。再把此一消息徵諸近期所發生的一系列現象，更覺得該國背我親共的可能性很大了：例如，我們本來邀請象國政要訪華的行程一再拖延；而我國交通部長高玉樹原定訪問象牙海岸的計畫，也被對方要求延期。象牙海岸政府的這類敷衍和拖延的作法，再加上 P 君所傳的消息，幾乎可以斷定是一個「不吉預兆」。而此時又恰逢我國總統蔣介石去世，正所謂「內外交迫」，我心情的沉重程度可想而知了。

　　我考慮到，我們在象牙海岸有許多友好人士，歷年來，相互之間

的友誼關係都還不錯，或許我可以運用這些私人關係，作些積極的工作。於是，我擬了一張拜會名單，大部分是民主黨政治局的委員或政府部長；我打算對他們展開地毯式的逐一拜訪，一方面探聽動靜，摸摸「底牌」，另一方面則展開遊說，使之支持中華民國。當然，我的重點是象牙海岸總統的所有親信和親近人員，尤其政治局的委員們。希望一旦本案提交政治局討論，那些朋友能夠儘量為我國講話，以阻止與中共建交的議案獲得通過。

所以，從 1975 年 4 月開始一直到 9 月的將近半年之內，我幾乎拜訪了所有的政治局委員及總統的親信。並且，我還在 4 月 21 日寫了一封長信給象牙海岸總統，對若干問題一一加以澄清、解釋。這些問題包括:「蔣介石逝世後臺北方面的政策會有什麼變動」,「中美關係是否不變」,「我方會不會與中共協議妥協」,「中共會不會武力犯臺」等。另外，還附了一些中共參加越北戰爭的資料，一併提交象國總統參考。當然，免不了要說些「請總統繼續給予我國道義上的支援是一個具有高度智慧的政策」之類的讚揚話。

這一連串拜訪、遊說後獲得的印象與資訊，大致可以歸納為以下幾點。第一，執政黨裡邊比較年輕的官員確實存在著與中共締交的願望。第二，執政黨的全會議題裡確實有一個與中共建交的議題。第三，若干政要鑑於以前象牙海岸曾與蘇俄建交，後來卻因蘇俄干預其內政而終止對蘇邦交的歷史教訓，認為依照邏輯而言，應該先與蘇聯恢復邦交，然後再考慮承認中共、與之建交的問題。第四，象牙海岸總統兼任執政黨主席，凡是重大案件的最後決定，當然都取決於總統；而他則認為象牙海岸與中共建交的時機尚未成熟。第五，但是，象牙海岸外交部的中、下級官員卻已經在為日後處理本國與我國的技術問題而預先作準備了。

綜合上述情報以及我的個人判斷後，我一方面以極機密的方式來處理本案，預防消息外露，徒然引起農耕隊跟僑界的紛擾；另一方面則請求對我們友好的國會議員、國務部長、司法部長、最高法院院長、副院長，以及總統的親信，甚至親戚，包括對總統很有影響力的總統的長姊費戴夫人、總統顧問貝拉博士 (Dr. Berrah) 等多人，利用各種機會，影響象牙海岸黨和政府對於「親共疏臺」案的態度，特別是努力影響象國總統的態度。

1975 年的 5 月 15 日，我給臺北外交部發了一份電報，大概說明這一情況。記得我在最後一段說道：我的個人感覺是，「此事似乎不致立即發生」。（我 1975 年的判斷。徵諸事後的發展尚屬正確。）

兩天之後，即 5 月 17 日，我拜會了國務部長艾克拉 (Mathieu Ekra)，他是民主黨的資深政要，頗有發言權。他說道，以目前來講，站在象牙海岸的立場而言，與中華民國維持關係比較有利，沒有必要改變現狀。至於討論象牙海岸與中共建交的問題，只不過是本黨的例行議題，並非始於今日；故儘經常討論，卻未必會決定付諸實施。

5 月 19 日，我又會晤了與國會議長兼黨部祕書長雅賽 (Philippe Yace) 很親近的一個人（姑稱之為 C 君），他也是我們官邸的鄰居。C 君拿出一份複印的密件給我看，是為執行黨全會第一委員會油印的一張議程。第一個議題是如何改善與南非的關係。第二個議題就是承認中共政權所應採取的步驟。不過，原來「與北京建交」的文字卻被手寫的字劃去了，而改為「與共產國家建立關係的探討」——建交對象的「獨特性」改為「一般性」。據這位 C 君密告，這些議題並非是象牙海岸總統和黨部祕書長雅賽議長所交代下來的，而是由執政黨政治局的外圍組織，所謂黨指導委員會中間的若干青年幹部提出來的；至於手跡的修改者則是政治局。這個密件似乎顯示，我一個多月來的奔

走、遊說，好像起了一點「作用」、有了點「成效」。這一猜測從以下兩位政要的談話中獲得了證實。

1975 年 6 月 10 日上午，我拜會了對我們相當友好的外交部長俞舍 (Arsene Assouan Usher)。他對我談了以下幾點：㈠黨部主要討論與東歐共黨國家建交的問題；㈡象牙海岸與中華民國合作的友誼，對他們十分重要，不能輕言放棄；㈢在與中共建立關係方面，象牙海岸不採取主動地位；㈣象牙海岸與中共的建交並沒有這麼迫切的需要，並且，從邏輯上而言，應該是先與蘇俄復交；㈤象牙海岸倒是生怕美國改變對中華民國的態度；㈥中華民國為了爭取自由，推行民主的生活方式，我們應當予以維護。

6 月 23 日，象牙海岸的國會議長兼執政黨祕書長雅賽到我的官舍來看我，我們大概談了 40 分鐘。他主要是關心蔣介石總統逝世之後，我們國內的情形會有什麼變化。我就告訴他，蔣經國院長出任國民黨的主席，得到大家的熱烈擁護，而人望則是一個十分重要的穩定因素。因此，國內的政治非常安定，經濟繁榮，民心也比較穩定，對政府充滿信心。此外，由於高棉、越南先後淪陷，故臺灣的軍事戰略地位顯得更加重要，從而，中美關係也相應地會更為密切。

談到共產黨的時候，國會議長雅賽說，象牙海岸過去曾與法國共產黨打過交道，後來與蘇俄建交後，又遭他們干涉內政，故象牙海岸對於和共黨政權交往頗具戒心及顧忌。雅賽議長說，跟中共建交的事，並沒有列入黨大會的議程。儘管黨委中若干年輕官員對中共存有幻想，可是他們還是希望跟中華民國能夠繼續維持友好關係和農技合作關係。假如這些青年人在黨大會上提出與中共締交的建議，將不致獲得大多數人的支持。因為在邏輯上講，象牙海岸既然主張中立，就不能單獨與中共建交，而必須同時和蘇俄復交。然而，象牙海岸對於和蘇

聯復交之議根本上還未予以考慮，因此目前也就談不上與中共建交。此外，象牙海岸政府很重視與中華民國的友誼，希望與之繼續維持並加強友好關係云云。

雅賽議長是執政黨的祕書長，他講的話應當是具有權威性和代表性的。所以考慮到以上兩位政要的談話，我便認為，象牙海岸不至於馬上和中共政權建立邦交關係。不過，我也不能過於樂觀，還得繼續提高警覺，努力活動。

7月7日，我在總統府的好朋友貝拉博士密告，主張將承認中共政權之議題列入黨的全會議程的，原來不是別人而是工業局長古孟(Yao Kouman)。我覺得頗為意外，因為這位工業局長不久前還曾訪問過臺北，對我的態度也很友好，我們還是同樓辦公的上下鄰居（他在2樓我在7樓）。於是，我委託我的好友「情報員」P君再去打聽。隔了幾天，P君告訴我，與中共締交的提案確是由工業局長古孟提出來的，但是在政治局並沒有得到大家的支持。政治局組織了一個八人起草小組，將原來「明年與北京中國締交」的字樣修改為「與一般共產國家建立關係的探討」，因此淡化了「親共疏我」的問題。

儘管如此，我仍然覺得有必要與工業局長古孟個人作番交流。當時，他剛好在國外公幹，所以我等他回國後，在8月14日拜訪了他。這位政治局委員兼工業局局長在開初時有些尷尬，他不敢承認，推說是黨部中另有人主張列入討論。不過他解釋道，這個舉動不能被認為是對中華民國不友好，而是僅僅反映和表達了象牙海岸在國際社會中並不漠視代表7億人口（那時中國大陸的人口為7億）國家的存在而已。而且，政治局中多數人都認為以維持與中華民國的友好關係為前提，目前對承認中共並無迫切的需要。我見他並沒有「意識形態」方面的想法，對於我國政府也沒有敵意，也就比較平和地向他作了詳細

分析，希望淡化或化解他與中共建交的想法。

經過幾個月來與象牙海岸執政階層的頻繁接觸和遊說，該國與中共建交的問題似乎緩和了下來，原先緊張的氣氛也趨於鬆弛了。總統府的好朋友貝拉博士也認為，「與中共建交問題」的風暴業已過去了。

同年 10 月 11 日，象牙海岸外交部召開使節會議，當時象牙海岸駐聯合國大使阿蓋，曾經主張承認中共並建立邦交的阿蓋，也從聯合國任所回國，參加這個會議。他在會議中的確也提出了他在聯合國的看法，即應當順應潮流，與中共建立外交關係。但是在使節會議中，這一說法卻遭到了象牙海岸駐東京兼駐臺北的高飛 (Nelson Pierre Coffi) 大使及外交部長俞舍兩人的聯合反對。因此使得象國駐聯合國代表阿蓋的主張和建議沒有在使節會議中獲得通過。

10 月底，象國執政黨第六屆大會全會閉幕，並沒有通過任何對中華民國不利的決定。這場風暴終於暫告平息。事後我暗自慶幸：由於我的「情報網」部署適當、消息比較靈通，在 6 個月前就聽到風聲，使得我有充分時間採取行動，展開地毯式的遊說活動，及時遏阻了一場風暴。自始至終，我都以極機密的方式處理此事。大使館裡只有我、黃允哲參事及譯電員趙修齊總共三人知道內情。館中的其他同仁，及經濟參事處、新聞參事處以及農耕隊、僑界人士，都被蒙在鼓裡，根本不知道曾經發生過這麼一件大事。臺北外交部方面也非常保密，所以臺灣的新聞界也沒有得到任何消息。所以，這是我與黃、趙兩位同仁在漫長的半年多時間內，沉著應付、暗中運作、保密到家，經過艱苦努力才取得這個績效。當然，我們不能就此鬆懈，因為這個問題始終存在，隨時可能再度發生。上述譯電員趙修齊兄於任滿返部不久後不幸因病亡故，參事黃允哲兄則於返國後，先後出任行政院第二組組長、駐中非大使、駐瑞士代表、駐塞內加爾大使等職。

象牙海岸第六屆執政黨全會舉行後不久，「與中共建交」的謠傳還是陸續不斷，紛紛宣稱象牙海岸與臺北的關係即將有變的「風聲」。因此，我一方面建議政府加強與象牙海岸的農技合作，另一方面則想辦法邀請關鍵的政要、重要的官員訪問我國。此外，即是隨時探聽消息，密切注意駐在國政府的每一個動態，再向我國外交部報喜、報憂。就這樣，在這種經常性的精神壓力下，我背負起了一個重擔。

在上述的氣氛和環境煎熬下，我又繼續在象牙海岸度過了幾年，這幾年可說是「度日如年」。儘管外表看來，好像並無風波，但是，我可以明顯地感覺到，象牙海岸政府對於我國態度日趨冷淡。若干政要，譬如象牙海岸大學的校長、好幾位部長都擱置了原定訪問臺北的計畫。1977 年 3 月，象牙海岸國會副議長 O 君 (Maurice Oulate) 本來已經接受了臺北的邀請，也忽然奉到總統的命令，臨時取消了臺北訪問。這一切使我格為提高警覺。

1977 年 3 月 18 日，我拜訪了國會議長兼執政黨祕書長雅賽，問起這件事：象牙海岸總統的這個舉措是否意味著一項政治行動，是一種政策的轉變？是否是逐漸疏遠中華民國的一個前奏？對此，貴議長應如何解釋？他答道：象牙海岸目前在聯合國裡好像是與臺北有外交關係的唯一非洲國家，因此深感處境孤獨，國際間的壓力很大，不能為國際間所瞭解，國內也時常遭受主張與中共締交的青年官員的壓力。總統為了繼續與臺北維持邦交，遂在表面上不得不稍為收斂，以免激化不同觀點的爭論，從而使得事情更加複雜。1975 年，民主黨第六屆全會的議題，本來有與中共締交的項目，他（雅賽本人）與總統兩人好不容易才使得政治局八人小組把這個議題作了修改。預料下屆的全會（正常的話，在 1980 年舉行）上，這個議題可能又要提出來。他個人希望國際的局勢能夠轉變，變得對臺北有利，使得象牙海岸不至於

重演與以色列斷交的痛苦。

我告訴他說：象牙海岸並不是非洲唯一與我國維持邦交的國家。我還列舉了中華民國在國際上並沒有完全孤立的種種事實，並且告訴他，臺北和美國的關係還是密切友好的。雅賽聽了，表示出比較寬慰的樣子，但是，對於國際間的各種氣氛是否很融合，還是深表擔憂。他說道，不久以前，賴比瑞亞與中共建交一事，對於象牙海岸構成了不小的衝擊，只是沒有產生直接和即時的影響而已。

1977 年 7 月，也就是我與雅賽議長談話的四個月後，事情發生了變化，象國政府改組了。原來駐聯合國常任代表的阿蓋大使，回國出任外交部長。而自從 1971 年中華民國退出聯合國之後，阿蓋對於「中國」的態度便逐漸轉變，在使節會議和第六屆全會上，他都曾公開主張象牙海岸與中共建交。

上文曾談及，我與阿蓋是在 1963 年認識的。當時，我國前外交部長沈昌煥訪問象牙海岸，與之建交，阿蓋時任象國外交部的禮賓司長。那時，我見他相貌不凡，還曾建議沈昌煥部長臨時也給他頒贈了一枚領綬勳章。後來，他調升駐英大使，再從駐英大使調到聯合國任常任代表，地位更為重要。我又建議我國政府除原來頒給他的景星領綬勳章外，另外再加授他一枚「景星大綬勳章」，由我親自代表蔣總統頒授。因而我每次去聯合國遊說的時候，與阿蓋一直合作無間、極為默契。

阿蓋在 1977 年正式出任象牙海岸外交部長，這即是象牙海岸與中華民國關係的轉振點。自此開始，兩國關係朝著「冷凍」方向發展，以至最終導致兩國邦交的終止。我當時運用了各種關係，使用了各種方法，提出各種建議，以加強兩國的關係，縮小兩國的分歧，淡化兩國的矛盾，其中包括擴大農機合作，甚至建議政府推動兩國合作勘探石油但未被政府所接受等計畫，可謂是使出了「渾身解數」。

　　我對象牙海岸總統的所有親信，包括他的兩位有影響力的姊姊和其他親戚，都儘量結交。另一方面，也絲毫不敢忽視阿蓋的一切有關行動以及我們與他的關係。他早就在著手「疏臺北親北京」計謀的準備工作。他也知道我在象牙海岸有不少朋友，消息比較靈通；同時，他明白此事的最主要阻力來自象牙海岸總統本人，所以一定先要說服總統。但是，要說服總統並非易事，因為總統是一個非常重視道義，同時又是一個十分自信的人。

　　不過，一個「晴天霹靂」，亦即我國高層近年來最擔心的事情發生了。這一「霹靂」便是美利堅合眾國與中華人民共和國於 1979 年 1 月 1 日起正式建立外交關係；而中華民國也就被迫與美國斷交了！這一事件的連鎖反應，便是對我國與象牙海岸的關係惡化產生了決定性的影響。

　　就在我國與美國斷交的第二天，外交部發來電報，告知「中美斷交」消息，訓令我儘速通知象方。我在早上 8 點半，來不及通過禮賓司安排，就直接趕到位於阿比尚市科科迪區 (Cocody) 的總統官邸。我直闖進去請侍衛立即通報總統，說有緊急事要晉見他。5 分鐘之後，總統出來了。我就把中華民國已與美國斷交的事情告訴了他。象國總統說：「我早預料美國人靠不住，你們當年退出聯合國，不也是由於美國國務卿基辛格祕密訪問了中國大陸而導致的嗎?但我們是主權國家，我們有自己的主張，不會立即跟著美國走。但是，美國人畢竟為我們製造了困擾與麻煩，使得我們的處境更加困難了。目前，我們絲毫沒有與貴國變更關係的意思；假如有所變化，我會通知閣下的。」我聽到這番話，知道這是在當前形勢下，我所能得到的「最好」答復了，於是就告辭離開，趕緊報告外交部。

　　當然，我知道象牙海岸的執政黨將在 1980 年舉行第七屆全會，而在此會議上，「親共疏臺」的議案肯定會被再度提出。其結果如何？是

令人十分擔心的。不過,在提心吊膽了一陣子之後,總算又度過了一「劫」:象牙海岸執政黨第七屆全會經過一番部署後,並未提出任何對我國明顯不利的提案,只是最後決定了一個廣泛性的原則——「象牙海岸應該繼續拓展對外關係」——卻未明言與哪些國家「拓展關係」。

但是,根據我的情報,象牙海岸外交部長阿蓋則仍在暗暗地推進他的「建交」計畫。他抓住會見總統的每一個機會,用他自以為很有力的一套「理論」來勸總統接納中共,不斷地給他洗腦。阿蓋的這些動作,後來都相繼獲得證實。

1981 年 12 月 2 日,我的好朋友,象牙海岸總統顧問貝拉博士(他剛從美國出席聯合國大會返來)向我透露了一個內幕消息:當年 10 月間在墨西哥舉行南北會談時,阿蓋曾經刻意安排利用象國總統出席南北會談期間,讓象國總統與中共外長黃華見面,以促成象牙海岸與中共政權簽署相互承認的公報。幸虧總統當時似有預感似的推諉不參加這個會議,所以阿蓋的計畫當時無法得逞。顯然,象牙海岸與我國的關係越來越走向「分手階段」了。

1982 年 9 月,象牙海岸與我國之間的關係急轉直下,發展到了最後攤牌的境地。這是因為外交部長阿蓋對總統不斷地灌輸其「理論」,逐步增加「壓力」;另一方面,總統已達 77 歲高齡,精力、體力開始衰退,道德勇氣也已不如以前那麼堅強了。所以,阿蓋的說辭使他開始動搖了。

到了 9 月中旬,象牙海岸方面明確向我方表示,將要承認中共。象國總統致函我國總統蔣經國,用客氣的口吻說明瞭這個意思,看來,基本趨勢已經無法挽回了。信函簽署的日期是 1982 年 9 月 18 日,使用的語言為法文,今附其來信,中譯如下:

象牙海岸共和國總統 用箋

阿比尚 1982 年 9 月 18 日

中華民國 蔣經國總統閣下

總統先生閣下：

象牙海岸共和國自獨立以來與中華民國間所維繫的忠誠友好及合作無間的關係獲得了普遍的重視。

中華民國在發展經濟方面對象牙海岸所提供的有效協助，受到了象牙海岸全國人民與政府及本人的激賞。本人對此深表感謝。本人特別要對 總統閣下表達衷心感激之忱的，是關於中華民國在協助象牙海岸經濟開發方面所提供的技術援助人員們的卓越貢獻。本人對他們在推廣水稻種植工作時所顯示的剛毅果敢、忠誠敬業的精神尤其欽佩不已。

可是，由於近年來國際情勢的重大變化，就客觀而論，確使吾人省思，兩國間此種始終不渝的外交法律關係是否再能繼續維持。基於上述觀點，本人謹奉告 總統閣下，吾人近期內將謀致象牙海岸共和國與中華人民共和國兩國關係正常化的實現。本人竭誠希望 總統閣下瞭解此一決定純係基於國際政治因素的考慮，至望貴國所派技術人員仍能繼續參與象牙海岸的開發工作。相信總統閣下基於兩國一貫的友誼能瞭解此一決定。本人謹在此重申對 總統閣下的景仰之忱並致達最崇高的敬意。

菲利克斯·伍弗布尼（簽名）

　　這封信經由大使館轉呈，顯然，我知道自己告別象牙海岸的日子即將來臨，但是，在一切消息公佈之前，我仍得在表面上向公眾展示「若無其事」的樣子。

　　10 月初，國內還有人來象國訪問。中華工程公司的董事長陳宗文來視察業務；還有中國文化大學教授鄭向恒女士，她也就是 1964 年我國赴非文化團裡的團員之一，經由我的安排，應象牙海岸國家電臺的邀請，帶著她的古箏、琵琶，主持了一個持續 6 小時的介紹中國文化的節目。演出當然非常成功，我也不能不一起全程參與助興，以加強效果，在電視觀眾前面表演了書寫毛筆字的節目。我寫了「中象友誼萬歲」幾個字，並向電視觀眾解釋這些字的意義。但是，當時的觀眾中有幾個人知道我的苦澀心情，以及理解我寫這幾個字的用意呢？這些天來，我國外交部與大使館之間的往返機密電報特別多，可是我對外界卻沒有透露絲毫消息。為了不引起大家的困擾，我照常陪著來自臺北的訪賓到處拜會、應酬，不露聲色。只有等他們節目完了，才單槍匹馬趕回大使館，挑燈夜戰，從深夜乃至黎明時分，處理臺北外交部來往的密件、復電、及情況報告等。

　　3 月 2 日，象牙海岸與中華民國正式終止外交關係。最後幾個月的事實和一些細節，由於保密制度的原因（外交事實一般要 30 年後才可以公佈），所以暫時只能略而不談了。在此，作一簡單的敘述：象牙海岸外交部長阿蓋對象國總統日積月累的「洗腦」工作，水滴石穿，終於使之讓步，接受了「建交」之議；當然，這是以極機密的方式進行的，甚至阿蓋沒讓第三個人知道。最後，阿蓋外長使出「怪招」，在 1983 年 2 月底單獨祕密赴北京，並於 3 月 1 日在北京發表承認中共並與之建交的聯合聲明。這樣的作法也是故意設計的，因為阿蓋深知，如在象國境內宣佈此事，必將受到阻撓。他明知我在象國政府有很多

朋友，所以故意跳過象國政治局討論的正常程序，以防打草驚蛇和友我的異見官員的反對，而是隻身跑到北京去，在那裡發佈聯合公報，以造成「既成事實」。我外交部接獲消息後，立即指令我在 3 月 2 日前赴象牙海岸外交部，先口頭表達我國政府的遺憾。然後，在 3 月 3 日再偕同酈以貴祕書赴象牙海岸外交部，向代理外交部部務的辦公廳主任莫以斯 (Moise) 大使當面遞書面的抗議及我方主動終止中象外交關係決定的節略，表達了我國的不滿和遺憾。莫以斯大使的態度倒是很好，他表示諒解。他知道我是奉命辦事，他友好地表示對我們撤館的事情，會儘量給予方便，並繼續給我們應有的外交禮遇。

3 月 14 日，象牙海岸總統特地約見了我。見面時，他主動往前與我擁抱。他說道：閣下駐象牙海岸這麼多年，如今不得不離去，他感到很遺憾。但是，相信臺北方面能夠諒解他不得不採取這個不愉快決定的苦衷，相信彼此的友誼將永遠存在，絕不受這個事件的影響。他對於我方堅持要撤退農耕隊表示理解，並且聲稱，假如農技人員自願以私人名義留在象牙海岸，而且我們不予反對，那麼他會特別照顧他們的工作、生活的。至於其他旅象的華僑，可以繼續在此安居樂業，享受充分的自由，並受到保護和公平的待遇。

我則要求雙方互相尊重，給予對方護照簽證的便利。我特別為遠東企業集團總裁徐旭東提出，希望讓象牙海岸原先派設駐臺北的名譽領事機構繼續留駐，仍由遠企集團總裁徐旭東留任為象國「名譽領事」，不要撤銷，因為到非洲來的許多我國商人或其他個人，都須過境象牙海岸轉機，讓徐旭東名譽領事繼續留任核發赴象簽證事務，將有助於兩國間及非洲各國人民的交往。象國總統很爽快地答應了我的請求。

這時，旁邊的侍者敬上香檳，他就舉杯，深有感觸地回憶起這二

十年來兩國的交往過程（1963 年到 1983 年）。他說道，他還記得二十年前，差不多也就是在這個季節，我們兩人在上伏塔的首都瓦加杜古舉行「非馬聯盟」會議期間時會晤、討論象牙海岸與我國建交的情境。此後，他讓工作人員拿來自己的相片，並親筆題了幾個法文字，意思是「深刻的友誼，深刻的同情」，並簽了名。象國總統還表示，儘管如今形成了這種局面，但仍然希望我今後隨時來象牙海岸訪問。當他知道我在幾天之內就要撤離象牙海岸的消息後，覺得奇怪。他說道：「我們並沒有要催你早走啊，我們一定要等你們離開之後，再告訴中共方面派人來。所以，你儘管從容些，沒有問題啊。」我解釋道，說這是外交部的訓令，不能不遵守，所以我還是要如期離開象牙海岸。最後，我們彼此互道珍重、擁抱後分手。

這就是我在象牙海岸出任大使長達 15 年的最後一段經歷。曾經有人問我：「一般的外交官通常都是兩三年換一任，你怎麼會待了 15 年？」我不由得一楞，因為我自己卻從來沒有認真考慮過這個問題，於是略一思索後，勉強湊了個「理由」應對，算是作為答復：「為什麼待這麼久？不簡單，要具備三個條件呢。第一，派遣國政府希望你留下；第二，駐在國政府需要你或者歡迎你留下；第三，你自己本人願意留下。有此『三要』，才能留這麼久，而對我而言，則每一條都是滿分呢！」那人聽了，先是點點頭，接著又搖搖頭，顯然似懂非懂，離開了。

就這樣，由我一手促成的中象締交的成果在歷時二十年後，又在我自己手中丟失了，這當然是我最不願看到的結果，卻也是無可奈何的事實。我在 1968 年 9 月正式擔任我國駐象牙海岸大使之前，還在非洲的其他國家當了 8 年的外交官，因此，在非洲總共待了 23 年；儘管人生最富工作活力的「黃金時代」中的至少一半時間都在非洲度過，但是我卻並不後悔，也無太多的遺憾，因為我已經盡力了！在此借用

《聖經・提摩太後書》五章，7～8 節的話作為本篇的結語：「那美好的仗我已經打過了，當跑的路已跑盡了，所信的道已守住了……」

駐非前後 23 年、總結 11 個字：「往來無白丁，儘是騷人墨客」

我在非洲駐節，前後達 23 年，相繼擔任過駐馬利 (Mali)、薩伊 (Zaire)、甘比亞 (Gambia)、布吉納法索（Burkina Faso，原名上伏塔，Upper Volta）、科特迪瓦（Côte d'Ivoire，原名象牙海岸，Ivory Coast）等國的外交使節；其中，在象牙海岸的時間特長，共 15 年，也算是創下某種「紀錄」了。

在非洲工作，日常接觸的自然多為形形色色的黑膚色者。對於我們亞洲的黃膚色人或歐美的白膚色人來說，非洲黑膚色人的外貌與長相，難免會引起相當的注意，甚至興趣。我便是如此，特別是初赴非洲的那些年頭，更有些不太習慣那裡的生活環境，從而對周圍的人物不免多加留意，乃至暗自評頭品足。

說實話，當時雖然不敢稍生絲毫「種族歧視」之心，但對於那麼黝黑的皮膚，卻總是喜愛不起來，總覺得視覺上不太舒適。但是，由於和我頻繁交往的，多為上流社會的人士，上至總統、總理，部長、司長，下及社會名流、學界精英，他們莫不風度翩翩，彬彬有禮，談吐斯文，善解人意，有的更是滿腹經綸，令人折服。因此，對於這樣的「黑人」，我倒是越來越增加了好感，逐漸地，頗有「欽佩」之感了。

大概正因為有了這樣的「情感背景」，我有一天偶然默誦唐人劉禹錫的〈陋室銘〉，念到「談笑有鴻儒，往來無白丁」句時，猛然想到，

這豈非正是描繪我目前的狀況？蓋因如今與我「談笑」的，確是多有「鴻儒」，而他們卻肯定都不是「白」丁──膚色皆黑也！那麼，用這「非白丁」來指稱我的這些非洲官員朋友，豈不是一語雙關的絕妙名號嗎？想及此，竟禁不住獨自一人「哈哈」地癡笑起來，為自己「發明」了這個「白丁」用法而頗為自得。

正因為有了這個「小發明」，難免偶而自我得意一番，也就對這些黑人朋友多了一些觀察。譬如，我發現黑人的皮膚特別光滑細緻，乃至有時候連汗毛孔都看不大出，這是不是他們不像我們那樣經常大汗淋漓的原因呢？即，由於汗毛孔太細，所以汗較難滲出了。當然，這顯然是我的胡思亂想，因為真正的原因，恐怕是他們的體質已經適應了這麼炎熱的環境，故不像我們，稍動一下，就汗如雨下了。

說實話，非洲黑人的耐熱和吃苦的程度，真是遠勝於我們這些「文明人」。舉個例子：我國的非洲政策之一，便是幫助他們發展先進的農業，因此，我們派來不少農業專家，教授他們種植水稻等作物。而他們在插秧時，竟可以挺直了腿，彎腰 60 度而操作，並且能以這種方式在烈日之下插秧一整天而不累！與之相比，我國的農民則無法望其項背了。

另外，有些華僑在當地經營搪瓷廠，烘烤搪瓷的活兒是非常累人的，即，要將搪瓷器皿的胚盤不斷地送入溫度高達攝氏 600 度的烤爐。而這一工作也唯有非洲人才能勝任，他們可以在如此高溫的烤爐前持續工作許多小時，烘烤好搪瓷器皿而不至於也「烤熟」了自己！我想，這不僅僅是由於其天然體質的強壯，更可能是他們吃苦耐勞的品格使然。

念及此，我對他們的敬佩感陡然增加了。順便說一句，他們不僅體質方面的「耐力」很高，其精神方面的堅強和「耐力」也同樣出色。比如，他們如果犯了錯誤，遭人責罵時，固然決不反唇相譏；但即使

對方並無道理，或者反應過度地激烈辱罵，他們也往往會默然接受，並且在過後也不記仇。其氣度之大，令人嘆服，似乎遠非某些自命不凡的「文明人」所及。正是鑒於非洲人的這些優點，當 2008 年美國總統競選之前，我就曾堅定地預測非洲裔的奧巴馬將會當選。

當然，世上畢竟沒有十全十美之事，因為我終於遺憾地發現了他們有一個令我始終無法容納的天然「缺點」：即身體散發出的十分刺鼻的氣味！這樣的體臭也就是我們中國人俗稱的「狐臭」。這在國人之間並不多見，故一旦某人不幸有了這一生理特徵，便極可能招來周圍人群的厭惡，頓時喪失了不少朋友，從而本人也很自卑，往往在他人面前自感「低人一等」。

但是，與我交往的這些非洲朋友卻絕不自卑，因為他們幾乎人人都有這一生理特徵，故根本不會意識到它的特殊性，更不會刻意掩飾這種氣味。所以，我常常被這種強烈的「騷氣」薰得直想掩鼻，但是出於禮貌，卻又非但不能現出厭惡的表情，還得「強顏歡笑」，裝作若無其事的樣子。這對我而言，顯然是一種莫大的「磨難」。

當然，我也知道，恐怕只是由於我個人的不適應，才會將這「騷氣」視作「磨難」，而對於其他人（即使是中國人）來說，未必會有如此感覺，甚至將它作為一種「享受」也未可知呢！讀者且莫以為我是在說笑話，事實上，確曾有人告訴過我，說是某些法國太太特別愛聞這類刺鼻騷氣，她們甚至還專程前赴黑人們經營的菜市場，就像晨練者進入森林呼吸新鮮空氣一樣，在菜市場作所謂「森林浴」般地「深呼吸」呢！黑人們的菜市場裡，除了家禽、家畜及魚類等食品的混雜騷腥味外，主要就是營業者和顧客們的濃烈體臭了。那麼，這類體臭對於有些人來說，或許真有「提神醒腦」的功能吧？不僅如此，某大使館的一位參事還曾半開玩笑半認真地對我說道：「說不定他們的體臭

是亢奮劑，猶如鹿身上的麝香一般，能夠刺激性慾呢！」他並舉例說，多位黑人部長的夫人都是白膚金髮，或許是出於這一原因也未可知。

當然，依我看來，這位參事的這番話還是玩笑的成分居多。但不管如何，非洲人的強烈「騷氣」還是給我留下了深刻的印象。某日整理雜物，見一舊時的中文報紙，便隨手拿起翻閱了一下。報紙的日期將近端午，正在介紹屈原，談及他的不朽之作〈離騷〉，故後人稱屈原或《楚辭》的作者為「騷人」；後更泛稱一切詩人、文人為「騷人」云云。我忽然「靈光乍現」：我的這些黑人朋友，豈非正是「騷人」——身有「騷氣」而又知識淵博、才思敏捷，真是又一個雙關語！

由此聯想，立即想到了「墨客」一名：漢代揚雄〈長楊賦〉有「言未卒，墨客降席，再拜稽首」之句，後世遂以此為文人的別稱。那麼，我的這些非洲朋友，一方面渾身似「墨」，另一方面也滿腹經綸，不是正合「墨客」之稱麼？這竟是又一個雙關語。至於宋朝陳亮〈贈武川陳童子序〉的「自古聖人，及若後世之賢智君子，騷人墨客，凡所以告語童子者，辭雖各出其所長，而大概不過此矣」一語，將「騷人墨客」並稱，則更令我「深有同感」和「深得我心」了。

今撰《回憶錄》，追述非洲三十年前的外交生涯，其中的甜酸苦辣，五味俱全之感，自非親歷者能夠體會。若欲簡單歸納一下，卻也並非易事。但是，由於平時不太「正經」的性格，竟發現了「白丁」、「騷人」、「墨客」的妙用，遂撰成「往來無白丁，盡是騷人墨客」一句，當可概括我在非洲數十年之工作和社會生活的一個特色，也藉機把學生時代所學到的法國英國學校所重視的「摘要」(Précis) 訓練、以及我自創的「推十合一」歸納法，將在非洲數十年的外交生涯濃縮為十幾個字，來自嘲一番、幽它一默。但是畢竟表達得並不全面，不無缺憾，故以此作為上聯，希望日後「靈感」所至，會有一個絕妙的下

聯來「補闕」。當然，也欲以此上聯求諸讀者，亟望大方之家有以教我，則不勝感謝之至也。

程時敦試擬非洲對聯

走筆至此，接老友老同事程時敦（天任）兄自美國來函告稱，聞我正撰寫回憶錄，將非洲二十餘年外交生涯歸納為 11 字，並以此為上聯，但尚無適當下聯。茲擬不辭讕陋試作下聯為對以「補闕」，俾使上下聯互相呼應、期能「珠聯璧合」：「往來無白丁，儘是騷人墨客；睜眶見黑女，莫非狐臭香妃」。另附「註」說明：「我國歷史所載最著名有體臭人物，是乾隆皇帝所寵來自西域之香妃」云。天任兄下聯對仗確屬工整，但將否誤導讀者，以為作者不務正業，整天看「黑美女」呢？鑒於佳聯難找，得來不易，姑予列入，亦所以懷老友、念舊誼歟。至於是否將損及我的「正」字招牌，則不予計較了。

我進外交部時，天任兄雖較我年輕幾歲，已在歐洲司擔任一科科長，掌管大英國協事務。他不獨國學精湛、英語造詣也高，吟詩作詞，書法宗王羲之，才華橫溢，為葉公超所賞識，爭取其加入外交陣容，成為葉的「愛將」，故當年有「神童」之稱。他先後在駐西班牙、泰國等大使館及駐聯合國常任代表團等擔任重要職務。我退出聯合國後，他轉而向學，獲有紐約大學經濟學博士學位。

老友程時敦近照。

象館任內一件憾事：我得罪了朱撫松部長

飛赴瑞士「就醫」、幸蒙良醫徐煥廷「施仁術」，向臺北「抗命」、
導致部長朱撫松「大震怒」

我外交生涯中最遺憾的一件事：我得罪了朱撫松部長。

這件「小掌故」因為涉及個人隱私，數十年來我一直藏在心裡，
從來沒有向任何人透露過。得罪朱部長一事和徐醫師間接有關。現在，
一方面因為寫《回憶錄》，其中敘述推薦徐煥廷博士在細胞療法醫學方
面的傑出成就、並曾代表陳立夫先生邀請徐博士赴臺中中國醫藥學院
講述細胞療法在現代醫學上的新成就與新發展；另一方面，我年事已
高，已屆「就木」之年，這椿「隱私」事件也不須「隨我埋葬」，故遂
藉此機會把這件私人小「祕辛」予以客觀敘述、和盤托出，列入本書。
這件事情的來龍去脈是這樣的：

非洲的道路除了市區鋪設柏油路面外，在郊區、包括所謂連結鄰
國的「國道」，大都是鋪了紅沙的泥土路。車行稍快時，尤其在拐彎處
很容易出事。我在非洲任內，經常須駕車跑郊區，或由司機駕駛、或
由自己開車，這是家常便飯：到各地農耕隊視察督導、或去拜會政要、
酋長，或赴鄰國接洽公務。一跑就是一整天或數天，車程來回數百公
里甚至上千公里。我駐紮非洲前後 23 年，卻只有僅僅三次的翻車記
錄。沒有受重傷，承老天爺厚愛，總算沒有送命。

可是翻車多次雖沒有外傷，是否有內傷則不得而知。當初只覺得
既未骨折又未斷肢、僅皮膚擦傷，搽點紅藥水碘酒了事，自慶「命大」

一笑置之。但事後卻感到不大對勁。有時會感到不適、腳步不穩，或「頭暈」或「頭眩」現象。朋友們勸我不要大意，提請我注意是否因翻車而引起「腦震盪」。因為象國醫院設備簡陋，沒有太現代化的精密儀器可以檢測，而且情況也並不嚴重，公務也忙，我遂不以為意，仍採「聽其自然」，「容後再說」的態度。

我和徐煥廷醫師已成為朋友，經常互通音訊。有一次談到我的情形，徐醫師對我說，如果我有機會去日內瓦，他很願意安排時間為我診查看看，同時，如果我願意接受，他也可為我實施他的專長「細胞療法」云云。我本來聽說過「細胞療法」，一方面也相當好奇。就表示有機會欣願一試。

那時候，不久前，我剛剛極機密地、也非常技巧地把象牙海岸打算在執政黨1975年第6次黨大會時通過「與中共建交」議題予以打銷，使它「胎死腹中」。這個保密到家、「神不知鬼不覺」的成就，使我內心不無欣慰。多時來「公而忘私」的緊張生活與心態，也稍稍獲得一些鬆懈及喘口氣的機會；從而想到，也不能儘管「忘私」到不顧自己的健康（翻車後發現有「腦震盪」現象，同時因當地氣候極度潮濕導致過量出汗、消耗體力、使精力透支、出現身體虛弱等情況），是否能繼續「長期抗戰」。一念及此，遂使我想起徐煥廷醫師曾經一度提出，要為我檢查診治、並為我實施「細胞療法」的善意邀請。

基於上述「維護健康、以求能繼續為國效勞」的思維，我遂於獲得外交部同意請假出國治病的情況下訂期啟程。

孰料啟程當天早晨，外交部關鏞（振宇）次長突然從臺北長途電話對我說，「奉朱部長諭，外傳『象國即將與中共建交』，情勢緊急，請勿出國、宜留守象京應變」等語。我覺得有些「啼笑皆非」，我在電話中告訴關次長，說：「懇請婉告朱部長，象牙海岸經常『風聲鶴唳』

謠傳象國擬與北京建交的消息，依據本館所獲多方面的情報及分析判斷，此種情勢近期內尚不致實現，請勿輕信謠言。醫師約會好不容易排定、機緣難得、象京飛日內瓦班機每週僅一次、而且班機中午即將起飛，礙難臨時改期或取消，且館中事務已有妥善安排，萬一發生任何事故，一通電話我可立即於數小時內返回任所處理。前線將士用命，保健甚為重要，俾能支持長期奮戰，鞏固中象邦交，擬懇轉達朱部長垂察，體念第一線作戰士卒的健康及保健措施，仍准啟程」等語（事實上，象國和北京建交事於關次長電話4年後始發生）。我通完電話後，立刻再把上述和關次長通話內容逐句再補送電報給外交部，讓外交部有一個書面的正式檔案。

說實話，當時我接到關次長電話臨時命我放棄「出國治病」的原定計畫，相當起「反感」。「反感」的原因：第一，「請假就醫」原已奉准，部方忽然「收回成命」，出爾反爾、有失威信；第二，輕信外傳謠言而不信使館專業判斷；第三，我已有萬全應變準備，必要時可立即返任；第四，部方似乎漠視外館同仁之健康疾病、遑論關注與同情。我當時就在上述思維及「反感」下，從「去乎，不去乎？」兩者中很快地作出了一個決擇：「去」，並且作了一個「不惜辭職離開外交部」的心理準備、同時表達了自己「破釜沉舟」的決心。

四年後，1983年3月，中象外交關係終於終止。1971年我們退出聯合國，非洲各邦交國除了象牙海岸一國外，其他友邦都紛紛背我而去，可我還是在象牙海岸那裡硬撐；直至1983年才和我國斷交，多拖了12年。我下旗歸國。到臺北外交部拜見朱撫松部長。

朱撫松部長接見了我。他態度肅穆，氣氛一時很尷尬。我這個「駐象大使」當然要負「斷交」的全責。當時在這種場合，任誰也找不到適當的話題開始。還是我先開口，我說，「我未能固守政府在非洲的

『外交重鎮』，在您部長任內丟失了象牙海岸，實在有愧職守，對不起部長；又，數年前不得已因病去瑞士就醫，『有違方命』，特一併向您表達深深的歉意、懇求部長鑒諒寬恕」，當時我還天真地準備介紹他「細胞療法」對保健的好處。還未啟齒，他把手一擺、打斷我的話題，說，「過去的事不必談了。目前『中象斷交』的事件，各方追究責任、議論紛紛，務必請你對外勿作任何分析或評論，由外交部統一口徑處理」。我馬上說，「是、是，自當遵命辦理」。我默察他似乎對我四年前不聽關次長勸阻而堅持赴瑞士就醫這件事，還是有些「耿耿於懷」。於是便告辭而出。以後的發展證實了我的看法。

　　我在朱撫松部長那裡領略了一些冷漠氣氛，但從我的老長官沈昌煥先生那裡卻得到了溫暖。沈先生不但是我的老長官、也是我的導師(Mentor)。那時他擔任國家安全會議祕書長（後來先後出任總統府祕書長、資政）。老友重逢格外喜悅。沈公對我優渥有加，有意安排我外放駐歐洲某國使節，我推想，這似乎是沈先生顧念我在非洲艱苦地區撐了二十幾年的一種補償或「酬庸」。但沈公的德意卻因朱撫松部長的反對而作罷。1987 年 4 月，朱部長卸任，由丁懋時兄繼任外交部長，深慶得人。丁懋時兄為我留法學長、差不多同時進外交部、在非洲司指導開拓非洲工作、也是我的長官、後來一起在非洲打拼的戰友。承蒙沈公厚愛，並於徵得丁部長同意後、再度安排我出使外國。但又一次被朱撫松阻擾否決而未果。他雖已從外交部卸職，仍挾「前部長餘威」從中破壞。一位忠厚謙沖為懷的「現任部長」拗不過一位「報復意識」熾烈的「卸任部長」。事後，當我到部長室訪晤丁部長時，兩人相對無言，心照不宣。丁部長苦笑著、搖搖頭、聳聳肩、一付「愛莫能助、無可奈何」的樣子。我當然表示對他充分瞭解、請他不必介意並表示我並不在意，泰然接受命運的安排。

想不到，我四年前「赴瑞士就醫」的任性事件損害了朱撫松部長的「尊嚴」而得罪了他、激怒了他、傷了他的「自尊心」，使他「懷恨在心」。雖事隔多年，不能釋懷，終於找到了「懲罰」我的機會，一洩其壓在心頭多年的「宿憤」。

但是我對朱部長卻一點兒也不記恨，當時只覺得他的態度好奇怪而已。事後，經過自我檢討，我覺得不該害他生氣。我當時的心態，多少出諸於一時的「任性」與「反感」及「意氣用事」。有背「官常」，我感到十分遺憾。我覺得無論做人也好、當官也好，都應該好好地向像外交部前部長丁懋時、前部長錢君復等人物學習他們的忠厚、沉穩、寬容、低調、守分、禮讓、謙恭的君子風度才是。

第四章

回國之後　著書立說

新情況，新觀念

1971 年，中華民國政府從聯合國被迫退出，這一新形勢使得此後我國的對外關係急轉直下。1971 年臺北退出聯合國之時，與我國建立邦交的國家有 59 個，但是到 1978 年的時候，就只剩下了 22 國。30 多個國家，其中包括日本、澳大利亞、比利時等，在此期間背棄了臺北，轉而承認北京。與此同時，根據國際準則，中華民國政府也連帶地被迫退出了聯合國大多數的專門機構。

這一事件背後的主因是：美國想從「越戰」中脫身，為了對抗蘇聯，便改打「中共牌」。當時的美國深陷越戰，遭到國內民眾的普遍反對，因此試圖使用與中共建交的方式來緩和國內的反戰浪潮。1971 年 7 月，美國總統國家安全事務助理基辛格祕密訪問北京，安排了尼克森總統訪問中國大陸的事情。1972 年的 2 月，尼克森成為訪問中共政權的首位美國總統。1972 年 2 月 28 日，尼克森與周恩來簽署了《上海公報》。1979 年 1 月 1 日，美國和中華人民共和國建交。這一系列的重大變故使得臺北政府在外交上節節敗退，遭受了空前的挫折。

此時，我開始在報刊雜誌上發表一些有關如何從國際法法理、原則及慣例上擴展對外關係，並在國際間生存的文章。在此同時，臺灣內部也發生了重大的變化，即是推動民主。有關這方面的幾件大事值得一提：1986 年 9 月 28 日，反對黨民進黨正式成立，成為合法政黨；1987 年 7 月 15 日，在臺北實施了 40 年的戒嚴法正式解除；1987 年 11 月，政府開放臺灣人民前往大陸探親；1988 年 1 月，政府正式解除報禁，放寬自由言論的尺度。

　　我就根據這個時代背景，寫了一篇文章，標題就是〈有所為，有所不為與我們的對外關係〉。文章引用了蔣經國總統有關國內外政策的一句名話：「有所為，有所不為」，亦即是說，要順應國內國外的情勢和時代的潮流，推動各項改革，年輕的一代政治精英不要受意識形態的束縛。我這一篇文章，也可以說是為了呼應他的話而寫的。那時候，經國先生的身體狀況已經不太好，我希望他能夠在病中看到這篇文章。我在文章中回應他的這句話，指出要正視現實，不要再採取「鴕鳥政策」。這個需要正視的現實就是「兩個政治實體並存」的現狀。在當時，這一看法被認為是「離經叛道」，有違中華民國立國以來的傳統國策和原則。所以，我得有相當的眼光和充分的膽識才能提出這一觀點。不過，在當時的環境下，此文要公開發表，也還是頗有難度的。

　　一般而言，普通報紙肯定不敢接受此文，而只有「後臺」夠硬，實力夠強，影響夠大的大報才有可能作此「驚人之舉」。王惕吾先生的《聯合報》和余紀忠先生的《中國時報》便屬於「大報」範疇。我經過一番考慮後，決定給余紀忠先生寫一封信，希望他的《中國時報》能夠刊出這篇文章。余紀忠先生也相當有膽識，他將此文以「專論」刊載於 1988 年 1 月 10 日的《中國時報》。非常遺憾的是，蔣經國總統在三天之後，即 1 月 13 日因病去世，病中有未能看到我的這篇文章，不得而知。蔣經國總統逝世之後，根據憲章，李登輝副總統繼任總統一職。所以，我這篇頗能引發「大辯論」的文章剛一問世，就進入了「李登輝時代」。

　　我撰寫這篇文章的動機是：當時中華民國的對中共政策，仍然在遵行「漢賊不兩立」政策。亦即是說，對於和中共建交的國家，我們馬上就主動斷交，外交人員立即退出該國，以示抗議，擺出與中共政權「勢不兩立」的架式。於是，結果很自然地發展成：不斷地有國家

與中共建交，我們就不斷地與這些國家斷交；中共根本毋需做出一付惡狠狠「逼迫」我國的樣子，我國卻會非常「默契」地配合他們，主動退出「國際生存空間」，從而使得自己輕而易舉地喪失了許多老朋友，越來越陷於「少數派」的困境。

有鑒於此一情勢，我認為，有必要對「漢賊不兩立」的傳統觀念進行新的檢討。我首先提醒大家，要徹底改變過去的哲學、觀念、傳統等，即進行新的心理建設。我說，我們現在面臨的是一個由「量變」趨向「質變」的過渡時代，因此必須要求新、求變，要正視現實，使用新的策略來適應新的情況。在觀念上，要推陳出新，要果敢地擱置那些妨礙進步、似是而非的觀念與論調。舊的論調——「多做多錯，少做少錯，不做不錯」——是一種消極，敷衍，推諉的態度；「以不變應萬變」、「弱國無外交」等消極觀念應當予以拋棄，要代之以「不做才錯」、「唯弱國才須外交」、「進攻才是最佳的防禦」等積極觀念。要能夠培養起一種革新進取的、大無畏的銳氣，以此作為中華民國對外關係的後盾與精神堡壘。

其次，我談到外交要有「彈性」。我是最早倡議、公開提出「彈性外交」這一概念的人。什麼是彈性外交呢？外交是一門很高深的政治藝術，從其本質來說，包含了「變」的因素。「變」的方式則可剛可柔，或者剛柔並用，或者先剛後柔，或者先柔後剛。其過程則可以直截了當，也可以迂迴曲折；時間上，可以「迅雷不及掩耳」，也可以「按部就班，循序前進」，其手法和伎倆更是變化無窮。外交如戰場，為達目的，有時可以虛晃一招，兵不厭詐；外交也像繪畫，需要事先構思、佈局、選用顏色等錯綜複雜的過程。外交的目的是以「追求使雙方或多方均能滿意」的作法為目標。《韋氏大字典》對「外交」的定義是：「國與國間進行談判，以達到彼此滿意條件的藝術及運作」。因

此，我們要順應時代，採用「彈性外交」。

我接著話鋒一轉，指出彈性也不是沒有範圍的，它不能太離譜。因此，我引用了蔣經國先生曾經說過的話：「有所為，有所不為」。也就是說，有些地方不能做，有些地方應當做，這一定要掌握好分寸，不要該做的不做，不該做的亂做。如果什麼事都不做，就會一事無成。因此，我認為蔣經國先生的「有所為，有所不為」不僅是外交的最高指導原則與藝術。這不僅適用於「外交」，也適用於其他政治層面，是放之四海而皆準的大原則。具體說來，凡是違背基本國策的，則屬於「有所不為」；不違背基本國策的，則應該考慮「有所為」。這裡的關鍵問題是如何找到區分「有所為」和「有所不為」的界線。沒有清晰的界線，不僅會引起理論上的爭論，也將導致實際運用上的困惑。

面對中共在國際上積極孤立臺北的這種情勢，我們應當利用中共對我們的統戰策略。當前，我們政府似乎還停留在 20 世紀 60 年代所謂「漢賊不兩立」和「敵我不並存」的原則和政策上，類似於西德政權以前所堅持的「零和」(Zero-Sum) 策略，即國際法學者所稱的「哈爾斯坦 (Hallstein) 策略」：只有「全贏」或則「全輸」兩種結果，中間並沒有妥協或者其他解決方式。但是，目前國際情勢已經發生改變，中華民國政府已經退出聯合國，美國、日本等「實力大國」已經跟我們中斷了外交關係。在現階段，我國在國力上有無足夠的資源來與中共打這場「零和」的外交戰，並且最終取得勝利的把握呢？答案顯然是否定的。那麼，現實情況既然如此，我國當然必須以高度的智慧，充分運用蔣經國總統「有所為，有所不為」的「彈性」大原則來順應新形勢，積極拓展空間才是。現在，當局正在以適當的名義和方式參加官方性質的關稅與貿易總協定 (General Agreement on Tariffs and Trade, GATT)，這就是「有所為」的彈性外交的具體作法。

對於所謂的「一個中國」的理論，我也在文章中作了闡釋。追求中國統一，是我們的崇高目標；反對「兩個中國」，是政府的基本國策，也是我們當前外交的既定政策。外交當局曾經表示，正在設法拓展正式的外交關係，加強與我們沒有建立正式外交關係的國家的友好關係。然而，外交當局習慣性的作法仍然是：我國與一個國家建交的前提是，「該國沒有與北京建立正式關係」。我因此認為，如果一定要預設這個前提，那麼，中華民國在外交方面就很難有所突破，並取得進展。因此，我指出，如果一個國家在與中共建立外交關係的同時也願意與我們建立某種關係、或維持外交關係，甚至建交，我們應該可以接受，因為這就可以鞏固、甚至擴大我國的國際生存空間；相反，如果我們依然堅持「漢賊不兩立」的作法，那麼就無法利用這種局勢，也就等於自己束縛了自己，無異於「坐以待斃」，豈非會更加處於劣勢呢？

接著，我舉了兩個例子來說明如何綜合運用「攻勢外交」與「彈性外交」。第一個是韓國與萊索托建交的例子。1986 年 2 月，非洲南部的萊索托國發生了軍人政變，推翻了親共政權。南韓不顧朝鮮（北韓）在當地已經設立大使館的事實，毅然與萊索托建立了外交關係。在這種情況下，朝鮮將大使館館長的「級別」由大使降為代辦，並召回大使。之後，韓國在萊索托首都馬塞盧設立了韓國大使館。朝鮮一氣之下撤走了在萊索托的大使館。顯然，韓國打了一場漂亮的外交仗。韓國以「兩個韓國」的彈性手法，達成了「一個韓國」的政治效果。這就是韓國運用「彈性外交」的手段達到了韓國和萊索托正式建交的目標。如果我國政府不堅持「漢賊不兩立」的政策，像韓國一樣「如法炮製」讓中華民國的國旗如同韓國的國旗一般、在萊索托上空飄揚，說不定北京也會跟朝鮮一樣撤館而去。不就是運用「兩個中國」的手法或手段、達到「一個中國」的「目的」嗎？

　　另外一個例子涉及南美洲東北部某國。該國在 20 世紀 70 年代與北京建立了外交關係。當時，該國也有意與臺北建立外交關係，並發展雙邊合作關係。但是，政府當局有所顧忌、抱持企盼該國先和北京斷交我才去的想法，遲遲不決而錯失了良機。

　　因此，我在文章中說，如果我國政府繼續主張「漢賊不兩立」，那我們的外交拓展工作將會變得非常艱巨。在可見的將來，與我們維繫邦交關係的國家數量恐怕非但不會增加，反而會日益減少。長此以往，後果堪憂。

　　我說，我們由於多年來常常處於逆境，故對於危機的處理，比如斷交、撤館、撤離農耕隊等事務積累了一些「斷交經驗」。現在，由於外交的強勢發展和影響，今後可能出現的不一定是危機，而很可能是轉機。那麼，在轉機出現的時候，我們又該如何運用，如何造勢，如何創新？我們應該考慮利用彈性外交來處理。

　　最後，我說道，如何利用轉機而又不違背「一個中國」的國策呢？這就要看我們能否正視現實，把握原則了。我們大可不必諱言「兩個中國」這個名詞，事實上國際間確有「兩個現實」(two realities) 存在的事實。但是，我們必須對它有一個正確的「認知」(perception)，即區分「兩個中國」是「目標」，還是「手段」？如果以「兩個中國」為目標，那當然是違背基本國策的，應當「有所不為」；如果以「兩個中國」為手段、為過程，即不放棄追求「一個中國」的終極目標、而是以「兩個中國」作為一種臨時的、階段性的外交技倆與外交藝術的運用，那就屬於「有所為」了，是可以考慮的。這個分寸要拿捏得準。階段性的運用，那就屬於彈性外交，是權宜之計、可以「有所為」。我們可以響應蔣經國先生所宣導的「有所為，有所不為」的彈性原則，交互靈活運用。上文提到的韓國的例子，就是最好的註腳。

如果有人認為彈性策略的構想是主張「兩個中國」，那顯然是一種誤解。因為這是一個外交策略的運用，而不是最終主張，也並沒有形成新的「外交政策」。彈性外交的構想仍然是以「一個中國」和「統一中國」為最終目標的。

這篇文章在《中國時報》刊登發表之後，就遭到了很多批評和責難。某個比較保守的《掃蕩周刊》說，怎麼可以主張「兩個中國」！芮某人應該槍斃！後來，我有機會與這家雜誌社的社長段宏俊談及此事。我說道：老兄呀，你應該知道我追隨蔣介石總統，為國民黨政府工作多年，怎麼會主張「兩個中國」呢？我絕不是「臺獨」分子，但我也不是迂腐得不懂變通的書呆子，我只是為了解決中華民國當前的困境而試圖使用一種外交策略而已。如此云云，對他解釋了一番。經過社會各界的辯論和說理，輿論慢慢開始認識到我的觀點的合理性，因此，對我的批評聲也就逐漸減少了。

正由於我這篇文章的刊佈，引發了嗣後李登輝總統時代的「務實外交」。再加上當時外交部長錢君復先生的大力推動，我又陸陸續續寫了好多篇相關文章與專論，就我的觀點和理論加以進一步闡述，創建了一套「務實外交」的理論架構。直至 2000 年我移居澳洲前，這段時間若稱之為「彈性外交理論時代」也不為過。

在此期間，我身兼多職，一方面以「大使回部辦事」的身分與名義在外交部辦公，另一方面則在谷正綱先生所主持的「世界反共聯盟」總部兼差。此外，淡江大學董事長張建邦聘我為淡大專任教授，同時擔任該校歐洲研究所所長，並兼任區域研究中心執行長。我的老長官沈昌煥先生則另又安排我在國家建設研究委員會（隸屬於國家安全會議）擔任研究委員。這使我有好幾個平臺來發表我有關「彈性外交」或「務實外交」的理論，並撰寫說帖、報告、專文、中、英文專欄等。

法國發生「左右共治」的「雙頭政治」現象

　　正在那一時期，法國政壇發生罕見的「左右共治」的現象。也就是說，法國自 1958 年創建的「法蘭西第五共和憲法」面臨著一個新的考驗。這部第五共和憲法是當時為戴高樂將軍量身裁制的，所以憲法賦予總統的權力也特別大。

　　法國憲法規定，國會議員任期五年，總統任期七年。法國左派社會黨黨魁密特朗 (François Mitterrand) 在 1981 年的大選中，利用右派兩大主流「法國民主同盟」和「共和聯盟黨」的內訌而當選總統。五年後，即 1986 年，輪到國會議員改選，形勢變化：由於右派的大團結，國會右派贏得多數票，從而「總理」一職自然將由和總統對立的右派人士出任。屆時將產生「左右共處」或「左右共治」的局面（法國人稱之謂 "Cohabitation"），為時兩年，直到總統七年任期屆滿為止。

　　法國這種政治新形勢，也就是法國國家權力機構間的微妙處境，提供了國內憲法學者和政治學者很新鮮的教材。我除了在報端發表一些分析及理論性的專論外，也特地採用這種活教材在淡江歐洲研究所開設一門「法國第五共和憲法及其運作」的課程，來研討「法國第五共和」出現「雙首長」制所產生的種種有趣問題。

　　這門別開生面的課程開設以來，我的歐洲研究所碩士班學生都大感興趣。不久，我將年餘來在各報及雜誌所寫的專欄及專文彙集成書，在附錄裡加上法國第五共和憲法法文原文及其英譯本，再加上我和歐研所教授張台麟合譯的法國憲法中譯本，作為研究法國政治及憲法的工具書和參考書。我班上的研究生都變成法國第五共和憲法的專家。這一情況也引起了臺灣朝野的興趣：曾任外交部長，當時擔任中華民國國民大會的議長錢復先生一下子買了 200 多本，轉贈國民大會代

表，提供給他們研究參考。

錢議長君復先生購買我的書，並非單純捧一個老同事的場。他是一個極具睿智，具備高瞻遠矚能力的「智者型」人物，也是我見過的最能把握時代脈動的少數政治人物之一。他當時已注意到臺灣的正在開始的「民主化」運動；朝野政客和學者也開始正視中華民國憲法的本質。「總統制」或「內閣制」的問題也不斷引起熱烈的討論。他預見，法國第五共和憲法本身及其一度實施的「雙頭政治」的體制與運作，必將引起我國執政當局與學者的興趣。尤其是，當時第二屆國大代表誕生，他們所擔負的「修憲任務」使他們感到需要參考外國憲法。在這個客觀情勢下，錢復才產生了買書的動機。沒隔多久，該書的初版存書便告售罄。經友好及三民書局多次索書和慫恿，我決定再版，增列了幾篇初版後所寫的有關文章。

這本書原名《法國憲法與「雙頭政治」》，由於中、法兩國憲法相似，再版時改為《法國憲法與雙首長制》，以期更貼切地反映當時的政治氣候。封面是我自行設計的，找到了法國總統及總理的兩張有趣的照片：兩人都是把手支著臉若有所思，把左派的密特朗總統 (François Mitterrand) 放在左邊，右派的希拉克 (Jacques Chirac) 總理放在右邊。希拉克是我在巴黎政治學院同屆畢業的學長，故在封面刊登他的照片，多少還夾雜了些同學私誼的感情成分。

上面提到，淡江大學歐洲研究所的研究生們對於這門「法國憲法與雙頭政治」的課程都很感興趣，因此，幾乎都成了「共治」專家，他們所撰寫的期中研究報告的水準都相當高。其中有兩位傑出研究生都以「共治」為題撰寫碩士論文：劉嘉甯同學的論文題為《法國憲政共治之研究》，汪文濤同學的論文題為《法國雙頭行政首長制與我國現行政制之比較》。劉同學的論文經整理充實後，已由臺灣商務印書館出

版，是一本內容相當紮實，可讀性很高的著作。汪同學的論文在本書再版時尚未出版，但其立論有它精闢獨到之處，若干率直的論點在當前政治形勢下，頗有值得當局參考實施的地方。我曾徵得汪同學同意，將其論文的精彩論點予以摘要後，用「我國實施雙首長制的省思」為篇名列入本書再版本《法國憲法與雙首長制》，使讀者多一個參考論點，也可先睹為快。

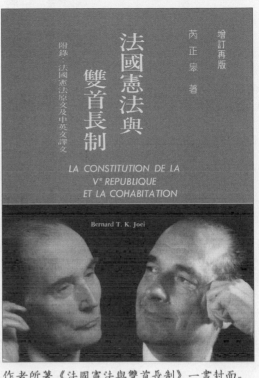

作者所著《法國憲法與雙首長制》一書封面。

茲將汪文濤同學的論文摘要如下：

法國第五共和憲法對行政權的規定與我國憲法有很多類似的地方。在做了詳盡的比較後，會發現在行政權上，兩部憲法都有把行政權同時交給元首和閣揆的情形。元首和閣揆都擁有一部分的行政權。但兩者之間在權力關係上又可以互相牽制。如果元首與閣揆不和。國家的施政會很不順利。這是從憲法本身的規定來看，所得的結論。

至於在行政權的憲法制定上，為什麼會有此種兩元化的特質出現？這要從歷史的背景上去瞭解。因為憲法是歷史的產物，是

妥協的結果。不瞭解其歷史根本無法解釋為什麼憲法會有此種規定。以法國憲法來說,法國在第三共和,第四共和時代後是議會至上的政治。議會專橫,行政權被壓抑,閣潮不斷,政績不彰,到阿爾及利亞事件達到最高點。最後終於有戴高樂的第五共和出現,戴高樂擴張行政權,縮減立法權。同時大幅提高總統的權力,使總統高高在上,並握有各種大權,不過法國到底也有悠久的議會政治傳統,在總統權力大幅擴張的同時,仍然保有總理對國會負責,總理對總統在部分事項上有副署權的傳統。但在這同時,也種下了行政權力兩元化的原因。當然,在強勢總統的時代,總理和總統同屬一黨。此時不會發生什麼問題,元首和閣揆就是不和,最多閣揆辭職。以致問題不致彰顯。但到了一九八六大選,總統密特朗的左派在國會大選中失去多數席位後,便出現困擾。左派總統不得不任命右派領袖為閣揆。而二者的觀念、作法及施政理念不同,施政自然產生摩擦。當然,在所謂共治期間,二人終能自我克制,不致危及國家整體利益。但此一憲法本身也顯示行政權兩元化並非理想的制度。

在比較了中、法兩部憲法後,可以發現憲法中會出現行政權兩元化的規定,都有一個共同的原因,那就是議會政治的堅持和強人政治要求行政權的擴展。這兩股力量相互激盪,就造成了所謂的行政權兩元化。所謂憲法就是妥協、容忍的產物,大概就是這個意思。

法國戴高樂總統就是強人,他可以把憲法作大幅修改,但是無法將議會政治的傳統連根除去。當他在位時,法國政府在行政權的運作上沒有問題。可是一旦戴高樂下臺,後繼者沒有戴氏

的個人魅力，問題就顯現出來。我國亦然，制憲時，代表全國各黨派及社會賢達的政治協商會議主張議會政治，行政權向立法權負責。

總結來說，行政權出現兩元化終究不是好事。也許歷史造成了事實的存在，但憲法乃是國家立國的根本，此種會造成權力運作混亂的規定，最好早日釐清，讓行政權歸於一元化，如此對國家施政才會有正面的影響。目前有一種說法認為行政權兩元化可以造成權力的平衡，有利維持政權的穩定。其實這是一種錯誤的說法。所謂權力的平衡，也就是行政、立法、司法各權間的制衡。不是行政權內部的制衡。行政權內部發生制衡現象，那是癱瘓，不是制衡。

經由上述研究，吾人可以發現我國的政制和法國第五共和政制很類似，背景也有些相同。所以他們發生的困擾，一段時間後，我們也有可能發生。看看他們的缺失，想想我們制度上的一些相同特質，也許可作為國家邁向現代化的一個參考。這也就是本篇論文從事比較中、法兩國行政權的動機所在。

「聯合國熱」

1992～1993 年間，民進黨掀起了一股「參與聯合國運動」熱潮。尤其是 1993 年，可稱為臺灣的「聯合國熱年」。民進黨立法委員呂秀蓮、張旭成、蔡同榮紛紛以行動或言論表達和主張以臺灣名義申請參加聯合國。呂秀蓮成立了「臺灣加入聯合國促成會」，蔡同榮則成立了「公投會」，主張以「公民投票」方式來表達臺灣人民參與聯合國的意

願。在朝執政的國民黨也不甘示弱、奮起跟進。導致執政黨與在野黨各自倡議爭取加入聯合國，從而形成表面上的「參與聯合國競賽」與「有必要」參與聯合國的「認知」與「共識」的罕見現象。

執政黨強調以「中華民國在臺灣」的名義進行，民進黨則仍執著地鼓吹以「臺灣」或「臺灣共和國」名義申請加入聯合國。為了適應這種新形勢，當時擔任外交部部長的錢復先生就請我去聯合國當「說客」(Lobbyist)，以「北美事務協調委員會駐紐約辦事處有關聯合國事務高級顧問」(Senior Advisor for U.N. Affairs, CCNAA Office in New York) 的名義，從事「遊說工作」。這個頭銜本身已經很複雜，很長，念起來也很彆扭，而它所賦予的任務與使命也十分繁重與不簡單。英文的 "CCNAA" 簡稱就是 "Coordination Council for North American Affairs" 的縮寫。須「智商」很高的人才知道是怎麼一回事；若要向一般的外國人解釋，非得花許多功夫不可。

在此順便簡單地解釋一下：「北美事務協調委員會」是中華民國於 1979 年被美國卡特政府「出賣」而斷絕兩國外交關係後、為處理兩國事務而設立的對等機構的名稱。美國在臺北設立「美國在臺協會」，臺灣則在美國重要城市設立「北美事務協調委員會」駐各地辦事處。說起「出賣」，使我想起毛澤東的「先見之明」：1958 年 10 月 6 日金門炮戰時，他通過以國防部長彭德懷名義發佈的〈告臺灣同胞書〉，講過這樣一句話：「美國人總有一天要拋棄你們的」。21 年後，這句話被他不幸而言中，果然是美國背棄了中華民國，與中共建交。

對於錢復部長的邀請，我不加任何考慮，爽快地接受了，因為第一我對他處世為人素來很尊敬，第二，我感到這是義不容辭的，也是對國家報效的機會。媒體則以「錢復請出老黃忠，重返聯國當先鋒」、「資深外交名將芮正皋，臨老鷹重寄」等標題撰文，來鼓吹這次行動。

我本來已答應我國駐澳洲李宗儒大使所策劃成功，由澳洲墨爾本市摩拿煦大學 (Monash) 出面邀請，參加「臺灣當前政經發展」論壇，並提交論文，但因錢部長的「臨危授命」，就只能臨時取消了澳洲之行，而改去紐約聯合國，已經發出的論文也只能請人代為在研討會上宣讀了。

1. 一個插曲：為了「凍結主權」問題與陸委會打筆戰

那時，中共剛好發佈對臺灣政策的白皮書，中華民國行政院大陸委員會副主委焦仁和卻發表了出人意外的「凍結主權」的言論。

於是，我在出發赴紐約前趕寫了一篇專欄文章，題為〈國家主權豈可輕言「凍結」〉，對焦氏的言論予以駁斥辯正。此文刊載於《自立晚報》1993 年 9 月 16 日。茲將原文摘錄如下：

> 最近某人士宣導怪異的國家主權「凍結」論，我們期期以為不可。凍結國家主權等於國家停止行使主權，國家如無主權，等於國家喪失賴以生存的根據，國家將不成為國家。值茲中共「虛擬主權」自我膨脹的時候，我們卻主張將我們自己的「實質主權」予以「凍結」，豈非失敗主義，懦夫心態！
>
> 果然，現代的國際社會，由於推行區域組織或洲際整合，已拋棄過去殖民主義及帝國主義時代的「絕對主義」觀，趨向「分享主義」論，而演變成為「相對主義」觀。因為國際情勢的演變，現代世界已走向「相互依存」而對主權自我約束，但這並不等於放棄主權，更非「凍結」主權。
>
> 國家主權的定義，依據國際法學家的闡譯，即是一國在國際社會中所獨立行使的至高無上，而不受他國干預之權。反過來說，一國若因接受他國一個決定而致喪失一國的主權時，此一決定

對此一國家並無法律拘束性。

舉例而言，中共以片面聲明，主張其主權及於臺澎金馬，反過來說，亦即等於片面決定臺灣喪失主權，則依據上述國際法原理，中共此一主張、此一決定，對臺灣而言並無法律拘束性。既無法律拘束性，我們何必理會中共「虛擬主權」的主張？又何必以自行龜縮，先行表達凍結主權的意願，天真地期盼中共善意回應，也跟著凍結其主權。中共肯嗎？豈非與虎謀皮！

若是「凍結主權」論是一石兩鳥之計，一面因應中共對臺主權的主張，一面則對付國內日益高漲的「臺灣主權」運動，那也是因噎廢食，多此一舉。

因為，主權與國家相關。有獨立的國家，才有獨立的主權。臺灣是地域名稱，目前尚無「臺灣國」的存在。中華民國憲法第二條，雖說「中華民國的主權屬於國民全體」，但主權的主張與執行須透過憲法規定的機構。上述「臺灣主權」的主張僅是一項民意表達？可供政府參考；或作為一種政治訴求，則可透過民主方式或政治藝術的運作，以實現其政治理想。

總之，儘管中共漠視中國分裂的事實，矮化臺灣為其地方政府，片面製造其「虛擬主權」及於臺灣的假像，在臺灣的中華民國政府八十餘年來持續不斷，獨立自主，不受外力干預，符合1933年《蒙特維多國家權利義務公約》所規定的國家構成要求，這是毋庸置疑的事實。

依我目前行使主權的形態與狀況，由於中國事實上的分裂，及中共矮化我的企圖，在中國未統一前，主權的充分行使自受到阻礙。此一現象可稱之謂「不完整的主權」，或「具有瑕疵的主權」，但決不能因主權暫時不完整或具有瑕疵，而興「凍結」主

權之議。那正是中共求之不得之事，豈不自投其羅網。

尤其是，宣告「凍結主權論」適在中共發表「臺灣問題與中國統一」白皮書之後，豈非長他人志氣，滅自己威風？此種怪異謬論，實令人莫測高深，不敢恭維。若非「吳三桂」心態，唯一的解釋，恐怕只是極度「懼共病」的表達而已。

我這篇文章發表後，引發陸委會副主委焦仁和的強烈反擊，指我「昏瞶過時，竟被派為參加『聯合國小組』成員」。臺灣《中國時報》於 1993 年 9 月 18 日，在「焦點新聞」版，刊出以〈焦仁和強力反擊芮正皋——為了「凍結主權論」越洋打筆戰〉的新聞。報導稱：「在行政院陸委會針對中共發佈對臺政策白皮書，發表回應聲明之際，陸委會副主委焦仁和與目前正在紐約的外交部顧問芮正皋，為了『凍結主權論』的爭議，意外地隔海打筆戰。陸委會副主委焦仁和昨日公開撰文為其日前提出的『凍結主權論』辯護。同時，他並對外交部顧問芮正皋對其所作的人身攻擊，嚴厲加以反擊。他強調：「似此昏瞶過時的人物，竟是最近外交部派往美國，參加『聯合國工作小組』的成員之一，更令人興起莫名其妙的浩歎」。報導另稱：「焦仁和強調，芮正皋在討論嚴肅問題時，竟出現『失敗主義』、『懦夫心態』、『自行龜縮』、『怪談謬論』、『吳三桂心態』與『懼共病的極度表達』等情緒字眼。」

事實上，自從焦仁和發表「凍結主權論」後，輿論界一片撻伐聲。先後有《中國晨報》方強、《聯合晚報》許志雄及《翡翠雜誌》胡生予等撰文，分別以〈國家主權不能凍結〉（1993 年 9 月 16 日）、〈主權問題豈可擱置〉（第 44 期）及〈主權能凍結嗎?〉（1993 年 12 月 5 日）等為題，予以斥責。

2.聯合國「遊說」雜感

　　我如期到了紐約，向「北美事務協調委員會」駐紐約辦事處「聯工小組」主任吳子丹大使報到。他們對我相當禮遇，吳大使的機要祕書周進發兄特地為我在紐約市中心的 Hyatt 大旅館訂了一個很寬敞的套房，包括一個臥房和一個客廳，客廳內還有一架大鋼琴，另外再提供一輛高級 Lincoln 牌房車，並有司機隨侍。交際應酬隨我自行決定，可檢據實報實銷。這種待遇在當時算是相當優厚，具見錢復禮賢下士的氣度。走筆至此，周進發兄於數月前被派駐雪梨文經處處長，數十年後老友異地重逢也是大家有緣與值得欣慰的事。

　　由於我在非洲待過二十幾年，錢復先生「知人善任」也選對了人，

1995 年紐約聯合國大會期間，我駐紐約辦事處聯合國事務小組成員發揮團隊精神進行遊說工作。左起：鄧申生代表（駐奧地利）、作者、吳處長子丹、藍智民代表（駐墨西哥）、烏元彥（駐芝加哥辦事處）。

故這次就把在聯合國對非洲地區國家的遊說工作這個任務託付給我，我也當仁不讓樂予接受了；同時，由於我在臺北和「法國在臺協會」及「英國駐臺商務辦事處」的主管們交往甚密、私誼也篤，所以針對英、法兩國駐聯合國代表團的遊說工作也順理成章地由我兼顧了。

聯合國的會員國為數眾多，而我國的聯工小組則勢單力薄，故每年必須臨時抽調駐在中南美洲、歐洲、亞太地區的使節或代表們來紐約，支援聯工小組。在這些「臨時工」中，除了我已經退休外，其他都是現職人員，而他們是不可能每年都定時前赴美國的。因此，每年臨時抽調來紐約的「遊說」人員，除了我以外，並無固定人選。我們每次停留的時間大約一個半月，到聯大總辯論結束為止。結束後，聯工小組的全體同仁便按慣例，一起合影留念。我如今手頭還保存了一張1995年的全團照片。記得那年，拉丁美洲地區國家的遊說工作由駐墨西哥代表藍智民主持，歐洲地區國家由駐奧地利代表鄧申生負責，北美地區則由駐芝加哥辦事處的烏元彥處長處主導。

前述陸委會副主委焦仁和在筆戰時期對我人身攻擊，罵我「昏瞶」、「過時」，也間接表達他們對外交部的不滿。但是對外交部長錢復而言，則並未產生任何影響。錢復是講原則和主張公道的人，他對我的為人、學養、作風及能力自有其看法與評估。他非但沒有收回成命，還連續四年邀我參與聯合國的「遊說」工作 (1993, 1994, 1995, 1996)，直到我因工作繁忙，無法分身而主動懇辭為止（那時我除身兼多職外，還兼任了「宏鑑法律事務所」的執行顧問，有好幾件法律案件需要我在臺北親自處理）。

在這四年中，我每年一到紐約，總是立刻展開廣泛的接觸交流活動，不錯過任何機會。英諺所謂「每磚必翻」(Leaving no stone unturned)，是指工作態度須積極認真，不放過任何線索和機會，而我

則差不多達到了這個程度。我認為自己多少有點「工作狂」
(workaholic) 的作風，這不僅體現在數十年的公務經歷中，也體現在聯
合國「遊說」工作中。

　　「遊說」工作的關鍵即是展開廣泛的「人脈聯繫」，而這就必須使
出「渾身解數」與各方人物周旋、設法取得第一手的資訊、同時也提
供對方對「中國代表權案」的獨特看法與論點，可稱是「雙方互惠、
各有所得」。此外，訪晤各位駐聯合國常任代表還得事先有周密安排，
設法在逆境中爭取生存。有時候，「閻王好見，小鬼難纏」，我因此就
得使出一套應付「小鬼」的辦法，以便會晤「閻王」，商談大事。和駐
聯合國代表們的聯繫接觸不外乎禮貌性拜會、茶敘、邀宴，或者清談
等。某常任代表很天真，約我在聯合國內部某處場所見面，我只能苦
笑地對他說，「對不起，自從 1971 年我們退出聯合國後，我們再也不
能進入聯合國大門了」，他這才恍然大悟，笑著連連請求原諒，於是改
在聯合國外面附近橫街一家幽靜的咖啡館中會面。有的代表則很膽小，
不敢在代表團中會見。例如，第一年，多哥常任代表說，不方便在代
表團與我見面，因為他怕團裡有人暗中給政府「打小報告」，故他寧願
「移樽就教」，到我下榻的旅館來看我。但是，第二年，當我再去聯合
國時，他已得知大家都在代表團會見我，同時，聯合國的氣氛也有所
緩和了，所以也就不再顧忌，反而主動邀請我去他的代表團洽談。

　　至於法國和英國的常任代表或主管們，則都很大方地在他們的常
任代表團接見我，這當然與我和他們派駐臺北的代表們很熟識有關。
至於非洲的常任代表們，由於我與非洲的特殊關係，更是建立了相當
友好的「非洲式」友誼關係。有幾個非洲常任代表團變成我的「臨時
辦公室」，我可以隨時出入，索取資料。他們的祕書小姐變成了我的義
務兼職祕書，替我列印檔卷、蒐取資料、代轉電話、代為安排約會等

事宜。我也經常替她們叫些咖啡、點心，或者贈送些小禮品。有幾位非洲常任代表索性把他們代自己的外交部長所擬在總辯論中的演講稿給我參看，並請我修正。也有些代表在週末請我到他們紐約市郊外的家裡用餐，和他們的家人、小孩見面，分外親切，當然我也得帶些鮮花、玩具或蛋糕等作為見面禮。

與此同時，我們國內的民進黨也在紐約積極展開了遊說活動。對於這些活動，我還得相機「消毒」，因為他們是主張「臺灣獨立」的。有一天，我到英國常任代表團去拜會，代表團的一位政治參事告訴我，民進黨的呂秀蓮女士幾天前剛來過，說的一番話令他著實困惑不解；他說道，好像你們國民黨與民進黨的立場大相徑庭、像敵人一樣。我笑著答道：「這很正常嘛！我作一個簡單的說明，您就明白了：你們英國的保守黨和工黨輪流執政，始終在爭奪執政權、搶著替英國服務，但是，貴國沒有哪個政黨是以『推翻英國』為訴求的。而我國的民進黨卻是以推翻中華民國為目的和訴求的。」這位政治參事聽了此話恍然大悟，連聲說：「哦，我懂了，我懂了！」

我在離開紐約回到臺灣之後，連續兩年，撰寫參與聯合國遊說工作的「個人觀感」，提供外交部參考。時至今日，這些文書已成「明日黃花」，但是聯合國若干代表的看法或建議，仍有相當的學術價值，可供政治學者參考，或供史學專家研究。茲將1993年我陳報外交部的「推動參與聯合國系統工作的個人觀感與建議」照錄於後。

3.推動參與聯合國系統工作的個人觀感與建議

報告人：芮正皋

日期：1993年11月7日

前　言

本人奉派於本 (1993) 年 9、10 月間赴紐約協助「聯合國工作小組」工作一個多月。謹將切身臨場實地體驗，提出個人觀感簡陳如次。個人接觸面雖有限，不能以偏概全，但亦或可舉一反三，從中擷取問題癥結所在及解套的公分母。

中華民國參與聯合國運動的屬性應為：

廣義性——除聯合國本身外，包括其周邊組織、申請觀察員身分、設立研究委員會等。

階段性——視爭取目標與物件，制定短程、中程、長程等各項計畫與步驟，逐步推進，分段達成。

彈性——有關參與名稱等問題，可彈性處理，以因應國內不同意見及對岸中共之容忍度。

方式多元性——如平行代表權案、新會員加入、單獨提出人權訴求使之成案，質疑第 2758 號決議等。

長期持續性——參與聯合國運動係一場長期抗爭；不能誇大，不能急功，必須沉著應付，不屈不撓，鍥而不捨，始克有成，切忌一曝十寒，虎頭蛇尾，有始無終。

各國代表的反應和看法摘要（包括外國駐臺灣的使節或代表）：

「人權訴求不妨一試」（法國、幾內・比索）

「可將『中國』問題分開，研究單獨提出人權訴求之可能性」（幾內・比索、多哥等）

「如果早和我們接洽，總辯論發言內容有可能加列『助我』詞句」（多哥）

「下次發言，同意於擬稿時，加列『助我』詞句，但須經層峰核定」（馬達加斯加）

「我應早日組團赴非洲各國從事遊說工作」（薩伊、中非、幾內・

比索等)

「二、三年內我聯合國訴求必將逐漸形成氣候」(多哥常任代表)

「我們都站在正義、人權這一邊」(幾內・比索、中非、多哥)

「我們對閣下所陳說詞均表同情與信服，但如何具體參與，願聞其詳」(塞內加爾)

「我們感覺到聯合國中確已起了些微妙的變化」(幾內・比索、多哥、賴比瑞亞)

「大國對臺灣參與聯合國案未發言的事實，可視作為對臺灣的正面效應，因為不發言就是不反對，並含有『樂觀其成』的意思」(所有接觸代表，包括法國常任代表，及法國在臺協會主任、英國駐臺灣文經辦事處主任等)

「以『正義』、『公平』、『會籍普遍化』、『人權』及『臺獨危機』等為說詞，認為是一個良好的『開端』」(法國駐聯合國常任代表評語，由法國在臺協會主任及文化參事先後祕密透露)

「你們固然理直氣壯，但亦須顧及政治現實，應採低姿態及迂回方式，從周邊組織著手，多交與國，待造成聲勢後，自然可望水到渠成」(英國駐臺主任牟理士)

「推動參與聯合國運動，尚須加以擴大及深化。應多派幹員赴英、法、德、俄等國(同時不能忽略比、荷等較小國家)，進行接觸及遊說工作，並多與各國學者專家、民意代表等聯繫」(法國在臺協會主任建議)

「應設法與隸屬於法國外交部的『分析暨預測中心』(Centre d'Analyse et de Prévision，簡稱 CAP，英文譯作 Policy Planning Staff)建立關係，盼望能透過這個機構、來間接影響法國對臺政策」(法國在臺協會主任建議)

「直接參與聯合國難度甚高，且耗時甚多；不妨先從若干專門機

構著手，如聯合國教科文組織 (UNESCO)、世界衛生組織 (WHO)、聯合國開發計劃署 (UNDP)、聯合國糧農組織 (FAO)、世界智慧財產權組織 (WIPO)、世界氣象組織 (WMO) 等，對若干專門機構申請案英國並可積極支持」（英國駐臺文經辦事處主任牟理士）

「願促成下屆聯大非洲國家提出類似中美洲『七國提案』」（史瓦濟蘭、幾內・比索、中非等國）

「願在國內政局許可下相機配合紐約『聯工小組』主任吳子丹大使，協助推展我參與聯合國運動」（賴比瑞亞常任代表）

「對臺灣參與聯合國運動前景持樂觀看法，認世界局勢轉變對我有利，應迎頭趕上，預為因應，以免落人之後」（塞內加爾及多哥兩常任代表）

「進一步支持，可從長計議」（象國常任代表），「但最後仍須由象國總統核定」（象國外長）

「參與聯合國體系，有一字須記之曰：Flexibility（彈性）。依據『臺灣申請加入 GATT 工作小組』召集人 Martin Morland 大使所獲印象，我方在談判過程略嫌僵硬 (rigid)。該大使曾任英國駐日內瓦聯合國歐洲總部大使多年，對聯合國體系各機構之規章人事極為嫻熟。需要時可請其代為安排晤面，俾向其求教請益，當可省時省事」（英國駐臺文經辦事處主任牟理士）

「本案須在美國方面多下功夫。如能多幾個參議員及眾議員為我說話，則本案較易推展」（法國駐聯合國常任代表 Jean-Bernard Mérimée）

個人建議

說詞方面：

依個人觀察及臨場實驗反應，「務實」、「分裂國家」、「德、韓兩國

先例」、「會籍普遍」原則、「公平」、「正義」、「人權」等均具說服性。尤其人權訴求，可獲普遍同情與共鳴。其他如「臺獨危機」及批判中共帶有殖民主義、帝國主義色彩的「絕對主權觀」等設詞，則對智識程度較高及對國際法有研究者，亦能使之入耳。至於拿激將法，促使借「中華民國參與聯合國案」以伸張正義人權，使中、小國家能團結一致，一反過去聯合國由大國支配小國的先例，開啟中、小國家主導大國的趨勢等說詞，亦可能獲得迴響。

大體說來，對歐洲國家似應多談法理，以創新的國際法學理沖淡傳統觀念，並須激起其道德勇氣。對第三世界國家，則除強調「會籍普遍化」原則及人權等說詞外，尚可暗示或明示我入會後對財務、技術、醫療各方面之可能貢獻與援助。但仍須看對方的背景及學識程度作機動的揉和與調整。

策略方面：

設立「研究委員會」之議，似仍可於下屆大會續行提出。但非洲方面，似亦可洽請友邦提出類似建議，以擴大聲勢。又聯合國總務委員會如能設法早日佈樁、掌握多數，以期能列入議程，不然則退而協調提案國轉洽聯合國祕書處能否將提案延至聯大總辯論結束後加以審議。

至於「人權訴求」，在法理上，似亦可單獨提出。表面上與所謂「中國問題」分開，或能獲得較多國家、甚至無邦交國家的支援。恐須成立「專案小組」，就本案提出之可行性及其所產生之效應，予以審慎詳細評估。

在此同時，似應針對加入若干專門機構，作深入研究及必要準備。或則申請為會員，或則申請為觀察員，就先後緩急，設定目標。

洽請友邦或無邦交國家在下屆聯大總辯論為我執言，似應及早籌劃進行。

對應中共方面，似可採軟硬兼施態度。不妨經常提出「對等務實」訴求，要求中共也實施「務實」，以回應我之「務實」，庶能推展兩岸關係，避免臺獨危機。如本案不能透過「海基會」及「海協會」進行，應否另闢祕密管道，有如以、阿兩國談判連美國都被置身事外。若此一原則獲層峰核可，則無論在華府、巴黎、紐約、倫敦、新加坡等地均可作祕密接觸。因為，參與聯合國案若無中共某種程度的默契不可能有效果。

「名不正則言不順」

我「駐紐約聯合國工作小組」簡稱「聯工小組」，無論就編制人事、設備及名稱，似均須予以調整，以因應其所賦予之任務及新形勢。

因此，首先從「正名」開始。在紐約各駐聯合國常任代表團日常電話往返頻繁，通常來往電話都先自我報稱：「這是某某代表團」(This is X or Y Mission)。基此，為避免複雜地說明「聯工小組」是什麼機構、反而令人如「墮入五里霧中」，不妨使用簡單的英文名稱。建議採用："Taipei Mission for UN Affairs"，簡稱"Taipei Mission"。

至於從事遊說工作人員，似亦應畀予適當令人重視之「頭銜」。否則須花半天時間說明「我是駐某國代表或大使……派來紐約……協助聯工小組……」，或「我是前駐某國大使，業已退休，現任外交部顧問，派來紐約……」自我介紹尚未完畢，說不定對方接聽電話的小姐已不耐煩地把電話掛斷了。「顧問」、「退休大使」、「代表」在聯合國根本不能引起人家的注意，遑論「重視」了。

如可能，不妨考慮給予臨時派來從事遊說人員「巡迴大使」(Ambassador at Large) 的頭銜，以方便接觸。同時由聯工小組統籌印製名片，設立專線電話，並雇用通曉英語（能兼通西班牙、法語最佳）的女祕書一、二人專門接聽電話及約會聯絡。否則遊說工作人員必須

自行撥打電話，或在旅館等候覆電而不能外出「闖門」或拜會，浪費損耗時間甚多。有時甚至不能下樓用餐，因為恐怕如有來電無人接聽，錯過聯繫接觸機會。

加強人事與增設辦公處所

聯工小組目前人事如須因應積極性擴大行動，顯嫌單薄。現行固定編制似須予以擴大增強，以應付未來重大挑戰。此係根據一個月來觀察所獲印象。臨時調派人員人數，似亦應酌予增加，使工作範圍可以擴增並能深化，而非僅作「蜻蜓點水」式的工作。

現有紐約辦事處辦公室不足。臨時調派人員並無專用的辦公室，均集處於辦事處的圖書會議室，且未添設臨時電話，至感不便。如能在辦事處附近另行覓租辦公室，成立獨立性的「臺北駐聯合國總部」，似不失為可考慮之事項。

應制訂一套完整的「參與」計畫

若干代表詢及臺灣如何具體參與聯合國步驟及計畫。我似須制訂一套完整的計畫及說詞，使對外遊說能統一口徑，包括如何實際運作「平行代表權」等。

結　語

總之，正皋此次奉派參與聯大工作，在吳子丹大使兼組長統轄下，原有人員及外來調派工作同仁充分發揮團隊精神，全體將士用命，經常枵腹熬夜。在人手不足及物質設備未臻完美的條件下，尚能有若干收穫，不無欣慰。個人方面自感未能充分發揮戰鬥力，深感愧疚。今後，參與聯合國案恐仍須埋頭苦幹，因為這是「一個長程作戰計畫」（法國常任代表語）。同時須低調處理，避免在事先誇大未來戰果，非但於事無補，徒然增加工作同仁壓力，及外交部應付媒體與民意代表的困難。

臺、加建立實質關係的幕後祕辛

我國退出聯合國後不久,加拿大就和我們終止了外交關係,並嚴格執行「一個中國」政策,大有全面否定中華民國存在之勢。他們對於臺灣的態度非常冷漠,處處「敏感」,使得推動臺、加民間經貿、文化與學術交流的活動也變得相當困難。舉例而言:凡是從加拿大寄往臺灣的郵件將地址寫作「中華民國」(Republic of China) 者,都一律被加拿大郵局退回,並加蓋一個戳記,注明「退回原寄件人。國名僅能使用『福爾摩薩』或『臺灣』」字樣 (Return to Sender. Country's name must bear Formosa or Taiwan only.),可見當時的加拿大政府對於我國是多麼的忌諱和歧視。

加拿大政府以「政府間事務部長」的名義,於 1980 年 12 月 17 日向政府全體閣員下發了一個通函,主題涉及「臺灣」,加拿大政府對於我國的極不友好態度躍然紙上:

> 加拿大只承認一個中國(中華人民共和國);
> 加拿大與臺灣不能有官方或政府間的接觸;
> 加拿大政府的援外計畫與提供服務物資排除臺灣,臺灣政府亦不能在加拿大實施任何計畫或提供服務;
> 臺灣人士不得以官方或政治目的進入加拿大;
> 加拿大對中華人民共和國強烈反對臺灣使用「中華民國」或「自由中國」等名稱之立場予以認知;
> 聯邦閣員不得到臺灣旅行;

但本政策不禁止和臺灣進行民間的（即非政府的）商務往來；
敬請將上項聯邦政府之關切轉知貴轄單位為感。
發文單位：政府間事務部長多默・威爾斯敬啟

1.如何打開僵局？

　　那時候，我已從象牙海岸下旗回國，結束了派駐非洲 23 年的外交
工作，以「大使回部辦事」的名義，在外交部繼續待了三年才退職。
但退職後外交部仍聘我擔任顧問，工作上比較輕鬆，遂同時接受了淡
江大學董事長張建邦的聘請，擔任了淡江大學專任教授兼歐洲研究所
所長及區域研究中心執行長。另外，我也籌組了一個民間組織「中加
技術暨學術合作協會」(Council of Canadian Affairs) 並被推選為理事
長。這個協會的英文名稱，還是就教於時任外交部次長章孝嚴才決定
的。我既然擔任了協會的理事長，就不希望自己「尸位素餐」，遂考慮
設法如何矯正或改善加拿大政府對於我國的這種偏激作法。

　　我想，或許我們可在學術交流方面展開一些活動，但是，舉辦學
術活動的經費又從哪裡籌措？一番思索之後，決定提出建議，從蔣介
石父子共同尊重的黨國元老谷正綱先生所主持的「世界反共聯盟」（以
下簡稱「世盟」）舉辦一年一度的「世界自由日」活動的龐大經費中，
撥出一部分來支援我國對加拿大的學術交流活動。

　　我本來就是谷正綱理事長主持的「世盟」機構的「顧問」，每星期
一上午開會，每個月領取一些車馬費。於是，在 1986 年春天的某次例
行會議上，我提出了有關「國際學術交流」的概念和初步的構想。我
說道，我國每年投入巨大經費，廣泛邀請世界各地的分會負責人或者
崇尚自由的民主人士來臺參加「世界自由日」活動，那麼，似乎可以

考慮酌情邀請具有同樣思想，並進行學術研究的學者一起前來，擴大接觸，共同探討，從而使得「慶祝日」更豐富多彩，更有實際意義。鑒於目前我國與加拿大的關係冷漠，如果能撥出若干經費，邀請一些加拿大學者，在「世界自由日」活動期間與淡江大學共同舉辦一個「認識加拿大」的學術會議，將會有利於「世盟」會務的發展。谷正綱聽了我的建言，覺得頗具新意，遂同意在 1987 年 1 月慶祝「世界自由日」活動的經費內撥出 20 張臺灣、加拿大往返機票款項，授權淡江大學區域研究中心，籌組「認識加拿大」學術會議，作為「世界自由日」慶典活動節目中的一個新項目。

就這樣，設法邀請當前對我並不友好之國的加拿大學者訪問臺灣的責任便落到了我的肩上。顯然，這項任務並不容易達成，因為單靠書信往來或電話交談很難彼此溝通並表達所有的意思，更難說動一些人。所以，我決定親自出馬，跑一趟加拿大，以便與關鍵的單位和關鍵的人士當面洽定。此事得到我在駐象牙海岸大使任內所結交的好朋友，加拿大駐象大使赫貝爾特 (Ernest Hebert) 的幫助，因為他此時已經返國，升任加拿大總理府負責外交事務的副祕書長。他使我本來在臺灣無法取得的加拿大簽證在香港順利獲得，並又慎密地安排我在抵達加拿大的第二天便會見了加拿大外交部負責國際文化交流的主管。我便展開了一套「攻勢」策略，首先說服他們，這項活動並不違背加拿大政府目前推行的對臺政策，其次則竭力鼓吹此舉獲益的是加拿大，使對方難予拒絕。

我直截了當地談了我的構想和實施計畫。我說道，加拿大崇尚民主自由，也是一個經貿大國，在當前情勢下，並不反對和臺灣發展商務關係，而且業已在臺北設立商務機構「加拿大駐臺北貿易辦事處」(Canadian Trade Office in Taipei)，由凱里 (Robert D. Kelly) 擔任主任。

但一般民眾對加拿大仍不如美國熟悉，兩國間貿易金額亦微不足道。為了改善這種現象，並促使臺灣對加拿大增加認知，擴大經貿關係，「世界自由日」主辦單位委託淡江大學，擬出面邀請加拿大學者專家，組團前赴臺灣，參加「認識加拿大」的學術會議，從多角度方面介紹加拿大，若再配合電視及平面媒體的反復傳播，當可收到預期的豐碩效果。至於訪問團成員往返臺北的機票，以及在臺的膳宿等全部費用，則都將由臺灣主辦單位承擔。

　　像這樣一個包涵這麼多有利條件的「好建議」，對方自難予拒絕。果然，加拿大外交部的這位負責國際文化交流的主管，很快地接受我的友好邀請，立即開列出加拿大七八個著名大學的名單，並提供了有關單位和人士聯繫的資訊；他並承諾，再由他負責另行個別通知參加人員，告知他們「加拿大學術團」訪問臺灣的計畫已經落實並獲得加拿大政府的許可。

2.加拿大、臺灣學術團體互訪

　　我在取得加拿大政府的同意和支援的任務達成返臺後，再經過連續數月的函電往返接洽追蹤，終於 1987 年 1 月，在臺北舉行慶祝「世界自由日」期間，一個規模龐大的加拿大學術訪問團如期抵達臺灣。訪問團包括教授學者 14 人、國會議員 3 人（其中一位還提交了論文）、記者 2 人（加拿大平面媒體英、法語系報紙各派代表一人），共計 19 位成員。他們總共提交了會議論文 15 篇，並都收集於會後出版的論文集中，分送加拿大政要和學術界，開啟了臺、加之間的學術交流之門。這可以說是一項「創舉」、也是一項「突破」，甚至取得了超過預期想像的效果。這次由加拿大學者、專家、國會議員參加的「認識加拿大」會議，由加拿大人自己來介紹他們自己的國家、來推銷加

拿大。加拿大國內對這個別出心裁的「特殊方式」的會議反應普遍良好，從而也為臺灣教授組團於下一年度回訪加拿大計畫奠定了基礎。

「來而不往，非禮也」。由於「認識加拿大」會議在臺北成功舉行的良好的成果，順理成章地，由十餘位我國教授組成的訪問團，於次年 1988 年 9 月 3 日至 22 日也回訪了加拿大。在這十九天內，從加拿大東岸橫貫到西岸，先後經過多倫多、渥太華、魁北克、蒙特利爾、艾蒙頓及溫哥華等六大城市。訪問了約克、多倫多、卡爾頓、拉瓦爾、麥琪爾、阿爾伯他、賽蒙‧佛來瑟及英屬哥倫比亞等八所大學。會議主題為「認識中華民國」學術研討會議，不過，為避免「敏感」起見，會議的英文名稱為：「臺灣的政經發展」（"Contemporary Economic and Political Development in Taiwan"），從不同的視角介紹了臺灣各方面的政治經濟發展與成就。

附：赴加學術訪問團名單（以姓氏筆劃為序）及提交的論文題目：

江炳倫（政治大學）：《中華民國的社會多元化與政治自由化》

呂亞力（臺灣大學）：《中華民國黨派競爭制度的演變》

芮正皋（淡江大學）：《中華民國的國際地位及其「準外交」》

周鉅原（紐約市立大學）：《臺灣經濟自由化及其對太平洋發展的關係》

高希均（威斯康辛大學）：《臺灣的發展經驗、教訓與前瞻》

張京育（政治大學國際關係研究中心）：《中華民國之發展及其對未來中國的影響》

陳奇祿（臺灣大學）：《中華民國二十年來的文化工作》

葛敦華（政治大學）：《臺灣經濟成長與國家安全》

楊崑玉（東吳大學）：《中華民國人力發展成功之策略》

熊玠（紐約大學）：《從「政治經濟學」角度闡明臺灣民主化的發生》

薛琦（臺灣大學）：《外國對臺灣直接投資問題》

蘇起（政治大學）：《中華民國的對外關係》

3.加拿大大使與中國廚司「結緣」

加拿大駐象牙海岸大使赫貝爾特是法裔加拿大人，出生於魁北克 (Québec) 省。我在擔任駐象牙海岸大使期間，與他建立了很好的友誼。由於加拿大在 1970 年就與中共建交，從而與我國斷絕了外交關係，以至我們在象牙海岸工作期間，中、加兩國已無邦交，但是，我們兩人間的私誼卻特別友好，我們兩人時相過從，相互邀宴，出席彼此的國慶酒會。赫貝爾特很喜歡我們大使館專做西菜的廚司惲華（全名惲榮華）所烹調的一手道地的法國菜，每次來作客，總能「大快朵頤」。尤其是加拿大大使夫人，對於惲華的手藝更是讚不絕口，說他做的菜比魁北克的一流法國餐廳還要高明。赫貝爾特大使伉儷算是「識貨朋友」，稱得上「美食家」了，因為惲華原來曾是越南西貢頗負盛名的「法國俱樂部」的主廚，當然手上有好幾把「刷子」，否則豈不是「盛名之下，其實難符」了?!

4.惲華的故事──小兵立大功

這裡順便談一下有關惲華的一則動人故事：

有一天，象牙海岸安全局忽然帶了一個東方人來大使館，說有一個人自稱是「中國人」，能講幾句法文，但無身分證明，他說是從越南逃難出來的「船民」，船翻了，家人死亡，遂輾轉前來象牙海岸，說是要求見中國大使，請求收留。故請中國使館考慮酌情辦理云云。

於是，我便與他約談。原來，這個中年的中國人是越南華僑，名叫惲華，在西貢（越南統一後改名「胡志明市」）法國俱樂部擔任主

廚。但是因南、北越的戰亂，遂搭船逃離越南，卻不幸人多船翻，兒子淹死。他經人救起後，好不容易輾轉來到象牙海岸。如今舉目無親，投靠無門，故請求中國大使館救濟援助。

我對他的遭遇很表同情，惻隱之心油然而生。我便告訴他說，大使的官邸可勉強容他暫時居宿，飲食方面，則可與其他僕從一起進膳，沒有問題。但是，大使館已經有了廚司，限於經費，無法負擔第二個廚司的薪資。惲華深表感激地說道：「我千難萬險，能從鬼門關逃出來，已是劫後餘生。能夠撿還一條命，有一個安身之所，已經心滿意足，哪裡還談什麼薪金待遇！我將盡我所能，無條件地貢獻我的手藝，替大使館充當義工，以報答收留之恩。」

就這樣，越南難胞惲華就成了大使館的第二位廚司，專做法國菜。大使館原來的廚司陳光亮則專做中國菜。大使館輪流以中國菜、法國菜宴客，增加了接觸面，用「烹飪」來廣結善緣，充分發揮了「烹飪外交」的功能。象牙海岸外交使節團和該國政、商各界一致認為，首都阿比尚最好的「餐館」是中華民國大使館。後來，我在使館總務經費內每月擠撥出 200 美元，作為給惲華的象徵性的工作津貼，供他另用。我還主動替惲華向我國外交部申請中華民國護照，惜乎未能成功，因為根據規定，凡是來自共黨統治區的華人，必須在非共黨統治國家連續居住滿三年，並且無不良記錄，能提供有效證明者始能辦理護照申請。顯然，惲華在當時並不符合這一規定。

那時候，我國與象牙海岸的關係已經開始發出警報，搞得風聲鶴唳，人心不穩。我表面上不動聲色，但是暗中已開始默默地策劃各種因應和善後措施，包括替這位越南難民廚司惲華找一條出路。

我找了一個機會，與赫貝爾特大使密談，告訴他，我在象牙海岸已經十多年了，恐怕不會再在象牙海岸待很久。尤其是，最近傳出象

國將與北京關係正常化的消息，如果一旦不幸成為事實，那麼，由於廚司惲華是越南難胞，來自共產國家，就不可能隨我同去臺灣。因此，他有無可能聘雇他為加拿大使館的廚司？赫貝爾特大使說道，那真是太好了，他正求之不得呢；特別是他的太太，更是欣賞惲華的手藝。我又問道，如果大使調回國內或其他館處，能否帶他同行。赫大使滿口答應，說是「沒問題」，他保證會幫他辦理好一切手續，照顧他的，請我儘管放心。我對赫貝爾特大使的善意和熱心非常感激、連連稱謝不已。

1983 年 3 月間，我終於必須離開待了 15 年之久的象牙海岸。行前我和赫大使商定，惲華於 2 月間搬去加拿大大使的官邸，開始為他服務。屆時，我派了大使座車將惲華送到加拿大大使官邸，臨行前，我還特別叮嚀惲華，要他在那兒好好工作。好在他也略通法語，與大使夫婦的溝通應當沒有問題。我在匆忙中離開象牙海岸前，和赫大使通了一個電話，得知他們對惲華的服務非常滿意，我也就放心了，遂在電話上道別。

惲華的忠誠服務和烹調技藝獲得了赫大使的信任與欣賞。赫大使調回加拿大時，也實踐諾言，攜同惲華一起回國，並作了妥善的安排，使他能在加拿大定居。想不到我「善心」促成的這一「善緣」，在日後結出了如後文所述的一系列「善果」。

事隔多年，我們已在臺灣定居。那是 1987 年，正值 10 月雙十國慶季節，忽然外交部人事處來電話說，有一位來自加拿大返國參加國慶的僑領到處找您、找到外交部洽詢您住址，已將尊處地址告知等語。但人事處未將訪客姓名見告，苦思不知何方「神聖」駕臨。過不久，大廈管理員通報有客來訪（那時我們住臺北敦化南路「鑽石雙星」大廈）。一見面，原來就是數年前在象牙海岸、我推薦給加拿大大使官舍

充當廚司並隨大使返回加拿大的惲華。但見惲華帥氣十足，全套白色西裝、時式領帶、白色皮鞋，戴著墨鏡、肩背照相機、滿頭白髮，一付僑領派頭，與當年在我大使館當廚司時打扮判若兩人。老友重逢，欣喜萬狀，彼此話舊自不在話下。

原來惲華隨著加拿大大使從象牙海岸調返國內後，赫貝爾特大使不負我當年囑託，替他辦妥加拿大居留身分、使惲華能享受加拿大優渥的社會福利津貼，由於他通曉法語，並為他安排居住在加拿大法語區魁北克省首都蒙特利爾市 (Montréal)。惲華憑其正宗法國烹調特技，在崇尚法國文化的魁北克地區甚為吃香，群相爭聘，應接不暇，嗣後改為設館授徒，成為當地著名「法國烹調大師」，因此月入甚豐。加拿大政府給的養老金根本用不完。我們當然為他這種優裕生活大為高興。談起往日舊事，大家不勝唏噓。第二年惲華還寄來一幀在湖邊所攝的照片，一付瀟灑悠閒的樣子。照片後面簡單寫了幾個字、字跡尚算端正：「芮正皋大使夫婦留念。大使我們一年不見，我變白頭翁、時間不留人。惲榮華敬贈　一九八八年九月六日」，那是二十五年前的事了。後來我們離開敦化南路的寓所，又搬了好幾次家，

僑居加拿大的「廚司變僑領」的惲榮華。

彼此遂失去了聯繫，不無悵憾。他的照片一直保留作紀念迄今。

5. 加拿大大使是臺、加建立「實質關係」的幕後促成者

加拿大當局鑒於加拿大學術訪問團 1987 年 1 月間在臺灣參加「認識加拿大」會議的良好影響，對我們這次組織的臺灣教授團訪加一事甚為重視，給予了相當的禮遇。學術會議在多倫多和渥太華兩大學舉行時，加拿大外交部還派了高級官員列席參與旁聽。由於臺、加間沒有邦交，故加拿大方面由總商會會長 Roger B. Hamel 出面作東，舉行晚宴款待我們。晚宴設於總商會宴會廳，各座位都有參與者的名牌，相當隆重，我被排在主賓席位。另外，還刻意安排與我頗有交誼的加拿大前駐象牙海岸大使，現任總理府主管外交事務的副祕書長赫貝爾特大使坐在我右側，以便於交談。此外，還有加拿大外交部北亞司司長巴絡克 (Howard Balloch) 及外交部主管東亞事務的副司長傑齊 (Bruce Jutzi) 兩位官員參與作陪。加拿大方面這樣的安排和禮遇，使得一個「非正式」的餐會轉變成帶有「官方色彩」的正式晚宴了。

我當然不會錯過這個「絕佳的談判機會」來推銷我的「逆向思考」構想。我首先徵得赫貝爾特大使的同意，擬於餐後邀約加拿大外交部的兩位官員到餐廳隔壁的酒吧共進「飯後酒」(Liqueur)，以便進行機密會談。同時，我也把我胸有成竹的「錦囊妙計」的要點簡要地透露給了赫大使。他聽後表示十分贊同，但是自己則回避參加，以免引起不必要的注意，加重「官方色彩」。我在大家尚未全部入座前，先走向餐桌對面的兩位加拿大外交部官員，輕聲地表達我請他們在餐後酒吧喝酒的意願。他們兩人不約而同把視線轉向赫大使，因為他們已注意到我和赫大使頃間頻頻耳語的情境。赫大使對他們微笑頷首，他們這才會意地欣然接受。

晚宴接近尾聲，快吃完甜點時，我和兩位加拿大外交官彼此打了個眼色，在不引起旁人注意的情況下，相繼離開了餐廳，優雅地步入隔壁的酒吧，找到僻靜的一角，開始共進「飯後酒」(Liqueur)。Liqueur 是酒精度很高的烈酒的通稱。我還記得大家各自叫了自己喜歡的烈酒，司長叫的是拿破崙高釀 (Napoleon Cognac)，副司長點了普通的蘇格蘭蘇打 (Scotch Soda)，我則點了一杯我在法國和擔任外交官時常喝的，但在臺灣不常見的法國橘子酒 (Cointreau)，酒精度大概 40 多度。

在品嘗美酒的融洽氣氛下，我開始很誠懇地、但很有分寸地、運用「三寸不爛之舌」，把我的看法和說詞，很技巧地提供給他們參考。首先，雙方很快地達成了一個共識：在不影響加拿大當前政策的前提下，臺灣與加拿大，為了雙方共同的利益，有發展多元化「實質關係」的需要。可是，我隨即發現，加拿大方面由於此事的高度「敏感性」，目前只願意考慮在雙方經貿部門的低層次技術官僚間進行接觸和商談。

我旋即很委婉地向他們分析和解釋。我說道，我們尊重加拿大政府的政策，雙方需要發展「實質關係」既已具有共識，那麼如何促使這個共識早日實現，當然也是我們的共同願望（兩位官員點頭）。我接著說道，隨之而來的，便是如何避免耗費時間，避免經年累月而一無進展、徒然成為「紙上談兵」和「虛幻泡影」的結果（他們再點頭）。我繼續說道，既然如此，那就不是「原則問題」而是「方法問題」了：在臺灣方面，要找一位適當的，有權力作決策的人，而不是經貿部門較低層次的「技術官僚」來作為談判官員。他們認為此話有理，但是，臺灣方面合適的人選是誰呢？我答道：最合適的人選，便是臺灣外交部的現任常務次長章孝嚴（章孝嚴後來升任外交部長），因為我國一切有關北美洲事務的處理與決定，基本上都要經過他的參與和首肯之後，才能順利實施！

　　兩位加拿大外交部官員聞聽此言，顯得相當驚愕，面面相覷，立即不約而同地說：「章次長的層次太高了，太敏感了，加方不可能接受的。」我連忙說道：「我非常瞭解你們不太能接受，但是，如果你們不直接和主管北美事務的章次長打交道，那麼雙方發展實質關係的共同願望就十分可能在原地踏步，難以付諸實施。你們4月間派去臺北接任貿易辦事處前主任凱里的新主任克來敦 (John Clayden) 也勢將不能有所作為，也只能『轉轉大拇指』(Twiddle his thumbs) 過日子而已。」我說道，我曾經以「中加協會」理事長的身分，向克來敦主任提出我的看法，認為他的任務便是全力設法在他任內促成外交部次長章孝嚴訪問加拿大。

　　他們兩人對我的建議一時無話可說，彼此面面相覷，下意識地端起酒杯，啜了一口酒，陷入低頭沉思的狀態，當時的氣氛顯得頗為尷尬。

　　我見他們轉入凝思狀態，便乘機進言，把我經過逆向思考的「錦囊妙計」適時地祭出來。我說道：「我倒是有個策略建議，可供你們參考，看看是否可行？」他們聽後，頓時精神一振，抬頭作出一付願意「洗耳恭聽」的樣子。

　　我說道，基於加拿大政府現行的政策與形勢，當然很難想像安排章次長在臺北或加拿大與加方接觸和會面。但是，有一則機密消息可以透露給兩位密參：章次長將於下年度（1989年）3月間去美國主持我們「北美事務協調會」駐美單位的會議。那麼，如果加拿大方面認為可以接受，不妨利用章次長赴美主持會議的機會，安排與他在加拿大境外的美國某地祕密會晤。這樣一來，可把「敏感度」降至最低點。這是一個千載難逢的好機會，希望加拿大方面能夠把握住。至於安排會晤的細節，則可透過加拿大駐臺商務代表與我國外交部北美司司長劉伯倫機密洽談後再商定（後來北美司長由王肇元繼任，劉伯倫司長

則調任駐澳大利亞代表)。此事只須雙方彼此嚴守機密,當可事半功倍地迅速達成雙方的共同願望。

他們覺得我出的主意值得考慮,可行性也相當高,表示將轉報高層認真考慮落實。這時,會談氣氛馬上轉變,兩位官員高興地豎起大拇指,彼此面帶笑容地重返餐桌,與大家會合。我則扼要地把剛才會談的要點轉告了鄰座的赫貝爾特大使。他難掩笑容,抑制著興奮之情,緊緊地在桌面下握著我手,表示欣慰與欣賞。

後來,加拿大方面果然接受了我的「外交獻計」,指派高級官員在美國三藩市某處祕密會晤了章孝嚴次長,直接展開會談。章孝嚴當然也充分地施展了他的談判才能,發揮了他的個人魅力,從而使得雙方洽談甚歡,氣氛十分融洽。最後,加拿大方面臨時決定,主動邀請章孝嚴次長祕密入境加拿大,作進一步談判,從而推進了一系列的多元化臺、加實質關係,包括兩地通航、提升彼此駐地代表地位,以及比照外交豁免待遇等等措施。

如今回想起來,當年我的這個「外交獻計」僅是一個「觸媒」,事件成功的幕後功臣應該是加拿大赫貝爾特大使:當時如果沒有他的「加拿大總理府」外交事務主管的身分和「職務之便」,沒有他的鼎力協助和幕後安排,我也拿不到赴加拿大簽證,來達成邀請加拿大教授組團來臺參加「認識加拿大」會議的任務,也不可能在翌年率領臺灣教授團回訪加拿大,在八所大學舉行學術研討會,並在加方邀請晚宴席上與赫貝爾特大使兩人「狼狽為『善』」,製造與加拿大外交部官員密談的機會,更不可能因而促成外交部章孝嚴次長與加拿大政府官員在美國祕密會晤,終於展開臺、加間實質關係的新紀元。

赫貝爾特大使之所以願意在幕後策劃,來支援我的「計畫」,與當年我倆同駐象牙海岸時所建立的私人友誼密切相關連;當然,我把中

國廚司惲華推薦給他的一事，顯然也是其中一個相當重要的因素。從這個意義上說，惲華廚司竟是無意之中「小兵立大功」，也是很值得驕傲呢！

二十多年後，因為要寫《回憶錄》，我把這段「外交獻計」的祕事初稿發給錢復先生審閱。他說道，「他當時擔任外交部長，原以為促成臺、加間建立實質關係都是北美司一手搞成的，還把當時擔任該司司長的王肇元調派去加拿大擔任代表。如早知有這一內幕，應當選派你去加拿大當代表才是最合適的，因為後來發現王代表在當地的表現並不理想」云云。錢復的這段話是在電話中私下對我說的，雖然已是「馬後炮」，但肯定是出於他的公正率直的本性反應，而不是為了討我高興而說的。我聽了當然甚感欣慰，覺得當年自己雖然默默貢獻，作了個「無名英雄」，但畢竟於國於民都有益處，並且最終還是得到了公正的評價，這一「遲來的精神享受」，是對我辛勤工作的最好的回報了。今天將此事在這裡披露，只是向讀者們提供一段鮮為人知的史實；鑒於這件「掌故」早已「事過境遷」，故料想也不至於影響到他人的令譽。

為張建邦代謀仕途「更上層樓」
「客串」策士

淡江大學董事長張建邦，宜蘭人，上海聖約翰大學畢業後赴美留學，取得伊利諾大學農業經濟學碩士及教育學博士學位。曾擔任臺北市市議會副議長、議長、交通部部長等職。在他競選臺北市市議會議長連任的時候，我正在淡江大學擔任歐洲研究所所長，我們老師學生全體總動員幫他助選、拉票，順利達成任務。

　　我發現張建邦人品不錯，禮賢下士，形象清新，學歷完整，應可在政壇更上層樓。以他在臺北市市議會的優越表現與親和力及成就，就理論而言，似有更上層樓、問鼎立法院院長的可能性。我遂以「策士」自居，用我的老生常談，也是經常使用的「推十合一」的研析方法，對當時臺灣立法院派系林立的複雜情勢，主動撰寫了一個分析報告，提供張建邦董事長密參。

　　這個「說帖」密件，是我和一位在歐洲研究所攻讀碩士學位的研究生汪文濤同學，依據當時立法院內錯綜複雜的黨團關係，一起絞了些腦汁撰寫的。如果從目前的政治生態角度去看，因為時空變遷，可能覺得有些格格不入；但如果用研究當時國民黨黨團，在立法院操縱權力分配的情況及政治生態來看，那倒也不失為一個可供參考及有趣的史實。以下是這一機密「說帖」的全文。

立院派系簡析及可能發展

　　臺灣立法院內原有四大派系：⑴新中央派，由莫萱元為首（莫並擔任集思會顧問），⑵一四會（取星期一、星期四集會之意）由張希哲為主導（與李煥接近），⑶座談會派及⑷CC 派。其中以座談會派及 CC 派勢力最大。前者原屬前副總統兼行政院長陳誠的體系。陳誠在臺灣當權得勢，以陳立夫為首的 CC 派遂被抑制。

　　座談會派原稱「黃復青」，即係寓結合「黃埔」、「復興社」、「青年團」三股勢力而成。座談會派的首腦為倪文亞、前書記長周慕文及現任書記長林棟（林棟是我國防研究院第一期的學長）等。但座談會派內部又分為江浙派（陳誠為浙江青田人，倪文亞為浙江溫州人）及東北派（以周慕文為主流）。東北派人士認為大陸東北失守應由陳誠負責，故兩派不合，結怨甚深，雖陳誠已死，周慕文與倪文亞間，仍存

有芥蒂。

政府開放增額立委參與立法院後，增額委員進入立院。此時，周慕文主控立法院內的立委黨部，號稱強勢領導，與倪文亞院長時起衝突。周慕文培植其子的同學饒穎奇，外界稱饒為周慕文的義子。在周慕文的刻意提攜下，饒穎奇逐漸成為增額立委群的領袖，前後僅八年。周慕文因病請辭，推薦饒穎奇為書記長。但倪文亞在蔣經國面前、以立法院目前仍以資深立委居多數為詞，推薦由林棟出任。因而激發周、饒兩人對倪文亞的不滿。故倪、饒之間，夾雜著兩代恩怨，彼此成為死敵。

立法院本身就充滿矛盾。新、舊之間，派系之間，黨內、外之間，處處對立，衝突不已。倪文亞杯葛饒穎奇，固以立法院中資深立委仍居多數的事實、須由資深委員主控為理由，事實上主要在打擊周慕文，以洩私憤。林棟既出任書記長，饒穎奇遂與吳梓等組「集思會」，企圖促使資深委員早日退職。吳梓並公開表示「要奪權」。去歲（1988 年）12 月間，立法院總質詢時、以程式問題發生立委扭打事件，饒穎奇並曾公開指責倪文亞主持會議不當。引起倪文亞「不要隨著魔鬼音樂而跳舞」的反擊。

國民黨十三全大會前，李煥、俞國華鬥爭激烈。李煥圖謀出任行政院長，俞國華則戀棧不讓。李煥想借重「集思會」，不意「集思會」倒向俞國華，成為擁俞的主力。李煥不悅，慫恿黃河青、廖福本等五人組「一心會」，並以僑選立法委員為周邊。但僑選立法委員在臺灣並無代表性，有等於沒有，故「一心會」無法發揮預期效力。

嗣黃正一委員等又結合部分學者組成「五五政策會」，但參與者不多，也無甚影響力。

兩個月前許勝發組成「建設研究會」。參加者主要為「金牛」及受

軍方影響的立法委員，如周書府等，人數雖不若「集思會」眾多，但亦有二十餘人。此一系統由於許勝發與總統兼黨主席李登輝的私交，亦等於隸屬李總統及蔣彥士系統，而「建設會」成員原為老派系「座談會派」的成員，亦即為陳誠舊勢力的殘餘。事實上李總統與蔣彥士都是「農業發展委員會」（前農復會）老人，亦即與陳誠系統一脈相承。故許勝發的建設會應屬李登輝的勢力，應可斷言。

綜上所述，立法院成為四個老派系與四個新派系（民進黨還沒有計算在內）錯綜複雜、彼此對立的局面。

「集思會」自從中國國民黨第十三屆全會後，受到黨系統李煥的排擠，遂與「黨鞭」林棟水火不容。黨系統視集思會為「叛黨團體」，但「集思會」有俞國華及舊官邸系統在暗中大力支持，因此雖遭立法院黨部系統打擊，仍然屹立不搖。

李煥對「集思會」擁護俞國華始終不能釋懷，遂擬用「黨內初選制」辦法、企圖清除「集思會」成員。「集思會」對此產生危機意識，反而較前更形團結，並進一步想自組團體設法參與選舉，以因應對抗黨的「黨內初選制」。在立法院內、則與民進黨暗中勾結配合，造成議事癱瘓，希望藉此得到黨的重視。李總統嗣借重「集思會」試圖代替立委黨部與民進黨進行協調，引發所謂「授權事件」，遭遇黨系統的反對，橫生枝節。

目前黨內是否實施「初選制」，是一個重要關鍵。因為「初選制」這一招所對付的主要假想敵（雖未明言），當然是「集思會」。但若「初選制」一旦實施，勢必造成「集思會」自行競選的後果。以「集思會」目前的氣勢與實力（參閱名單），自行競選很可能成功。到時，國民黨籍「集思會」立法委員的組織形態，很可能形成日本式的派閥政治，使「集思會」自行對選民負責，從而行政向立法（集思會）負責、三

者互動的現象。臺灣轉變成為內閣制國家，原有黨主席被架空，黨的體制由革命民主政黨轉化為民主政黨。執政黨由外造政黨轉變為內造政黨。議會黨團獨立，由立法院強勢派系主控政局的新政治生態。

如果這一假設成為事實，則「集思會」會長在理論上很可能成為立法院院長。這是順理成章、水到渠成的趨勢。

如果黨主席不願意看到這一現象的出現，則有兩種作法。

全力在選舉中擊敗「集思會」。唯此舉不易。因為「集思會」本來就是臺灣現階段社會形態演進的產物——「草根」和「金牛」的組合。加上另有舊官邸、行政院（俞國華）系統的幕後支援，財力又是相當雄厚，黨系統要擊敗「集思會」，不是太容易的事。

設法將「集思會」的力量，如「大禹治水」般，予以疏導，納入黨的系統。將「集思會」納入黨的體制內，以黨主席的威望應當可予以控制，則二者不致反目；如再許以若干政治利益，當可避免黨內內訌，避免黨體制變質，及黨主席被架空的可能。「黨內初選制」則予暫緩實施。唯此舉可能引起李煥、關中等異議。《中國時報》本年(1988) 12 月 5 日以「黨員初選制，執政黨『叫停』?」為標題，報導學者的看法，和黨主席與李煥祕書長對「初選制」的利弊評估十分看重的消息，可見「初選制」尚在審慎研議階段。

張董事長成為立法院院長可能性的分析

若集思會受到「初選制」之威脅而自行競選，如一旦成功，董事長成為院長之可能性為「零」。

黨系統若能鬥勝「集思會」，「集思會」力量消失，則董事長可能入主立院。但將面對許勝發的壓力。以許勝發挾「建設會」自重、成為增額立委主要派系，和他跟黨主席李登輝具有私誼的事實，可能成為立院院長人選之一。

若「黨員初選制」暫不實施，黨系統亦肯定「集思會」的實力及其存在事實，李登輝對「集思會」再運用其影響力，使「集思會」不與黨中央翻臉，則將造成饒、許兩人對峙的情勢。張董事長在此一情況下，可以「漁翁得利」手法入主立院，但將為虛位院長，超然於派系之上，無須、也不太可能、行使實質影響力。

策略建議

立法院中，不論是「集思會」或「建設會」獲得主導力量，在此情形下，張董事長均難有機會出任院長。唯有在上述二派系勢均力敵、互爭短長時，始可在矛盾中脫穎而出，尤須避免「黨內初選制」的實施。作法可建議主席李登輝，防止執政黨由外造政黨成為內造政黨，以致形成架空主席的現象，而使政治體制變質。其次，須避免許勝發在立院坐大。因許為中常委，又為總統密友，其出任院長的可能性大過饒穎奇。因此，最好建議主席讓饒穎奇主控立委黨部，出任書記長，使二者在黨內實力相當，雙方僵持不下，才能使未具立院資歷的另一中常委（張建邦）入主立法院。同時，有意協助饒穎奇的意願，亦可間接透過黃明和或李友吉等委員（後者等於饒的「忠僕」）轉告饒穎奇，使其心存感激，而思圖報、進而支持董事長入主立院的計畫。

結　語

目前倪文亞院長辭意甚堅，院內醞釀繼任問題。院長人選出現下列名單：馬樹禮、林棟、梁肅戎、劉闊才等人士。副院長人選，許勝發、饒穎奇等亦獲浮現。但不論上述任何人出任，鑒於國會資深民代進入「退職期」，新舊實力結構不穩定之際，均屬過度性質。但可斷言者，目前選出人選將仍為資深委員，但明年底之選舉，由於大勢所趨，將為增額民代角逐之場面。而跡象顯示，明後年院長改選，極可能出現許、饒對峙局勢。若任何一方獲勝而主導立院，董事長以「外來客」

的身分、就沒有插足的可能。必須在許、饒雙方勢均力敵，相峙不下的情勢下，始能以「後來居上」之勢，擷取「漁翁得利」之果。

目前情勢，已可窺見許勝發蠢蠢欲動之跡象，但「集思會」會長饒穎奇在黨內地位不高，僅為立法委員黨部副書記長，又非中央委員，與許勝發的中央常務委員的地位不可同日而語。故為今之計，必須設法提升饒穎奇的地位，並須加速進行，最好儘速安排他為立委黨部書記長（會期中更動並無法令限制），以先求權力的平衡，而預鑄「漁翁」之契機，則在「矛盾中求統一」而入主立法院的策略，未始無望。

展望立法院未來的形勢，當為「新派」（陳誠派系之再生）及「舊派」（饒背後為俞國華、舊官邸、宋美齡）之爭。若「新」、「舊」爭持不下，能否由董事長以「超派」身分脫穎而出，亦端在關係的運用，策略之部署，氣勢之造成等種種因素的匯合與凝聚耳。

當前之計，似應在現有有利基礎上積極拓展。鑒於外交部功能萎縮，而臺灣今後在國際金融、政治體系中所能發揮之潛力與趨勢，似可以淡江大學的實力注入世亞盟外殼（編按：張建邦已接掌谷正綱世界反共聯盟理事長的職務），健全其組織與功能、發揮其潛力，向國際進軍，開創新局，獨樹一幟，亦可脫胎換骨，出人頭地；進可以攻，退可以守，使廣闊天衢，任我馳騁。以上管見為野人獻曝，仍祈高明有以教之。

芮正皋　密撰（1988 年 12 月 11 日脫稿）

（極密重要）——又，如由劉闊才、林棟分任立法院正、副院長，則饒穎奇可望出任黨部書記長，此為「四兩撥千斤」法。

附：集思會名單

會長：饒穎奇

副會長：林聯輝、黃主文、紀政

祕書長：吳梓

成員：劉碧良、張堅華、黃正雄、林庚申、蔡中涵、劉興善、許張愛簾、吳勇雄（已被開除）、洪文棟、陳適庸、林時機、洪昭男、溫興春、黃明和、蔡勝邦、林鈺祥、林源朗、林天生、黃書瑋、羅傳進、洪玉欽、孫勝治、蘇火燈、謝美惠

以上分析「說帖」並非出自張建邦本人的意思，而是我以「政治學學者」的身分，「自出題目，自找答案」的一個「個案研究」(Case Study)。我出於「提供諮詢」的心態，主動向張建邦提出，以期幫助他「開拓前程」。嗣後，張建邦雖未當上立法院長，但於 2004 年幾乎出任陳水扁時代的監察院院長，由於時任立法委員的李敖竭力反對，百般阻撓，使陳水扁總統的提名始終不能兌現，「監察院院長」一職僅是「擦肩而過」，不無悵憾，我為他抱屈。但張建邦始終保持著政治家的良好風度，以低調默默地在逆境中渡過這個風暴，他在政壇擁有的一股潛勢力但未獲展現長才的機會。對監察院而言失去了一位良好的首長。客觀地說，就他的經歷與才華而言，應當是不輸李登輝的；可能只是「機緣不巧」罷了。若就「手相」而言，張建邦的雙手和李登輝一樣，也是「通關手」，即所謂的「斷掌」；而一般說來，「斷掌」之人為人固執，有決斷力，大都是「高官之相」。依是觀之，他的政治前程雖遠不如李登輝，但也算得上政壇上「風雲人物」之一，則「斷掌相」之說似乎也並不是完全沒有根據的。

對於上述張建邦入主立法院的分析，現在已時過境遷，應當已無保密必要，故作為歷史資料披露如上，或可提供對立法院黨團運作有興趣的學者一些補充資料。

第五章

追求生存和統一

　　2009 年 3 月，中共國臺辦主任王毅借用臺灣《聯合報》3 月 4 日的社論，談到兩岸關係在經濟合作架構下的關係。他針對社論中提及的「請君入甕」和「與卿共舞」言論時說，他希望海峽兩岸雙方都不要搞一廂情願的「請君入甕」，而要搞互利共贏的「與卿共舞」，共同應對目前的經濟危機，共同謀求兩岸的發展與繁榮。

　　這是一個比較明智的看法，也是比較切合實際的說法。中央電視臺對他的專訪約有 4 千多字，我在此則主要引用他的一些觀點，也談談我對兩岸關係的看法。王毅先生說，在政治軍事方面有一種思路：可以先由專家學者就全國統一之前的政治關係及軍事安全等展開學術交流；也可以從兩岸退役軍人交流開始，啟動兩岸軍事問題的接觸等。他對今後的兩岸關係有三方面的期待：第一，加強和深化兩岸合作關係；第二，大力開展兩岸的文化和教育交流；第三，開展兩岸各界特別是基層民眾之間的大交流。這是一個不錯的建議，我認為可以積極推進。

　　王先生既然提到了兩岸退役軍人的交流，這使我聯想到，兩岸的外交退休人士也可以進行交流。鑒於此，我在本章內，願以一個學者的身分，從法律和國際法等方面，就臺灣政府如何「追求生存和統一」的問題貢獻一點淺見，希冀拋磚引玉，引起各方注意，作出進一步的溝通與交流。

「兩岸關係問題」的由來

　　有關「兩岸關係」的研討，可分幾個階段來說。第一階段，是從 1949 年主宰大陸地區的中華人民共和國成立開始，到 1971 年控制臺灣地區的中華民國退出聯合國為止。在此期間，主要是「中國代表權」

的問題，因此，有必要探討一下這個問題的由來。

　　自從 1949 年中華人民共和國成立之後，阿爾巴尼亞等國的蘇聯集團就在聯合國聯名提出一項所謂的「中國代表權」案。這項提案的主旨便是要求聯合國接納中華人民共和國，而排斥中華民國。因為提案是按照國家的英文字母順序來排的，阿爾巴尼亞的英文名是Albania，所以我們簡稱這一提案為「阿案」。1950 年，這項提案剛剛提出來的時候，承認中共政權，並與之建交的國家有 15 個；而當時與中華民國維持外交關係的國家則有 46 個。「阿案」的後臺是蘇聯，但是實力強大的美國卻是中華民國的邦交國，所以此一提案就在美方設計安排的「緩議案」(Moratorium) 的策略下，被一再推遲討論。當時的聯合國祕書長是特里格夫·賴伊 (Trygve Lie, 1896～1968)，他主張聯合國的精神是「會員普遍化」，希望每個國家都能夠加入聯合國。那麼，以承認國家的多寡來講，顯然當時的形勢對北京政權並不有利，因為只有少數國家與之建交。在這種情況下，賴伊祕書長就讓聯合國祕書處的法律部門對此案進行研究，如何可以讓只有少數國家承認的中華人民共和國也能進入聯合國。後來聯合國法律部門研擬出了一個方案，被國際法學者稱之為「賴伊學說」(Doctrine Lie)。不管怎樣，自從 1950 年「阿案」提出之後，兩岸就在實際上和法律意義上都形成了分裂，兩個政權都要爭奪「中國代表權」，都認為只有自己才是「中國」的唯一合法代表者。所以，從 1950 年到 1971 年，聯合國始終在討論「中國代表權」問題，歷時 22 年。

　　1960 年以前，美國運用聯合國大會審查會員資格時提出「緩議案」的策略，使得每屆聯合國常會總務委員會討論大會議程時不把「阿案」列入議程。但是，由於承認中華人民共和國的國家數量逐步增加，從 1961 年開始，聯合國大會為大勢所趨不得不討論「中國代表權」提

案了。當時，以美國為首的國家又採用了另一個策略，即提出所謂的「重要問題案」，也就是說，「中國代表權」是個重要問題，應當適用於聯合國憲章有關「重要問題」的議事規則；根據聯合國憲章第 18 條規定，聯合國大會對於重要問題的決議應以到會及投票之會員國的三分之二以上來決定。這樣，「阿案」若要通過，則必須獲得聯合國大會會員三分之二、而非二分之一以上的簡單多數的贊成票，顯然，使其難度大為增加。

1971 年 10 月 25 日，第 26 屆聯合國大會首先表決「中國代表權」案是否是「重要問題」。因為這是程序問題案，所以要先對此進行討論表決。而涉及實質問題的「阿案」則排在程序問題案之後。最後，「重要問題案」的投票結果是，55 票支持，59 票反對，以 4 票之差否定了「中國代表權」案是一個重要問題。於是，我方阻止「阿案」獲得通過的防線徹底崩潰。

當時代表中華民國出席聯合國大會的首席代表周書楷外交部長，發表了一篇簡短的聲明後，不待討論「阿案」先行率領代表們退出會場。我那個時候的身分是副代表，也跟了大夥兒一起步出大會會場，當時會場的形勢極度混亂。像坦桑尼亞代表，就跳在桌子上，以大聲尖叫、高分貝吶喊、手舞足蹈等方式來慶祝。當然，周書楷率領代表們走出會場的時候，很多對臺灣友好的國家的代表，包括大會主席賴比瑞亞籍的法學家安吉・布魯克斯女士 (Angie Elizabeth Brooks)，美國當時擔任駐聯合國常任代表的老布希等，紛紛離開會場，出來向我們慰問，表示同情。

等會場秩序恢復後，再討論第二個實質問題，就是阿爾巴尼亞等國家提出的排斥中華民國而接納中華人民共和國的提案。投票結果是 76 票贊成，35 票反對，20 票棄權，聯合國第 2758 號決議獲得通過。

根據這項決議，由中華人民共和國取代中華民國在聯合國的席位，也就是說大會承認北京政權為中國的正式代表。

在此情況下，曾於 1945 年 6 月 26 日，具有聯合國創始會員國身分，代表全中國各黨派（包括中國共產黨）在聯合國憲章上簽字的中華民國，極具諷刺意味地被自己所創造的機構驅逐了出去。

當時的國際局勢是美蘇冷戰，中華民國退出聯合國也是這一時代的國際政治生態演變的一種結果。因為那時候美國不僅要對付蘇聯，還要應付越戰，所以美國就想在中蘇交惡的情況下，拉攏中共以共同對付蘇聯，企圖把當時孤立於國際外的中共納入聯合國，形成一個較堅強的反蘇陣營。以這個構想為基礎，當時的美國總統尼克森和總統國家安全事務助理基辛格就設計出了這樣一個策略：他們希望安排中共成為聯合國安全理事會五個常任理事國之一，與此同時，作為聯合

中華民國聯合國憲章創始會員國簽署照片。

國創始會員國之一的中華民國則繼續留在聯合國大會。這就是當時稱為「雙重代表權案」計畫。但是，這個「雙重代表權」計畫遭到了臺北方面和北京方面的共同反對。

　　臺北方面反對這一計畫的原因是，一是基於「漢賊不兩立」的傳統思維，二是蔣介石總統不願意承擔「分裂中國」的罪責，成為「歷史罪人」。顯然，當時聯合國大會的形勢十分不利於臺灣，所以，蔣總統在最後迫於情勢，也只好示意：「好吧，聽任你們去斟酌辦理吧。」但是他自己則並未作任何主動的決定。事實上，當時的形勢確實很混亂：我們在聯合國得到的指示是「可考慮接受美國建議的雙重代表權案，但要不讓蔣總統背負起『分裂』罪名；表面上要聲言反對，以維持『漢賊不兩立』原則」。這樣的指示大大增加了我們爭取邦交國票數的難度，因為友邦不容易理解我們的這種態度，故我們就很難說服對

1971 年 10 月 25 日我被迫退出聯合國（中華民國出席聯合國第 26 屆常會代表團全體合影，第三排右五戴黑眼鏡者為作者）。前排左起：左一馬樹禮、左三薛毓麒、左四謝東閔、左五劉鍇、中坐者周書楷、左七楊西崑、左八陳質平、左十林挺生。

方。因為我們必須向友邦國家的代表說，「重要問題案」要贊成，「阿案」要反對；如果美國的「雙重代表權案」提出來，你們也要投贊成票。但是，當對方問及我們自己持什麼態度、對美國案怎麼投票時，我們卻只能說要考慮棄權或反對，因為這「違背了我國的傳統原則與國策」。

　　在這種錯綜複雜的情形下，再加上傳聞美國的國務卿基辛格偷偷往訪北京的消息，所以各國都認為美國對我國支持的態度已在動搖。這樣，我國在「重要問題案」上丟失了 4 票，導致第一防線的崩潰。我當時負責非洲國家的票源，總算所有答應支持我們的非洲國家一個也沒有失信，在「重要問題案」上都投了贊成票，而且還比預計票數多出了迦納一票。但是，臨時改變投票態度的國家則不少，如冰島等幾個歐洲國家。既然「重要問題案」已遭否決，實質問題的「阿案」就很順利地以一般多數票通過了。這個決議案的正式名稱為「聯合國大會第 2758 號 (26) 決議全文」。在此情況下，美國所提的「雙重代表權案」根本連討論的機會也沒有，遑論表決了。因此可以說，中華民國是在美、蘇兩大集團的冷戰意識形態的鬥爭及世界普遍的反美情勢下，變成「代罪羔羊」而被迫退出了聯合國。

檢討聯合國 1971 年所通過的第 2758 號決議案的法律觀點

　　上面所述的聯合國大會第 2758 號決議文全文如下：

　　2758 (26)　恢復中華人民共和國在聯合國的合法權利

　　大會回顧到聯合國憲章的原則，考慮到，恢復中華人民共和國

的合法權利對於維護聯合國憲章和聯合國組織根據憲章所必須從事的事業都是必不可少的，承認中華人民共和國政府的代表是中國在聯合國組織的唯一合法代表，中華人民共和國是安全理事會五個常任理事國之一，決定：恢復中華人民共和國的一切權利，承認她的政府的代表為中國在聯合國組織的唯一合法代表並立即把蔣介石的代表從他們在聯合國組織及其所屬一切機構中所非法佔據的席位上驅逐出去。

一九七一年十月二十五日

第一九七六次全體會議

聯合國大會所通過的這個第 2758 號決議根本沒有提到「中華民國」字樣，連地域名字「臺灣」也都沒有被放在裡邊。這項決議案只使用了一句話，即「驅逐蔣介石代表」。檔中沒有提到爭端當事國的國名甚或當事國地域性的名稱——「中華民國」或「臺灣」——那麼，從法律觀點來說，就發生了決議的「適用性」問題。

現代國際法有時會採用國際組織的法律檔作為國際法的法源。尤其像聯合國這樣的國際組織，類似決議之類的法律檔，更應具有它的權威性。但以第 2758 號決議來說，卻缺乏了它的基本法律要件。因為它模糊了它的「訴訟標的」或「爭端標的」。顯然，「蔣介石代表」並不等同於「中華民國」或「中華民國政府」，蔣介石本人或其代表今天既不復存在，那麼，當前或今後在臺灣的中華民國或其政府，依照純法律邏輯而言，自不應受這個決議的拘束。這是一個很有趣的國際法問題，值得國際法學學者們參考、探討。

此外，再退一步講，當時「中國代表權」案的爭議是「誰代表全中國人民」。這個問題在第 2758 號決議文中得到了「部分」的解決。

它確認了北京有權代表全中國的主張，也就是說，北京有權代表中華
人民共和國在中國大陸的全體人民。另一方面，大會否決了中華民國
代表全中國的主張，但是對於居住於臺灣的人民在國際間由誰代表，
則沒有任何「交代」或提供任何解決方案。該案在賦予中國大陸人民
的代表權的同時，卻剝奪了臺灣 2100 多萬人民（20 世紀 70 年代）的
代表權。也因此，兩岸目前仍然處於分裂及隔海分治的狀態。為了適
應這種情勢，臺北方面遂演繹出一套彈性作法，所謂「務實外交」或
「活路外交」，以求自保、生存、在國際間繼續存在、從事國際法及國
際習慣所承認的「國際活動」，同時也不放棄追求「中國」統一的終極
目標的想法。

　　這裡所稱的「中國」是「泛稱」。因為兩岸和平相處的情勢演變發
展成的「組合」，不一定整合在「中華人民共和國」或「中華民國」的
名下，說不定出現一個新的名稱或「國號」。

「代表權」與「國家承認」二者並無必然關聯

　　1950 年，即中共政權在北京建立政府之後的第二年，中共當局積
極地爭取各國的承認，希望參與聯合國。當時有 16 個國家承認了中華
人民共和國，承認中華民國的有 46 個國家。在這種情形下，當時的聯
合國祕書長賴伊為了貫徹普遍化原則，曾設想將中國納入聯合國組織。
因此，他要求聯合國的法律部門就有關代表權的法律觀點草擬了一份
備忘錄。1950 年 3 月 8 日，他向安理會提交了這份備忘錄，題目是
《聯合國代表權問題的法律觀》。其大意是：參與國際組織的代表權問

題是一個國際組織的集體的決定；而國與國之間的「承認問題」是單邊或雙邊關係的個別行為。兩者本質上有所不同，彼此間應當並無關聯，也互不牽制。聯合國成員國贊同某國加入某個國際組織，並不構成對某國承認的一個法律行為，也不意味著它有與之建立外交關係的企圖。總之，兩者之間根本沒有關聯關係。後來，這個論點就被稱為「賴伊學說」。因為這一學說是由聯合國法律部門起草的，所以非常具有權威性，在國際法上應當具有一定的學術地位。這一學說將「國家間的承認」與「加入國際組織」進行了區分，根據這一學說，北京完全可以順理成章地加入聯合國，貫徹聯合國所揭櫫的「普遍化精神」原則。

然而，這一學說提出後約 3 個多月，朝鮮戰爭爆發了。北京和朝鮮聯合向韓國發動戰爭。這一行為被聯合國認為是一種「侵略行為」，故聯合國通過了一項譴責案，指出北京為「侵略者」(Aggressor)。根據聯合國憲章第 10 條有關入會的條件，北京的行為不符合聯合國「愛好和平」的憲章精神。因此，基於朝鮮戰爭的事實，賴伊祕書長把代表權與承認分開的法律觀點，在當時的情勢下並沒有獲得適用的機會。

現在，這個學識或許可以應用於中華民國當前的處境。目前，中華民國所處的地位與當年中華人民共和國所處的地位相當類似，即，是具有少數國家承認的政權。那麼，能否依據賴伊學說，將國家間承認與加入國際組織分開？這是值得國際法、國際關係、國際政治學者們探討的。

依我管見，不妨考慮一下賴伊學說的精神及其「放諸四海而皆準」的法律觀點，同時也符合北京國臺辦王毅主任「與卿共舞」的思路。這樣，中華民國在臺灣的政權就可以參加某些不太具有政治性或「非政治性」(apolitical) 的國際組織，譬如世界衛生組織 (World Health Organization, WHO)。在這一方面，最近北京方面也表示了理解，不反

對臺灣以「觀察員」身分參與世界衛生組織大會。這樣，不僅有助於緩和雙方的緊張關係，而且使得臺灣有機會為世界衛生事業作出貢獻。

從「國家繼承」觀點看兩岸關係

以下再從國際法有關「國家繼承」觀點來談談兩岸關係。中華民國從 1912 年創建以來，是一個獨立主權國家。1945 年，日本投降後，中華民國根據 1943 年的《開羅宣言》宣告接管臺灣，恢復臺灣人民的國籍（當時是日本國籍），並採取了一系列措施，包括舉辦選舉等。1949 年，中華民國政府播遷到臺灣，中共則在北京成立了中華人民共和國。

1945 年，中華民國政府依據《開羅宣言》和《波茨坦宣言》接管臺灣和澎湖群島的時候，中華人民共和國還沒有成立。因此，1949 年在北京成立的中華人民共和國政府的管轄權並沒有達到臺灣、澎湖、金門、馬祖等地區。國家政治形態的變化導致的是國家分裂的狀態，中華人民共和國建立的事實本身並不當然地等同於中華民國的「被吞併」或者「消失」。事實是，在臺北和北京同時存在著兩個不同的政府，兩個對等且彼此不相隸屬的政治實體；而且這一分裂、分治的事實已經存在了半個多世紀。

1991 年 9 月，北京出版了一本《兩岸交往問題解答》小冊。其中，對「為什麼說中華人民共和國是中國唯一的合法政府」問題給出了一個簡單的答案：「1949 年 10 月 1 日，中華人民共和國的成立，標誌著中國歷史上乃至國際舞臺上所謂『中華民國』已經成為一個歷史名詞。」北京方面認為自中華人民共和國建立之日起，中華民國已經由

它取代了，尤其是 1971 年聯合國通過第 2758 號決議案後，更認為中華民國已經消失不存在了，認為中華民國業已由其完全繼承，這是中共政權片面的主觀認定。

根據聯合國 1978 年簽訂的《關於國家在條約方面的繼承的維也納公約》以及 1983 年簽訂的《關於國家在國家財產、國家檔案和國家債務方面的繼承的維也納公約》的「國家繼承」的定義和觀念，「國家繼承」首先是必須「取代其國際間交往關係」，另外還需要有「取代」(substitution)、「終止」(discontinuity) 和「國家解體」(state breakdown or dissolution) 的客觀事實。

當前，兩岸各自為政的實際情況顯然並不符合「國家繼承法」所制訂的定義、規定和原則。因為作為「前身國」(predecessor state) 的中華民國始終還存在，並在國際間有效地行使它的權利與義務，建立了雙邊或者多邊關係。而今天臺灣的經濟實力在國際間也具有相當地位。從國際法的角度來看，臺北政權還是一個符合國際法的國際間的主體，國際社會的一個成員。

因此，就海峽兩岸當前的實際狀況以及國際法有關「國家繼承」的理論而言，中共政權所謂的「取代中華民國」的說法是主觀論點的一廂情願說法，缺乏充分的法律依據。而對於目前的這種特殊現象，我以國際法學者身分替它創設一個國際法的新名詞，可稱之為「不完全國家繼承狀態」，蓋因當前兩岸隔海分治的狀態，類似於 1991 年南斯拉夫聯邦共和國解體之後，南斯拉夫與解體後新獨立國家的關係。雖然解體了，但是這一個現象並不影響「南斯拉夫聯邦共和國」的存在及其國家權益。當時聯合國大會曾經通過決議，「南斯拉夫聯邦共和國」仍可比照其他分離國家，透過申請入會手續，成為聯合國的正式會員國。

中共對臺灣的「隔離措施」

以前，白種人統治南非的時候，實施了「(種族)隔離政策」(Apartheid)，後來曼德拉艱苦地奮鬥了許多年，才推翻白人的絕對統治，廢除了這一「隔離政策」。現在看來，中共政權在國際上封殺臺灣參與各種國際機構，可以視之為另一方式的「隔離政策」。南非的隔離政策是歧視政策，黑人處於一種被隔離、被歧視的狀態；而中共的孤立臺灣、並抹煞其國際地位的作法，則不妨稱之為「新隔離政策」(Neo-Apartheid)。《韋氏大字典》對「隔離政策」的定義是：分離、隔離，政治、經濟的歧視政策。當然，南非過去實施的隔離政策與當今臺灣政權受到的待遇和歧視有所不同：前者是種族歧視，是白人統治者對黑人的種族歧視；而後者則是佔據中國大部分地區的一個強大政權對控制中國小部分地區的另一政權和同族民眾的孤立、打擊和歧視。有關這個問題，我在 1994 年 5 月 5 日的《自立晚報》第三版上發表過一篇專欄文章，題為〈中共的「新隔離政策」〉，可供參考。

兩千多年前，孟子曾經對鄰國之間如何相處講過一句非常中肯的話，這可以為今天海峽兩岸的相處之道提供很好的啟發。齊宣王問孟子：「交鄰國，有道乎？」孟子對曰：「有。惟仁者能以大事小，惟智者能以小事大。」意思就是說，大國要仁，小國要智，才可彼此和平共處。

我認為，這就是兩岸和平相處之道。兩岸相處，首先要建立誠信的基礎，之後再建立共識。對於北京和臺北來說，這個共識就是兩岸分裂的事實，因此在兩岸統一條件還沒有完全成熟之前，要承認兩個對等的政權存在的現實，要互相承認對方為一個獨立的政治實體。接

著，雙方要認識到彼此之間的不同僅僅是一大一小而已。但是「小」並不等於不存在。兩岸關係的定位，應是一個中國架構下兩個對等政治實體和平共處的問題。它們雖有大小之別，但並無從屬關係，更不是「中央」和「地方」的隸屬關係。

事實上，中華民國成立在先，中華人民共和國是從中華民國分離出去的，因此可以稱為中華民國的一個「衍生性產品」。中國是整體的稱呼，是個中性詞，是地理概念。1949 年以前，「中國」跟「中華民國」是同義字，1949 年中華人民共和國成立後，才出現了兩個不同的政治實體的現象、和隔海分治的局面。所以，目前兩者雖然大小不同，但是彼此在政治上是對等的政治實體。既然彼此是對等的政治實體，那麼雙方就需要在「互相信賴」和「彼此平等」的基礎上，建立一套遊戲規則與和睦相處的原則，以和平的方式共謀國家統一之道，也就是由和平共存轉化為和平統一。根據這個認知，再加上孟子兩千多年前的明訓，那麼兩岸關係的問題才有逐步解決的可能。（有關孟子古訓，我曾寫過中英文的專欄文章；中文專欄刊載於 1994 年 6 月 25 日的《中央日報》，題為〈海峽兩岸相處之道〉，可供參考）

中華民國在 1971 年退出聯合國之後，其政策首先是力求生存，嗣後再在此基礎上追求統一。統一是長程目標，並無時間表。而力求生存則是著重應付當前的困難處境；這也可以將民法上的「正當防衛權」的法意和精神引申為行使國際法上的「正當防衛權」，即保護自己，力求生存的意思。所以，中華民國在臺灣設法將自身所遭遇的不公平事實和困難處境訴諸國際，以引起國際大家庭的同情、關切和共鳴，是完全可以理解的正常「國際行為」和「國際社會」正常現象。

上文引述了孟子的古訓，這是兩岸共有的文化遺產，我認為十分適用於今天的兩岸關係。如今，馬英九先生為現任中華民國總統，正

在積極地推動加強兩岸間的交流與各項合作，雙方的和平互動已獲有初步的進展。這一情勢的發展顯然頗為符合孟子古訓的精神：兩岸以「仁」、「智」相處。所謂「仁」，就是尊重對方，寬大容忍，遇事讓一步，放棄國際間外交上的「隔離政策」，給予臺灣合理、合情、合法的國際空間，不以武力威脅臺灣，不反對海峽兩岸平行參與國際機構。這是兩岸統一之前必要的、重要的過程。

我相信，馬英九總統的主觀意向決不會將中國的分治、分裂狀態永久化，而是努力推動兩岸朝著「統一」或「一統」的大方向逐步進行。回顧中國歷史，歷朝歷代不乏分裂後復歸統一的先例。再看世界歷史，如以前的東、西德國，雖然都是聯合國會員國，最後卻仍然完成了德國統一；朝鮮和韓國也分別於 1991 年同時成為聯合國的會員國，得到了國際社會的承認。如果拒絕稱呼分裂國為「當事國」，也不妨稱之為「分裂當事政治實體」。兩個「分裂當事政治實體」在聯合國或其他國際組織同時存在的這個事實，將不會影響到日後統一的長遠目標，反而能促使分裂的各方加強互動，共同參與國際活動。中國的兩岸政權如能在階段性的「一個中國，兩個實體」的現實架構下，平行地參與國際機構、國際組織，則假以時日，自可在和諧氣氛中逐步達成雙方共同追求的「一個中國」的最終目標。

以上是我對兩岸關係的一點淺見，談不上什麼「真知灼見」，但肯定是我的肺腑之言；或許會被執政當局譏為「迂腐之論」，但希望至少可供學界同仁聊作參考。我的好友老同事李辰雄大使曾撰〈芮著《正義的追求》的讀後感〉一文，將我的相關論述歸納為十二條；在此則借光他的宏文，轉錄如次，以總結本節的學術論點。

李辰雄大使的〈讀後感〉摘要

我用英文撰寫社論及專欄不下 300 篇。我選擇其中有關臺灣處境、兩岸關係、參加聯合國等問題共 80 篇，加上前言、序言、學者專家的簡評等，彙編成書，取名 *In Search of Justice: The Taiwan Story*，中文名為《正義的追求——臺灣史實》。駐象牙海岸大使館前同事李辰雄祕書（後來調任駐甘比亞大使、駐美國副代表、駐葡萄牙代表等職），曾寫了一篇有關本書的「讀後感」，題為：〈芮著《正義的追求》的讀後感〉同時發表在外交部的《外交部通訊》及我的老友卜幼夫兄所主持的《展望》雜誌。茲徵得李辰雄大使的同意，將其所撰「讀後感」中主要部分摘錄轉載於後：

> 這是由芮正皋大使將他近年來以英文評述有關我政府推行務實外交、參與聯合國及兩岸關係等問題所撰專欄匯整編撰而成的一本論著。由英文《中國郵報》社出版。中文書名為《正義的追求》，英文全名為 *In Search of Justice: The Taiwan Story*。
>
> 熟悉中國事務的美國西佛羅里達大學榮譽校長羅賓遜 (James A. Robinson) 教授為本書作序言。他稱道芮大使的務實觀點與理念可媲美美國 19 世紀哲學家杜威 (John Dewey) 的實踐學說，他說：「這位專欄作家兼學者與外交家，以其自身的體驗與務實的態度及豐富的想像力，依據未來導向，將臺灣問題客觀地加以析論」。
>
> 筆者花了一些時間去發掘和分析，大致可以歸納為下列各點。

理論基礎方面，芮大使說務實外交是政治實體的國際行為。務實外交是爭取「國際生存權」的正常運作及邏輯表達方式，是在不能實施正常外交時、所不得已而採取的因應辦法和權宜措施，具有民法上的「正當防衛權」的法意與精神。

有關外交的定義，依據《韋氏大字典》的解釋是「國與國之間進行談判以達到彼此滿意條件的藝術與運作」，基本上已包涵「變」的因素，具有「彈性」本質；務實外交顧名思義，是把「變」與「彈性」的運用，予以加強，亦即「活絡外交」，發揮得更淋漓盡致。

芮大使創議務實外交亦可稱為「準外交」(quasi diplomacy)。與無邦交國家間的活動亦可稱為「準外交行為」。又臺灣與無邦交國家間交往密切的程度，已達國際法上所稱「事實承認」的狀態。臺灣與若干國家交往密切的程度甚至幾乎已達「法律承認」的境界。芮大使比照「準外交」的用法，稱之為「準法律承認」狀態 (quasi de jure recognition status)。

依據當年 (1950) 聯合國秘書長賴伊為了貫徹會員普遍化原則與精神而創建的「賴伊學說」，芮大使主張參與國際組織的「代表權」應與「承認」問題分開。參與國際組織的代表權是該一組織的集體決定，承認問題則為兩國雙邊關係的個別行為，二者本質上不同，彼此間並無關連，可予分別處理。一國贊同某國加入某國際組織，並不必然構成對某國承認的法律行為，或意味有建立外交關係的企圖。

就承認國家的多寡而論，臺灣今日的處境類似 1950 年代的中共（僅獲 16 個國家承認）。賴伊秘書長當年的法律論點正可適用於今天的臺灣，使臺灣在拓展對外關係上能減少阻力而增加

助力。

鑒於現代國際法學者公認「國家承認」僅具宣示性，亦即並非為國家構成的法律要件。

芮大使認為，在兩岸統一前，雙方應把兩岸關係定位為兩個對等的政治實體，兩者所不同者僅為大小之別，並非中央與地方的隸屬關係，也非主從關係。

談到「分裂分治」，芮大使認為兩岸大可不必諱言分裂，「分裂分治」應可聯用。分裂是一種現狀的認知，就邏輯而言，正因為有了「分裂」才需要「統一」。

引用孟子古訓來說明今天兩個大小不同但彼此對等的政治實體相處問題，也是芮大使的創意之一。他建議參用孟子答齊宣王「惟仁者能以大事小，惟智者能以小事大」的大小鄰邦和平相處之道，來建立一套遊戲規則作為海峽兩岸共同相處的原則。

芮大使另一個創意，亦即中共事實上並未完全繼承中華民國；目前兩岸對峙的情勢僅為一種「未完成國家繼承狀態」，亦即分裂國家並存的狀態；理由是中華民國迄今事實上仍存在，並未因中華人民共和國之建立而當然消失。

結 語

從「愚人節」談起

愚人節的節日是每年的 4 月 1 日。英文叫作 "April Fools Day" 或 "All Fools Day"。這是西方文化的產物或玩意兒。在節日那天，人們可以互相開個玩笑或作弄人，甚至來一個惡作劇，報章也可發佈一個捏造的不實消息或新聞來「謠言惑眾」，使人空歡喜一下、或虛驚一場。但大都不致引起太大的責難，最多令人啼笑皆非，或啞然失笑，說聲，「哦！原來今天是『愚人節』」，而一笑置之。

這個愚弄人、或相互愚弄的節日，相傳源自 16 世紀的法國。1564 年，法國國王查理九世首先採用改革的紀年法 —— 格列高里曆（Gregory，即目前通用的陽曆），1 月 1 日為一年之始。但一些因循守舊的人反對這種改革，依然固執地在 4 月 1 日這一天互送禮品、慶祝新年。主張改革的人對這些守舊者的作法大加嘲弄。自詡聰明及滑稽的人們就在 4 月 1 日給他們送假禮品，邀他們參加假招待會，並把上當受騙的保守分子稱為「四月傻瓜」或「四月之魚」。故「愚人節」在法國稱為「四月之魚節」(Poisson d'Avril)，意指被愚弄的人猶若「上鉤（上當）之魚」。

18 世紀初，「愚人節」習俗傳到英國，接著又被英國的早期移民帶到了美國。這種西方玩意兒慢慢傳佈到世界各地，甚至進入校園，以「愚人節」為藉口欺侮新生。開玩笑的人自認為新潮派，自詡比人聰敏、迎合時代潮流。媒體有時也會挖空心思，在那天開個大玩笑來作弄人、欺騙大眾，藉機打知名度，增加收視率，並以此為樂。例如 1999 年的「愚人節」，一家澳大利亞電臺在早晨的新聞廣播中引用一

名在國外的記者的報導，宣稱國際奧會在一項 9 小時的會議中作出決定，取消雪梨舉辦 2000 年夏季奧林匹克運動會的資格。又如 2003 年愚人節，多國媒體報導微軟的比爾‧蓋茨在出席一個慈善晚會時被槍殺的消息。

　　我一生中，遭逢兩次在「愚人節」發生的事故，兩次對我個人切身有關。第一次發生於 1988 年，第二次發生於 2010 年。後者發生的時期，距離我執筆寫這本《回憶錄》僅 6 個多月。

　　第二次在「愚人節」發生的事故，那倒不是被人愚弄或遭人搞惡作劇。我是在澳洲雪梨被一位臺灣籍指壓按摩師在按摩大腿時，用力過甚，撕裂了右大腿四頭肌的外側肌腱，引起大腿內部出血，全腿腫脹劇痛；行動不便了好幾個月，才獲痊癒。那位按摩師並非故意對我實施惡作劇，他也根本不知「愚人節」是什麼回事，是我自己上門請他按摩，這是老天整我，不能怪誰，只好自認倒楣，逆來順受，但對這件事故在「愚人節」發生，當然不會輕易忘記，也只能記在「愚人節」帳上。

「要求中共『回歸憲法』」

　　第一次「愚人節」的事故，發生於 22 年前 (1988)，則與兩岸政情有關。當時我被愚弄，被人作弄，被視作「愚人」，而成為「四月傻瓜」。而那一切肇因於一篇文章。

　　「要求中共『回歸憲法』」這句話，現在已成為歷史。那是我在 22 年前 (1988) 刊載於中國國民黨的黨報《中央日報》一篇專論的題目。原題全文為〈在「大陸熱」聲中要求中共「回歸憲法」〉。那時我

已從外交部退休，在淡江大學擔任歐洲研究所所長兼區域研究中心執行長，以學者論政的態度，從學者觀點所發表的一種論點。

但這篇文章與「愚人節」又有什麼關係? 有關係。且聽我慢慢道來。

1980 年代，蔣經國總統積極推行民主化運動，一面推動十大建設，經濟發展突飛猛進、被稱「臺灣經濟奇蹟」、「亞洲四小龍」，外匯存底名列世界前茅，同時開放黨禁與大陸探親、採取廢止戒嚴等措施，掀起一股「大陸熱」，也連帶牽涉到中華民國憲法「動員戡亂時期臨時條款」的適法性、和它的修訂與存廢問題。遂有人喊出了「回歸憲法」、主張「廢止『臨時條款』」的口號。

我素來主張凡事須講求邏輯思考。當時遂以學者身分，撰文依據邏輯分析解釋。文章的大意是，「臨時條款」的制訂有它的時代背景。當時由於國共內戰爆發，為了應付內戰，中共放棄以原定的民主方式參政，而改用武力手段奪取政權。就因果關係 (causality) 而論，「臨時條款」是「果」而非「因」。如果不去解決問題的「因」，光是討論問題所衍生的「果」的是非得失等問題，那僅是理論之爭與治標之道，無補於問題的徹底解決。所以，在民主化的當前，在「大陸熱」的聲中，我們似應提出呼籲中共「回歸憲法」、要求中共恢復「中華民國」國號的訴求，也就是為統一中國的大業遠景著想，這才能抓住問題的核心，這才是正本清源的辦法。

專文說，中華民國憲法，是中華民國成立 35 年後，歷經內亂、抗戰，依據「五五憲章」、「政治協商會議」，並由當時參加協商的五個黨派包括中國共產黨（後者由周恩來、董必武、吳玉章、秦邦憲等為代表）與憲法專家等所組成的憲章審議委員會，一再商談協調整理並經制憲國民大會於 1946 年 12 月 25 日，在南京國民大會堂通過（中共原決定推派代表參加制憲會議，但因國共和談破裂拒絕參加）。中共雖未

參加國民大會制憲會議，但這部憲法曾經中共一起參與商議制訂，在學理上講，應當可以說是屬於中華民族全體的一種「文獻」、一個基本大法。

鑒於上述情勢，第一屆國民大會遂在中共缺席的狀況下於 1948 年 4 月 18 日，三讀通過修訂中華民國憲法，增列「動員戡亂時期臨時條款」的提案。

文章接著說，當前朝野既有一致共識，繼續向民主化大道邁進。但是，為了全面推展民主化運動，廢止「臨時條款」僅為治標，而非治本。欲使中華民國能徹底全面民主化，唯一辦法，是要求中共「回歸」到它自己參與的「政治協商會議」及「憲章審議委員會」所制訂之憲法，亦即中華民國憲法，並恢復「中華民國」國號。

當然，上面這篇文章僅是反映當年時空背景的學者之論、書生之見，一篇文章不可能有這麼大的魔力使中共遽而改變立場。但是，臺灣那個時期正是經濟掛帥，是針對中共對我「統戰」提出具有挑戰性的「反統戰」的最佳時機，同時也可比照民法「行使正當防衛權」的法意與精神，提供國民黨一些反統戰的「彈藥」。事實上，我這個論點，先前已經在某次黨務座談會上提出過。當時國民黨中央大老如黨部祕書長李煥、宋楚瑜等都在座。他們聽了我的「怪論」後，都表情茫然，未置可否，沒有任何反應。

我這篇文章於 1988 年 3 月初寄去《中央日報》請求刊登。但事隔多天，未見刊出。我就跑去國民黨中央黨部文工會（主管報章媒體），訪晤戴瑞明主任。因為彼此都是熟朋友，我就不客氣地開門見山，大興「問罪之師」說，中共對我到處統戰，我們毫無對策，現在像這樣一篇對中共反統戰的文章遲不刊登，是否我們黨報的編輯部門有「思想問題」。過了幾天戴瑞明主任打電話告訴我，已洽《中央日報》當局

（那時楚崧秋任該報董事長），閣下文章的刊出應不成問題。

又等了幾天，我的文章終於被刊出於《中央日報》國際版，日期是 1988 年 4 月 1 日。那天正是「愚人節」的日期，使我啼笑皆非。我的嚴肅主張被當作兒戲，我的學術文章被視為「夢囈」。

但我不得不佩服《中央日報》編輯部門「一石三鳥」、甚至「四鳥」的高招。對國民黨黨報而言，這篇具有政治敏感性的文章於「愚人節」刊出，顯示這是「開玩笑」性質，可以不負文責，同時對上級也可有所交代——芮某人的文章業已刊出；對中共而言，表示我們不是玩真的、是作弄人的，可不必介意；對我作者本人而言，不啻指我的文章為「胡說八道」，寫文章的人是「四月傻瓜」、是一個「愚人」、一個「瘋子」而已。同時，文章刊載於《中央日報》國際版（也就是航空版，那是用特別輕薄的紙張航寄華僑、留學生及駐外人員看的），而不刊於「國內版」，這樣可以避去國內人士的注意、以免引發爭議。這一切，具徵《中央日報》編輯部門怕惹事、儘量設法擺脫這個「燙手山芋」、用心良苦的心態一斑。

或許，這種「煞費苦心」的安排，適足以客觀反映自從蔣經國總統於數月前（1 月 13 日）故世後，副總統李登輝依據憲法繼承總統不久，像沈昌煥先生等輩的保守派中堅分子，限於當時政治生態的掣肘，無法施展他的影響力。國民黨黨中央已失去領導中心。一般國民黨中高級幹部面對中共統戰攻勢，既無鬥志，又無對策，導致因循消極，抱持得過且過的苟安心態，無怪要耍弄「愚人節」這一招「小聰明」來解套了。

世界全球化大趨勢銳不可擋

兩岸分離、分隔和兩相對立的局面，自 1949 年中華人民共和國成立以來，業已經歷了 60 多年。2005 年後，兩岸對立的情勢雖稍見和緩，但對立的基本架勢依然存在，兩岸關係仍然在原來的爭端「框架」內打轉。

可是 60 多年來，在兩岸關係架構的小範疇以外的廣大世界的變化發展卻至大且巨，包括經濟與文化各方面的全球化走向趨勢，新科技爆發資訊革命，對環保的普遍關注，各種區域組織紛紛出現，加上個別因素間的相互激盪衝擊，加速了這種全球化趨向的廣化與深化。在這國際情勢全球化的大趨向之下，借用歷史學家中央研究院院士許倬雲的論點，沒有一個單元，包括臺灣、中國或美國能獨立於全球化的發展趨勢之外，也沒有一個單元可以自主決定它的未來，無可避免地被捲入一個長期的、波瀾壯闊的全球化的大趨向；這個時候兩岸問題就不再是兩岸問題，兩岸問題將是區域化的「整合」問題，是走向全球化的一個環節、過程、一個前階段的問題。

因此，我個人的淺見，為了因應上述許倬雲的史學觀的「世界趨勢」的洪流與大勢，我們需要用更廣大的「宏觀」去審視問題，以更寬闊的胸襟、和更宏觀的未來導向與角度去設法解決問題，似可用「逆向思考」(Reverse thinking) 或「反思模式」(Reflective paradigm) 去建制「創意性」的方案。總之，要跳出傳統的爭議架構或「窠臼」、代之以一個創新的「擂臺」，使雙方能有更大的空間可以溝通、交流、相互適應、整合、發展，俾能和諧地達致雙方所追求的共同目標。

我固然是一個「愚者」，或許也真是一個「瘋子」，雖曾擔任過外交官、駐外大使，僅是一個普通平凡的學者，但卻具有「愚公移山」的「傻瓜」精神，曾被臺灣《中央日報》編輯部門於 1988 年「愚人節」刊登我的文章、從而被順理成章地「策封」為「四月傻瓜」，也由此而取得「愚人」的資格、而「當之無愧」。

古諺說：「智者千慮、必有一失」，「愚者千慮、必有一得」，或許可以在我「風燭殘年」之際、「行將就木」之前，在經過「愚者千慮」後，以所獲「一得之愚」的書生之見和學者看法，作為「野叟獻曝」的微末貢獻，提出一個大膽的建議，呼籲兩岸領導人及學者們共同參考協調採用。我這個大膽的建議便是：籲請北京當局，是否可以考慮把「中華人民共和國」國號還原到毛澤東曾經支持、但後悔未沿用的「中華民國」國號。

順應全球化趨勢，能否還原「中華民國」國號？

談起兩岸問題，我不想再搬出演繹法、邏輯、因果關係 (causality) 等理論和方法，來析論 60 年來兩岸間風風雨雨、錯綜複雜的發展情勢和千言萬語的辯爭與口水。我也不想在此舞文弄墨，浪費讀者的時間；簡單化來說，只須兩句話，就是：今天兩岸關係間錯綜複雜的情勢是「果」，1949 年 10 月 1 日中共採用新國號「中華人民共和國」是「因」。（我有一篇文章題為〈中共才是製造兩個中國者〉刊載於 1995 年 5 月 27 日《少年中國晨報》4 版，可參看）要解決當前「果」的錯綜複雜的問題，必須放棄「治標」措施，而採取「釜底抽

薪」、「四兩撥千斤」的手法，根除「因」的「治本」辦法，屆時如再同時「標本兼治」雙管齊下，則可加速事功、獲致事半功倍之效。

自從 1949 年中國共產黨在北京成立中華人民共和國政府那一刻起，中國便開始分裂，兩岸關係開始複雜化。至於誰該負起「分裂」的責任，國共雙方各執一詞，莫衷一是。還是由於美國馬歇爾將軍調處不當所引起的呢？有關這些問題，不在本文討論範圍；不妨參看臺灣考試院院長關中（一中）博士所著《中國命運・關鍵十年：美國與國共談判真相 (1937～1947)》一書中所提供的一些史實。但 1949 年國共分裂以後海峽兩岸間產生了錯綜複雜的關係及問題，則確是一個不爭的事實，雖經歷了 60 多年，一時仍無法解決。

多年來，兩岸當局領導人、學者們、以及不同政治背景的發言人，善意地，創建了好多制度、方法、名詞、口號，設法解決這種在政治學、國際法、歷史上從未出現過的複雜情勢與問題，如：「一國兩制」、「一國兩治」、「一國兩府」、「92 共識」、「一中各表」、「不統、不獨、不武」、「維持現狀」、「和平分裂」、「一中三憲」、「活路外交」、「一國兩區」等，但是治絲益棼，而且彼此矛盾、相互抵觸，徒使這些『治標』之議，不能落實，無法根本解決問題，等於原地踏步，最多五十步與百步之別而已。

毛澤東曾主張維持「中華民國」國號

60 餘年以來，海峽兩岸的對立複雜情勢，皆與國號問題有關。有關當年中共對「國號」的選擇，在大陸好幾個網站記載著下列相似的一則資訊：

　　新政府應該實行怎樣的經濟政策、外交、民族政策，新中國將用怎樣的國號……對於這些問題，當時毛澤東虛心聽取其他黨派和無黨派民主人士的意見，並進行充分的討論。比如，關於國號問題，毛澤東在他的講話和文章中，有時用「中華人民共和國」，有時用「中華民主共和國」；黨中央的檔案有時叫「中華人民民主共和國」。在新政協的一次籌備會上，中國民主建國會（簡稱民建）創始人黃炎培等人主張用「中華人民民主國」，而清華大學教授張奚若等則主張用「中華人民共和國」。

　　但毛澤東當時卻支持沿用「中華民國」國號，理由是：共產黨救中國，而不是亡中國，新中國取代舊中國是新政府取代舊政府，不是新國家取代舊國家，共產黨反蔣介石不反孫中山。

　　後來，何香凝解釋說，「中華人民共和國」裡面包涵了「中華民國」這4個字，其實質是一樣的；「民國」的「民」就是「人民」；孫中山先生一生為共和而奮鬥，「國」自然就是「共和國」。毛澤東聽後覺得她說得不無理由，就不再堅持。

　　在臺灣，也流傳著一種類似上述報導的說法，可以相互印證。據說，以撰寫《紅星照耀中國》(Red Star Over China) 一書享名國際的美國記者愛德格‧斯諾 (Edgar Snow) 是毛澤東最信賴的西方記者，後來他倆成為朋友。毛澤東曾向斯諾透露，表示他一生最後悔的事，就是沒有承繼「中華民國」國號。這一說法，證諸上面有關毛澤東支持沿用中華民國國號的網上記載報導，應可採信。

　　另外，臺灣大學政治系石之瑜教授也提供了下列一則資訊，可以更證實上述有關美國記者斯諾說法的可信度：

　　「1965年，毛澤東主席接見了法國《人道報》(L'Humanité) 記者馬嘉麗，說到一件令他後悔的事情，就是1949年不應該把中華民國改

名為中華人民共和國。如果當年不改國名的話，會減少很多麻煩而解決很多問題，好比聯合國問題、臺灣『小朝廷』問題等。」

繫上「中華人民共和國」之鈴的「繫鈴者」另有其人——周善培

李敖在 2004 年 10 月 27 日鳳凰衛視《李敖有話說》節目 168 集裡，也引用了與上述毛澤東接見法國《人道報》記者報導內容完全相同的資訊。不過，他另外加了下面一段說明：

「那麼為什麼要改呢，當時就在大家投票決定繼續沿用中華民國這個國號的時候，毛主席身邊的一個清客，周善培（浙江諸暨縣人）向毛旁敲側擊地說：『如果不改國號的話，就沒有太祖高皇帝了』。於是，共產黨把中華民國這個臭招牌砸掉了，而十六年以後毛後悔了』。

那麼，李敖所提的這位周善培又是一位什麼人物呢？

依據《鳳凰週刊》2006 年第 15 期，作者章立凡所撰〈「國號」繫鈴人——周善培〉專文的報導，周善培 (1875～1958) 是清末遺老，隨父宦遊四川，遂在四川定居。後出任川省勸業道總辦。對推動四川省近代工商業發展頗有貢獻。他對國民黨推翻滿清當然不滿，對中華民國更無好感。他亦官亦商，長袖善舞，曾一度密謀為他的故主廢帝溥儀復辟未成；他遊走於黎元洪、段祺瑞、孫中山、溥儀等人物之間，又和皖系、奉系、孫系、宗社黨、白俄、關東軍、四川軍閥都有聯繫，當然也不會忽視日益壯大的中共。他思維前進，毛澤東對這位清末考上進士的維新派人士、像周善培這樣支持新政權的人物，當然也顯得特別敬老尊賢。因此周善培之成為「清客」其來有自。不過，我認為

周善培僅是一位「機會主義者」、類似「騎牆派」之流的人物而已。

因此，在 1949 年 9 月 26 日六國飯店午餐席上討論新國號是否仍沿用《共同綱領》草案內「中華人民共和國（簡稱中華民國）」的習慣稱謂時，在黃炎培等在揣摩毛澤東的心意、先後發言表示希望保留「中華民國」簡稱後，周善培卻施展他「清客」長才，起立反對，他說：「什麼中華民國，這是一個禍國殃民、群眾對它毫無好感的名稱；二十多年來被蔣介石弄得不堪言狀了，我主張就用中華人民共和國，表示兩次革命的性質不同」。周善培另外巧用心機討好新主，點到毛澤東心底深處，再臨門一腳，加上李敖所引傳說中的「如果不改國號的話，就沒有太祖高皇帝了」這句話；周善培就這樣帶頭抵制沿用中華民國國號，造成反對意見「一邊倒」的情勢，否決了簡稱「中華民國」的主張。

所以真正繫上「中華人民共和國」國號之鈴的實際「繫鈴人」是周善培。依據這篇專文作者章立凡在文章結論的說法：「新國號滿足了毛澤東的『歷史舞臺』感，卻令他在統一大業上抱憾終生。」

有「臺獨教父」之稱的李登輝就怕這一招。他於 1991 年 6 月在臺北市郊陽明山國民黨革命實踐研究院說：「毛澤東最大遺憾是改了國號，如果他們還叫中華民國的話，我們就麻煩了」。由此可見毛澤東的「遺憾」確有所據。

我們建議北京恢復「中華民國」國號後的第一個好處，便是海峽兩岸間的緊張情勢立即消除。理論上，既同為「中華民國」，則「中華民國（北京）」不可能向「中華民國（臺北）」動武、開火，海峽兩岸不須一兵一卒、不發一顆子彈，不需再費事費時協商簽訂什麼「和平協議」，便可獲致兩岸間的「實質和平」的效果。等於雙方簽訂了一項無形的、沒有「形式」的「永久和平」條約。臺北無須再花費大量外匯向美國購買準備淘汰的所謂「防衛性」武器，節省下來的資金可移

用來發展國內經濟、拓建民生建設；北京也可撤去面對臺灣的飛彈部署，巨額的國防經費可移用於全國基礎建設、援助開發中經濟落後國家、或改善自己國內的民生、扯平國內貧富差距、或致力於普遍提升民眾購買力、擴大國內廣大消費市場、間接化解當前因幣制升值與否而引起的國際爭議。

「複雜問題簡單化」──「解鈴還須繫鈴人」

我於 1988 年提出要求「中共回歸憲法」的挑戰性說法時，那是正值臺灣政治經濟全盛時代，有這個氣勢作背景、才提出這種「說法」。目前時空轉移，中共快速崛起、在短短二三十年間成為名列前茅的世界經濟強權。相反，臺灣則由於李登輝自信可以耍弄中共於股掌之上的傲慢心態下、製造出一連串的事件（康乃爾之行，「兩國論」等），搞得天翻地覆，雞犬不寧；陳水扁則以邁向「家天下」為目標持續營私舞弊，把國家利益置諸腦後，積極「建設」「陳氏王朝」、卻成為「階下囚」而邁進了牢獄。李、陳兩位總統先後執政攬權、不斷斲傷國家元氣，使得臺灣的政經地位一落千丈，時不我與，已經失去向北京「進言」的有利時機。為了實現毛澤東生前的願望並彌補他的遺憾，同時為謀解決糾纏了 60 多年複雜的兩岸關係問題，讓我們想到「解鈴還須繫鈴人」的解套原則，恢復「中華民國」國號之議，恐怕需要由北京方面去發動、去運作了。

走筆至此，我想起最近發現的一本書，書名 Simplexity，（《簡單／複雜學》）。作者把「簡單」(Simplicity) 與「複雜」(Complexity) 兩個

英文字拼湊在一起成為一個新字 "Simplexity"，頗具創意。這本書是由《時代》雜誌資深記者克魯格 (Jeffrey Kluger) 所撰寫。他把如何處理複雜問題，找出問題的根源，予以簡單化，抽絲剝繭，逐步解決問題，著重在「方法論」，當作一門創新的學問。可惜在他的書目中找不到「解決兩岸複雜關係」的辦法。但是作者的科學頭腦與處理方法，可以供我們參考借鏡。如能把造成兩岸問題的「複雜因素」排除掉，不是就可簡化問題、解決糾纏情勢了嗎？

事實上，依據前海協會會長汪道涵十餘年前（1997 年）所發表有關處理兩岸關係所應抱的態度與看法具有高度智慧。其觀點更能適用於今天的情勢而可列入「中華民國」新框架內來運作。他當時創建了一個「現在進行式的一個中國」新名詞，頗具未來導向的慧思，似乎他已預見全球化大趨勢發展的趨勢，他說：「一個中國並不等於中華人民共和國，也不等於中華民國，而是兩岸同胞共同締造的一個中國」。他指出：「所謂一個中國，應是一個尚未統一的中國，共同邁向統一的中國。」汪道涵這種說法，等於兩岸永遠在整合中、同時也化解了分裂現狀「永久化」的疑懼。

其實，汪道涵「邁向『統一』的中國」這句話，如果就今天的時空背景來說，把「統一」兩字修正為「整合」，則更能適應當前情勢。果爾，那麼汪道涵對兩岸關係前瞻性的看法，和上文臺灣中研院許倬雲所提、在世界全球化大趨向下兩岸關係將是區域化的「整合問題」的論點，可說是前後遙相呼應了。說不定兩岸關係由於同處一個「中華民國」的框架內、在全球化大趨向波瀾壯闊的整合過程中，若干年後可能演化成類似「邦聯」或「聯邦」模式或其他組合關係也未可知。

變更國號是國家主權行為，無須徵詢他國的意見。此舉應可受到國際間的合理尊重。對一廂情願期望臺灣「維持現狀」的美、日等國

可能會一時不知如何因應，而暫持保留觀望態度，但也無法干預。

　　臺灣方面，臺獨分子或「分離分子」(secessionists) 以及別具用心人士等自必叫嚷反對，可以想見。但一部分民眾應當會支持並贊成北京恢復「中華民國」國號。至於主張「不統、不獨、不武」、但仍遵奉中華民國憲法、繼續維持「中華民國」國號的臺北執政當局立場比較微妙，雖不能「熱烈歡迎」，也不致「公然反對」，因為執政當局必須順應民意、以民意為依歸而審慎將事。

　　但「恢復『中華民國』國號之舉」的「時機因素」(Timing factor)極為重要。為防 2016 年馬英九兩屆總統任滿後，民進黨再度執政、導致產生複雜變數，此一「大戰略措施」最好設法在變數發生前推出。

　　剛好，馬英九在當選連任後，於 2012 年 5 月 20 日發表的演說中也提出「一個中華民國，兩個地區」的說法，那麼，在馬英九總統第二屆任期內，由北京來推動實現、實施這個「大戰略」，豈非是千載難逢的絕佳時機？豈不應予把握？

　　海峽兩岸同處於一個「中華民國」國號的框架內後，有關兩岸間和平發展業已簽訂的各項協議在新框架下當然仍可繼續運作，正在協商中的各項談判與協議仍可進行。雙方隔離了 60 多年，自然存在著很多歧見，則可秉持「異中求同」原則，慢慢協調整合，隨著世界大趨勢邁步前進。

　　陳立夫先生在其所著回憶錄《成敗之鑑》一書第 8 章有關「夫婦相處之道」一節中，他談到他們夫婦結縭六七十年不吵架、雙方和平共處的祕訣，歸納起來只有兩句話，那就是：「愛其所同、敬其所異」。這兩句名言似可借來適用於新框架內北京與臺北的兩岸關係。另外，陳立夫送給汪道涵親筆書寫的兩句頗有啟發性的話，似也可一併作為「新框架」內整合運作的指導原則：「求統一、不談小節；為和平、先

矢至誠。」

　　恢復「中華民國」國號之舉，剛好也給北京一個機會，可以借此糾正聯合國 1971 年來的一個「尷尬」局面。1971 年 10 月 25 日聯合國第 26 屆大會通過第 2758 號決議案，北京以「中華人民共和國」名義取代「中華民國」進入聯合國。但聯合國憲章第 23 條有關安全理事會 5 個常任理事國之一的中國的國號仍是「中華民國」(Republic of China) 未變，構成一種「不太正常」的現象。北京恢復「中華民國」國號，正好藉此「正名」。否則，這種「不正常」現象的存在，不獨有背「名正言順」的古訓，亦且貽人以「違憲」（聯合國憲章）的口實。

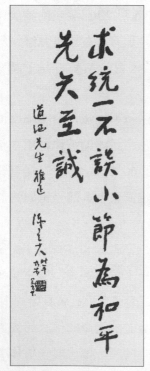

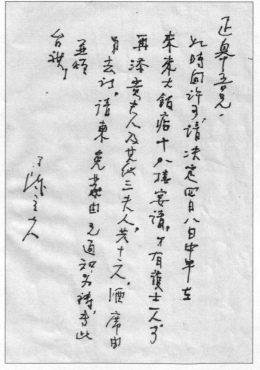

陳立夫書贈汪道涵。　　陳立夫 1998.04.03.（便簽傳真邀請餐敘手跡）。

　　總結我的一生，回顧我過去求學過程與工作經歷，以及各種遭遇，都是環環相扣，冥冥中似有一種井然有序的安排，導向一個終點、一個高潮。簡單來說，只須兩句話便可概括一切，就是：「求生存、追一中」。

　　譬如，我在法國天主教會創設的上海徐匯中學念書，自然順理成章地考上也是法國天主教會主辦的上海震旦大學；我在震旦大學發奮向學、讓我有能力考取公費留學法國；巴黎大學我的博士論文題目巧與聯合國有關；巴黎大學及巴黎政治學院勤習國際法與外交學使我日後能學以致用；在巴黎結識沈昌煥，使我在中華人民共和國政府成立後，不返上海而轉赴臺北從事外交工作，但卻付出了別離了家人的痛苦代價（參見〈書外餘言〉）；在巴黎與臺灣兩地有機會參與聯合國事務的實際工作；數十年出任公職，所事無非與中華民國「求生存、追一中」所賦的任務與使命密切有關；退休後從事教學與著書立說，以學者身分從事同一性質的工作，僅是「在朝」換成「在野」，換湯不換藥；最近十餘年來雖移居澳洲，韜光養晦，但所思所慮、念茲在茲、也莫不與兩岸整合問題有關。

「愚者千慮必有一得」？

　　人生是一個舞臺。人生在世，就是在這個舞臺上各自扮演一個角色，直到角色扮演完畢，即可下臺一鞠躬。我此生扮演了一個「外交小兵」在先，一個「愚者或瘋子」在後；我的戲碼，便是在融合累積數十年的學經歷所得經驗、以及在澳洲韜光養晦、在靜坐中所獲得的啟示、與苦思十餘年所獲的心得，結晶了「愚者千慮」後的「一得」，

靜候適當時機予以發佈。上面所述「還原『中華民國』國號」，便是
「愚者千慮必有一得」的論點。至於這個人生舞臺的角色扮演好壞，
戲碼精采與否、人家是否喝采，則非我所問。好像我的人生目的就是
為了講這段話而來。

　　以上一切，經歷了人生漫長的數十年。數十年來的千思百慮，都
是為了期望愚者千慮能有「一得」的一天。於今年事已高，即將走到
人生盡端，自認已獲得了「愚者千慮」後的這個「一得」；同時默察情
勢，兩岸關係經過60餘年來的對立、折衝、試探、摸索、自耗，以迄
演化到近年來的和平發展，認定複雜問題簡單化的「適當時機」業已
來臨，遂把這個「一得之愚」和盤托出，公諸於世，聊以「自娛娛
人」。如果角色扮演得笨拙不當，自導自演的「戲碼」乏人欣賞，那麼
「娛」、「愚」諧音、不妨就把這本《回憶錄》配合在「愚人節」刊行；
那麼「自娛娛人」便可搖身一變、成為「自愚愚人」；如果再順便加說
一聲：「祝大家『愚人節』快樂」，不就可把這個「刻意的『夢囈』」表
達得格外「有聲有色」、而我不也就可「不動聲色」地達成所賦予扮演
「愚人」角色的任務、而藉機一鞠躬下臺了嗎？

　　最後，我竭誠希望兩岸睿智的領導人、專家學者、大德先知、賢
者智者、共起把這個「複雜化的簡單問題」，使用「複雜問題簡單化」
的手法，重新還原到簡單正位。雖然海峽兩岸彼此內耗了60多年的寶
貴時光，但就歷史久遠的長期演化尺度來看，也僅是「分久必合」過
程中的一個「具有時代背景」的短暫插曲，提供後世一笑而已。

書外餘言

本來想把這段文字題之為「後記」，但再三考慮之下，頗覺不妥。蓋因按通常體例，「後記」往往談及與本書撰寫過程較有關係的人與事，並多有「致謝」之意。但我欲表達的內容卻很「異常」：既與本書之撰寫關係不大，又主要是「責己」，而非「謝人」。於是，我杜撰了「書外餘言」這樣的標題，以求更確切地表達我一定要在此表達的內容和情感，以求對己對人有一番表白。同時，也可以說，當我以「回憶錄」的形式簡單歸納我大半生的事業後，我還必須用這段文字來向家人和世人交待一下我在特殊環境中的特殊婚姻關係；我必須深刻地檢討自己在這方面的行為，也必須勇敢地承認自己的所有不當之處。唯有這樣，我才能在我的「末日」到臨的時刻，能安心地離開這個世界。

兩個家庭

我有過兩次婚姻，有過兩個家庭，每次婚姻都育有三個子女。這不是我刻意的規劃，而是命運的安排、上蒼的意旨。徵諸前後兩個婚姻的事實、以及兩位妻子肖猴肖豬和她們所生子女所屬的生肖，與數十年後 (1981) 由香港星相家董某依據《鐵板神數》所推算出來的情形完全相符，豈不奇怪，難道冥冥中真有「數」或「命」的因素在主宰我們的人生？

我的第一次婚姻是在 1941 年，妻子潘詠馥是蘇州世家小姐，婚後所生長女名芮英，長子芮傳中（芷江），次子芮傳明。當時正值日人侵華及國共內戰時期，經濟、社會環境都每況愈下。我自上海震旦大學畢業後，也無像樣的工作，遂發憤讀書，一舉以優異成績考取公費留學生，因而頗有「志得意滿」之態，整裝前赴法國。但是，「世紀悲

劇」卻由此而生！

我出國之時為 1947 年 7 月，次子芮傳明尚在母腹之中，要兩個月後始能出生。我與妻子、兒女依依惜別，孰料此別竟成「永訣」：戰後的法國百廢待興，其經濟環境對於本國公民而言都頗艱難，遑論我這異國他鄉之人！因此，我雖在巴黎大學讀完博士課程，卻在當地難覓一個適當工作。於是，不久後因友人介紹，前赴臺灣發展。然而，20 世紀 50 年代初的臺灣國民黨政權與海峽對岸的大陸共產黨政權正處在形同水火，你死我活之時。我若想與對岸的親人往來，別說根本不可能見面，就是直接通信也彷彿痴人說夢；若稍一不慎，還可能導致家人背上「通敵」之名，慘遭殺身之禍。正是鑒於這樣的嚴峻形勢，以及由於我當時年歲尚輕，對與家人再度團聚的前景徹底絕望，所以在無法徵得妻子潘詠馥同意的情況下，1954 年在臺灣又有了第二次婚姻，與劉嶼梅女士結婚，建立了另一個家庭；所生三個兒子的中文名字分別為芮傳正、芮傳賢、芮傳嘉。

儘管在當時的政治大形勢下，如我這樣的現象並不鮮見，但是對我而言，卻是一塊很大的心病，因為作為一個丈夫和「男子漢」，就這樣突然拋下年輕的妻子和嗷嗷待哺的年幼子女，實在是一件並不太光彩和痛苦的事情。特別是，久後輾轉聽說妻子潘詠馥被迫一人擔負起撫養三個子女的重任，一部分依靠自己的艱難工作，一部分依賴親朋的接濟時，所受的良心責備更不可言喻。但是，當時為了彌補家庭破碎的缺失，我替 1954 年出生於臺灣的兒子也取同樣的小名為「方方」（大陸上長子的小名），以及 1956 年出生於臺灣的二子取小名為「明明」（以替代大陸上的次子芮傳明），聊表對大陸親人的惦念之情，卻未能積極採取其他任何措施來「稍盡棉薄」。如今想來，實在是不該得很，自有違人情之常。

另一件不該的事是，當上世紀 90 年代初，我的三哥，北大教授芮沐偕妻來臺訪問時，曾經熱情地告知我大陸上妻子、兒女的情況，並鼓勵我重新建立聯繫。而我卻反而患得患失、猶豫不決，顧慮到他們會不會接納我，覺得既然他們的情況不錯（當時長子芮傳中已是一家工廠的負責人；次子芮傳明已是大學教授並在上海社會科學研究院工作），那麼我不如專注於臺灣的第二個家庭吧，以免「節外生枝」反而影響第二個家庭，變成駝子跌跤兩面落空了。這一消極的念頭和負面的想法卻令我犯下了一個不可饒恕的錯誤：我就這樣內心雖然思念，卻幾乎沒有實際行動地消磨著時日，以至我數年後移居澳洲，年紀老邁，身心俱疲，愈加缺乏追求親人相聚的勇氣和能力了。直到從居住在德國的外甥女曹思那裡獲知妻子潘詠馥已於 2004 年初因病去世，這才痛感到自己實在大大有負於她，乃至最終連一句向她道歉的話都未有機會訴說，至今追悔莫及！

李敖的「無心插柳」

然而，上天似乎還是眷顧於我的，因為當我消極和無能為力之時，一個「天賜良機」終於使得大陸上的家人主動聯繫到了我。說起這段「因緣」，還得感謝李敖先生的「玉成」與外甥女曹思的從中牽線。事情要從我與李敖的一次頗為奇特的交流談起：

我與李敖原來並不相識，對他的某些理念、觀點也不完全贊同，但是，我的好友楊西崑先生卻一再稱道他，而我也很欽佩他的治學方式和認真態度；並且，對他的《李敖有話說》節目頗感興趣，經常收看。自從移居雪梨之後，甚至還特地在居所頂樓安裝了衛視設施，以

繼續收看這類節目。

2005年4月，李敖年屆七十。他在節目中往往有意無意地透露出感傷衰老的意思，似有「夕陽無限好，只是近黃昏」的消極心態。我不禁擔心他真的「解甲歸田」。設若如此，世上就少了一個鋒芒畢露地貶刺時弊，直言不諱地批判並打擊腐政貪官的英雄了；對我而言，也缺少了生活中的一大享受。每念及此，便生不吐不快之感。於是，幾經考慮之後，遂貿然致函於他，以示對李敖的「鼓勵」。茲錄此信全文如下：

> 敖之先生，您好：
>
> 好友楊西崑兄生前經常提及吾　兄，故心儀已久。弟為《李敖有話說》節目的忠誠聽眾；飯可不吃，節目非看不可。良以觀賞　先生節目，是一種享受，是芮版「33個不亦快哉」之一。
>
> 您談天說地、評古論今，分析事理鉅細不遺，以及追求事理真相的認真態度，幾近宗教性的熱忱及幾至狂放境界的精神與執著，令我深為折服。
>
> 本年4月乃　閣下70嵩壽。但在節目中時見在有意無意間透露消極色彩的言詞。
>
> 期期以為不可，遂戲作打油詩一首，擬為　閣下作「當頭棒喝」，藉表鼓勵之意，但終感唐突而擱置未發。經多月來內心掙扎，值茲歲序更新，自思再不寄奉，我這個「時代使命」將無從達成。遂發心函奉，聊表「野叟獻曝」之意耳。詩曰：
>
> 人生七十古來稀，而今七十不稀奇；
>
> 八九秩翁始稱壽，六十甲子小弟弟。
>
> 尚憶忘年交張岳公創「人生七十才開始」之說，具見其對人生

之積極觀，與迎接挑戰的毅力與決心之一斑。吾　兄素重「方法論」及「證據論」，弟詩即係根據自身經歷的一個「活見證」。我生於 1919 年，現年 87 歲，叨長　閣下 17 歲。5 年前原擬移居澳洲退休，卻一反消極退隱之意，轉為積極創業，學習如何「貸款置產」之舉，5 年來，小有成就，差堪自慰。故敢進言。敬盼繼續著書立言，如宗教家傳教一般，廣播福音，實深盼禱。

專此，祇頌

道綏不一。

弟芮正皋　拜啟 2005 年 12 月 28 日於澳洲雪梨

　　本來，這只是一封平凡的信，對於我這將屆九十的老人來說，甚至更像是「忽發奇想」的「即興」或「多事」之舉，我因此不久後也就淡忘了。但是，想不到此信卻產生了一個完全出乎我意料之外的「副作用」：李敖先生在 2006 年 10 月 6 日間的《李敖有話說》節目中談及我在十個月前寫給他的這封信；承他對我頗多美言，並且當場出示了我的原函。而這一「小小的」動作卻被遠在德國的我的外甥女兒曹思女士充分注意到了。她對信上的「芮正皋」之名頗生聯想，於是立即詢問上海的母親、我的胞妹芮麗和女士，證實了這確是她的「七舅舅」。於是她按圖索驥，根據信箋上的電話逐一撥打。孰料我恰恰剛剛搬遷，原居所的電話號碼已經廢除；好在手機號碼尚未變更，因此我終於在 2006 年 10 月間收到了曹思的電話：「七舅舅，我是曹思，你的八妹芮麗和的女兒，現在德國。我媽媽她們和你失去聯繫已經六十多年了……」外甥女的激動的語聲頓時令我的心臟狂跳不止，幾乎已被塵封了一甲子以前的記憶開始不斷地湧現出來。

　　從曹思口中得知，自從我 1947 年出國之後，我的妻子潘詠馥及其

子女們從未放棄過與我重新聯繫上的努力和願望，而大陸上的幾乎所有親友也都在設法與我這「失蹤之人」取得聯繫。我的妹妹芮麗和正是在這一良好和迫切願望的驅使下，才一再叮囑移居德國的女兒充分注意「七哥」的線索的。而皇天不負有心人，外甥女曹思終於通過李敖在電視上的一個「無意」舉動而與我取得了聯繫。這可以說是「天意」，但實際上也正是由於人為的不懈努力，才導致了這樣的良好結局。所以，我除了對李敖先生的「無心插柳」的「善舉」表示謝意外，更感謝我的八妹、我的外甥女曹思對我及我的家庭的熱情關心和十分同情。同時，對自己此前的消極態度更生負疚之感。

出生 60 餘年從未見面的兒子來信叫「爸爸」

不久之後，正當我在反復考慮以何種措辭與大陸上的子女聯繫（妻子潘詠馥數年前去世），以及擔心他們會以何種態度對待我，尚在「舉棋不定」之時，我的次子芮傳明卻率先主動發來了電子函，他語氣和緩，充滿親情，顯然很體諒我的處境，令我萬分感動，不禁愴然淚下。其函全文如下：

爸爸：

自今年春節在滬與曹思妹聚談後，多次和她通函、通話，得知了你的若干近況，不免感慨。有言道「恍如隔世」，此「世」若視作時間，則用以形容我們之間的聯繫，似頗貼切——已歷六十餘年矣！這許多年來各自的風風雨雨，自然一言難盡；但我覺得，不如淡忘一些為好，所以還是先聊聊輕鬆一點的話題吧。

目前，我的兒子芮昱昊在丹麥哥本哈根讀研究生，「軟體發展」專業，約一年後畢業；但願屆時能找個合適的工作。由於如今的通訊方便，故我們雖遠隔萬里，卻幾乎每天都通過電腦進行語音聊天，稍解他孤身一人在海外的寂寞。我自己則將屆退休年齡，即使延長聘期，也不會再幹很久；而自己也希望早點獲得「休閒」的生活。

琵琵、方方都在蘇州，故我們姊弟之間的聚談機會不多；但他們的小輩都已工作，生活都很平穩，當能安度晚年。你的好友徐匯中學老同學劉家伯父自去年開始，體質——尤其是腦力——急劇下降，令人嘆惜。但畢竟年事已高，這種現象亦在情理之中。

聽說你近日身體欠安，感冒，乃至心臟不適，故還望多多保重。所謂「歲月不饒人」，雖然你屬於同齡人中的「佼佼者」，但畢竟不同於年輕壯漢了，故萬事「悠」著點，多想快活事，少想或不想煩心事！我不信佛（至少目前尚未信），但與琵琵談起佛來，卻令她頗有「知音」之感。究其原因，或許是我於佛教之戒「癡」、「嗔」之類，略有一點體會也。想想也是，若從宗教角度思考，恐怕不少「世事」都可以想通了。

好了，今日就胡亂寫這幾句吧。你若認為方便，或者感興趣，不妨復函隨便聊聊；否則作罷。即頌

大安！

兒　芮傳明　敬上

隔空的「天倫之樂」

從此以後，我與大陸上子女間的直接聯繫驟然增多，或通電話，或用電子郵件，或用傳真，或郵寄信件，或互贈小禮品。我們回憶久遠往事，談述各自經歷，交流各種看法，雖然觀點未必完全一致，卻使「天倫之樂」大增，子女的寬容大度和主動關心，更加深了我對先妻潘詠馥及大陸上的三個子女的愧疚之意。

我現在得知，這數十年來，特別是我出國後的前二三十年內，我留在中國大陸上的這個並不完整的家庭是受盡折磨，在極端艱難的環境下掙扎過來的：妻子潘詠馥帶著三個小孩到蘇州投靠自己的母親，充當收入很低的工人；女兒芮英小學畢業後便棄學從工，從 16 歲起就當了一名長年必須「三班倒」的紡織女工；長子芮傳中（芷江）從初中時就突發怪疾，卻因無錢治病而落下終生殘疾；次子芮傳明也因家境困難而一度主動放棄升學。他們是依靠了自身的奮鬥，再加上親友的無私幫助（我的三哥、四哥，我的好友老同學劉永思、潘詠馥的三姊等都曾盡力救濟過我的這個家庭），才勉強渡過了最困難的時期。當然，在眾所周知的大陸「極左路線」主導的年代裡，我的妻子和兒女還得背上「××類家屬」的黑鍋，遭受極不公正的待遇。而我呢，在此同時卻正在相當風光地出任「外交官」，未曾對我的家庭有實質上的幫助。每念及此，我不能不深受良心的譴責，我不能不作深刻的反省和懺悔。今借此〈書外餘言〉，我要萬分誠懇地對我的這個家庭的全體成員說一聲：「我錯了！對不起！」

當然，以我如今的老邁之力，也許最能彌補過失的還只是一種心

意。數年前，我在雪梨附近的南天寺為亡妻潘詠馥設立了永久性的銅牌蓮位，祈願她能夠永生樂土。同時，我也非常讚賞大陸子女們提出的在其母親靈龕之旁設立我之「衣冠塚」的建議，如果人去世後真還有某種存在，那我十分願意再陪伴我在現世非常虧待的妻子潘詠馥女士。

如果遵循古訓的「知足論」，我現在得以在六十餘年後與親骨肉再度聯繫，並且和諧相待，已經是僥天之幸，「鴻運當頭」，應該滿足了。然而，我卻還有一個「奢望」（人之不知足，由此可見一斑），即在我有生之年，希望能與大陸上的子女們當面相聚，暢敘衷曲；當然，也非常希望能探望一下我那高齡一百餘歲的三哥芮沐（遺憾的是芮沐等不及這本書出版已於 2011 年 3 月故世）和臥床多年的妹妹。對此願望，目前中國的社會環境已經不再是障礙，最大的問題卻是我自己的身體了。如果我的健康能夠恢復到讓我足以遠行並能適應大陸的氣候，那麼就一切「圓滿」了。當然，只要我還在世，子女們來澳洲與我相聚還是可能和方便的。

但願由於國共對抗而導致的我的奇特的家庭際遇也能隨著大環境的和解而有一個最完美的結局。

附　錄

芮正皋簡歷

出生日地：1919 年 8 月 14 日，生於上海

1.學　歷：

上海精勤學社、徐匯中學畢業、震旦大學法學士。海牙國際法學院畢業，巴黎政治學院畢業，阿比尚大學英美文學學士，英國劍橋大學英語專修文憑，巴黎大學國際法學博士，國防研究院第一期結業（同期同學有胡宗南將軍、孫運璿院長、鄧文儀將軍、連震東部長（連戰之尊翁）、張寶樹祕書長、滕傑等）。

2.外交經歷：

外交部專員、歐洲司法國科長，專門委員，禮賓司幫辦兼護照科長，駐土耳其大使館及駐薩伊大使館首席參事。駐馬利、上伏塔、甘比亞及象牙海岸等國特命全權大使。出席聯合國各屆常會副代表。在駐象牙海岸任內兼領塞內加爾、迦納、奈及利亞等國事務。

3.國際訪問：

1956 年 9 月，隨葉公超外交部長訪問越南、高棉、寮國三邦。

1958 年秋，隨行政院副院長黃少谷特使訪問教廷，參與若望二十三世教宗加冕典禮，隨後訪問西班牙及法國，會晤佛朗哥元首及戴高樂將軍；並參與墨西哥新任總統就職慶典。

1960 年底 1961 年初，伴同新聞局長沈琦訪問利比亞、賴比瑞亞、

肯亞、南非等非洲 14 國。

　　1963 年 7 至 9 月隨外交部長沈昌煥訪問非洲茅利塔尼亞、塞內加爾、上伏塔（現名布吉納法索）、尼日、象牙海岸、盧安達、馬拉加西等 16 國。

　　1964 年 8 月至 11 月，在駐上伏塔大使任內，以「赴非文化訪問團團長」名義、偕同副團長白萬祥將軍、率領男女團員 40 人訪問非洲查德、中非、模里西斯等 15 國、歷時 100 天。順利達成「文化外交」的使命。其中傑出團員目前在學術、教育界、及促進兩岸文化經濟交流方面具有貢獻者有，傅申教授、鄭向恒教授及溫州同鄉會理事長伊竑等。

4.教學經歷：

　　東吳大學法學院教授、淡江大學教授兼歐洲研究所所長、淡大區域研究中心執行長、中國文化大學中山學術研究所教授。

5.主辦國際學術研討會議：

　　在淡江大學區域研究中心執行長任內，先後舉辦有關非洲、加拿大、拉丁美洲、歐洲、韓國及太平洋等地區學術研討國際會議，廣邀國際學者與會。偕同學者專家張京育、高希均、蘇起、章孝慈、熊玠、薛琦、呂亞力等訪問加拿大 8 個大學；組織教授團在巴黎法蘭西學院（相當於中央研究院）舉辦學術研討會議。以上各會議後，均編印論文集分贈各界，拓展國際學術交流。

6.專欄寫作：

　　連續多年來撰寫有關評析國際情勢和國際政治問題的文章、專論

或專欄，分別發表於《中央日報》、《自立晚報》、《中國時報》、《香港時報》等。1993 年起，先後為英文《中國日報》、英文《中國郵報》及《亞洲華爾街日報》等撰寫社論、或「具名專欄」。另以「特約專欄作家」名義為英文《中國郵報》撰寫英語專欄前後達三百餘篇。

7.部分學術著作：

部分中、英文著作如下：

《法國憲法與「雙頭政治」》

《俾斯麥外交的研析》（法文）

In Search of Justice: The Taiwan Story（中文書名：《正義的追求——臺灣史實》）

〈法國在非洲的軍事政策與部署〉（《問題與研究》1985 年）

〈南非何去何從：革新抑或革命?〉（《問題與研究》1986 年）

〈法國實施「雙頭政治」的檢討〉（《問題與研究》1988 年）

〈務實外交的理論基礎〉（《理論與政策》1991 年）

〈近代拉丁美洲國家「承認」問題的研析〉（《問題與研究》1991 年）

〈中華民國務實外交的回顧與展望〉（《問題與研究》1993 年）

〈參與聯合國及其週邊組織的分析〉（《問題與研究》1993 年）

〈八〇年代務實外交的發展〉（《外交部通訊》1995 年）

〈參與聯合國運動的省思〉（《外交部通訊》1998 年）

The Dyarchy and the French Constitution

Basic Theories of Pragmatism in Diplomacy

Vietnam's Right to Development

How R.O.C. Should Tackle the EC?

South Africa: Evolution or Revolution?

8.其他經歷：

國家安全會議國家建設委員會　研究委員

外交部研究設計委員會　委員

外交部　資深顧問

中法比瑞文經協會　祕書長

東南亞研究學會　常務理事、兼祕書長

中越工商協會 (Sino-Vietnam Industrial & Commercial Association)
創辦人兼首任理事長

中加技術合作協會 (Taipei Council for Canadian Affairs) 創辦人、
理事長

宏鑑法律事務所　首席顧問

中華民國專欄作家協會　會員

臺北歐洲學校　董事

Frabird Consulting Pty Ltd 資訊公司　執行董事

名人書札

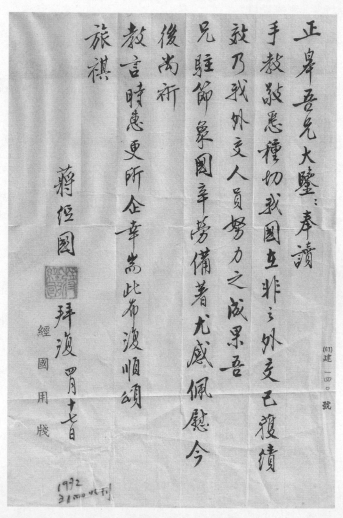

蔣經國 1972.04.17.（對非洲工作勉慰有加）

正公大使勛鑒：

七月八日大函及士作社論兩篇均敬悉。吾　公對

荒之譽許及肯定，實不敢當，而四天之內連撰專論二篇

聲援，隆情高誼，尤足感佩！英文造詣之深，更令人驚嘆佩！

此次英九在內閣改組中離職，雖感悵良深，惟海內外

各界之聲援、慰勉絡繹不絕，實令英九感動復感謝。至於參

加選舉之事，目前確言之過早，原則上圖不排除，惟時扢所

種類猶待詳借。吾　公之鼓勵，當為異日決策之重要依據也。

兩年之間變故猶多，此刻僅能 Keep options open，專意以待

熙吾？。耑此申謝，併頌

時綏

晚　英九　敬啟

英九用箋（八五、七、十三.）

馬英九 1996.07.12.（「承謬許肯定、撰文聲援。吾公鼓勵，當為異日
決策依據」）

正皋大使勛鑒：三陽啟泰，四序履端，敬維

新春納福，闔府迪吉為頌。承贈大作「正義的追求」乙書，

盛情深感，尚致謝意。

大使獻身外交，折衝樽俎，獻替良多；復以精深學養、

豐富經驗，撰文析論中美與兩岸關係，宣揚務實外交理念，

申明國家定位；今復彙集成冊，完整呈現我國追求國際正

義之奮鬥歷程，應可發揮導正視聽、增進國際了解與支持

之作用。大使退休之後，繼續擔任外交部顧問，訓練後起

之秀，此一大作實為經驗傳承之最佳教材也。承蒙 惠贈，

當珍存參考，尚此 復謝，並頌

勛祺

連　戰　八十七年三月十二日

連　　戰 1998.03.12.（「大作實為經驗傳承之最佳教材」）

正皋教授先進座右：六月廿一日

華函誦悉，汪先生兩篇專論，分析透徹、立論持平

才學橫溢，至以為佩！韓非子有云：「安危在是非、

不在強弱，存亡在虛實，不在衆寡」，舉直錯諸枉，

則民服，舉枉錯諸直，則民不服，乃自然之至理，

固無囿說教，諒邀同感，理念相同、志趣相近，情

義相合，水乳交融，共赴事功，諸承闡愛，未敢言

謝。敬順

教綏

　　　後學　吳伯雄　敬啟　六月廿四日（八十三年）

伯雄用箋

吳伯雄 1994.06.24.（引韓非子語、「理念相同、共赴事功」）

行 政 院 用 牋

正皋教授吾兄道鑒：本年元月十七日

華翰暨附件均敬悉。承 贈「正義的追求」一冊，流覽一過，至感論述

精到，對導正外人對我之視聽，拓展我對外活動空間，均有助益，至佩

，當珍存並留備參考，特函申謝，並頌

年禧

蕭 萬 長

敬啓 八十七年二月三日

台八十七外

04949

（專供公務使用）

蕭萬長 1998.02.03.（謝贈書、當留備參考）

正本先生惠鑒：四月廿七日

華翰敬悉承示尊撰務實外交專文及中

英文時論釋聖

讀論良深欽歎得便擬請

撥駕一晤請賜電：五八六二八三九洽李臺安

排妥正申謝益勿

順祺

郝柏村　敬啟 八十二年五月十七日

伯春用箋

郝柏村 1993.05.17.（「擬請撥駕一晤」）

器先吾兄 梅大嫂伉儷鑒：十一月初台北晤談，見 二位精神

爽朗，丰采依然，至深欣慰。頃奉十一月十三日

手書，欣悉已安返澳州，一切順適，甚慰。承 示已為

手撰寫回憶錄是一大好消息，對我當年上班名

國以及among州各新興國家之外交工作之歷年及以往

有關記錄當必嘉惠後進，盼早日以書付梓俾

得釋讀爲盼，內最近有一小冊，記載若干使節者

平生工作歷程之回憶，似可付印，俾進一步廣泛

讀賣，此亦道遠鴻流，甌溫途崔發照州足我國之聯繫亦為区

暮作屬温和收句，耑此。 新春吉祥，福壽康寧，岳政

懋時
吳陽敬復
98.12.26.

俯頌
時用箋

丁懋時 2009.12.26.（鼓勵早日出版回憶錄）

器先大使賜鑒：承寄 尊著「胡宗南篇」，遲
經認真拜讀。　閣下材料蒐集甚為週延，而
述及故友時情誼甚深，實至情至性之作。左內
容以標為妥適，就胡氏父子而言，蓋論存歿必
表心感激。行文方面，稍有淺見均詳於偈，謹
隨函奉上，尚祈　卓奪。吾公文采精觀，深值
後輩教法；虛心下問更為敬佩。耑泐敬頌

撰綏

　　　　　　　　弟　復謹上　五月廿八日（二〇一〇年）

君復用箋

錢　　復 2010.05.28.（已閱「胡宗南篇」內容妥適）

正皋教授道席：五月三日

華翰暨附贈有關中斐關係評論之中英文大作，拜讀之餘，至佩卓識，

獲益良多。讜論已備爲本部相關單位珍存之參考資料。國際環境變幻

莫測，增強本身之經貿實力是爲拓展我國際活動空間之主要條件，茲

寄奉本部新編之「中華民國經濟發展概況、問題及對策」乙冊，尚祈

賜正，以匡不逮。耑此覆謝，順頌

時綏

後學 江 丙 坤 敬啓 五月七日

經（八三）秘

084686

號

江丙坤 1994.05.07.（檢奉「中華民國經濟發展概況」一冊祈賜正）

正皋大使吾兄道鑒：本月十一日

大函暨附剪報均敬悉。吾

兄關注國是省政，因應時代環境變遷，提出卓越見解，拜讀之下，至

佩愛鄉愛國高懷。

卓見謹奉為本府處理「廢省」議題的參據，尚請

時惠

教言及社會大眾對省政的反映，俾促省政發展，落實施政效果

。耑此　順頌

道　綏

宋楚瑜　敬啟　八十五年十一月廿五

宋楚瑜 1996.11.25.（承示「廢省」卓見，當供參據）

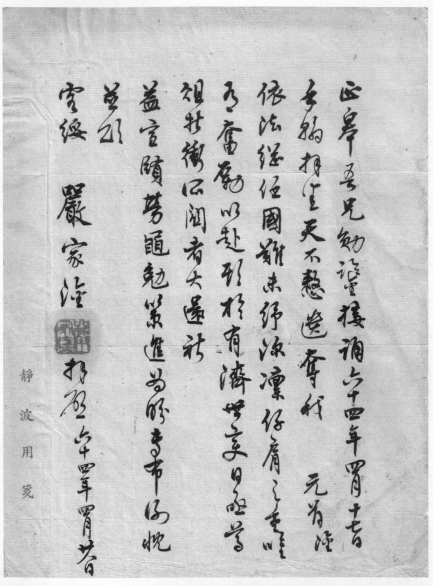

嚴家淦 1975.04.28.（「天喪元首，依法繼任。國難未紓，還請益宣賢
勞，黽勉策進」）

正泉大使 大鑒：此次登輝蒙

蔣總統經國先生提名，十二屆二中全會通過為中國國

民黨第七屆副總統候選人，承函電 賜賀，殊深感激！

今後仍當一本「為國効命，為民服務」初衷，在

總統領導下，全心全力，善盡職責，期能有副厚望，敬

函申謝‧順頌

大祺

李登輝 敬啟 七三年二月 日

李登輝 1984.02.05.（「蒙提名為副總統候選人，當善盡職責，期副厚望」）

THE OFFICE OF THE PRESIDENT
REPUBLIC OF CHINA

器先吾兄大使惠鑒展誦

手翰備荷

奉～期許逾恆感噓交辭、奉以年事日增識

力漸遜實難再任繁劇乃懇辭幕僚長懸榜拳

藉免准惟值國多多艱不容置身閒逸祇好退

而不休照常入府辭之義當竭其所能繼續獻

效所示

兄於折衝尊俎之餘諼書自遣知行益金欣佩

吳如、楊次長此善又不辭辛勞歷訪非洲友邦

此間近況想已膫談茲不贅述耑此奉謝順頌

特綏

弟 張 群 敬啟 七月十四

張　群 1972.07.14.（函告懇辭幕僚長後，仍「退而不休照常入府辦公」）

AMBASSADE DE CHINE
PRÈS LE SAINT-SIÈGE

鑑唐大使鈞座勛鑒：瀾別有年，時以為念，接誦

廿三日大函敬悉一一。吾

兄腸胃違和，函荷醫念，尚祈格外珍重早占

勿藥，第於八月間施行手術後現已完全康...

原承

遠注，至感至謝，上伏塔代表演詞內容甚為

立論亦有力，此皆賴吾

兄之折衝努力有以致之，每念

賢勞，佩慰莫似，特此奉復，並頌

勛祺

　　　弟沈昌煥拜啟

　　　　十一月廿九日

沈昌煥 1967.11.29.（對上伏塔工作表欣慰）

楊西崑 1960.04.26.（「非洲業務開展，將來頗有借重兄之機會」）

嵩先吾兄惠鑒：

十月十九日程兄迴滬手書，已連收到。誠懇，由程醫師進步，

日前弟國眼睛接受手術，如所云之過程十分順利，痊癒快

速，今視力已在正常恢復中。吾

兄不遠在遠，旅途中寄以

存注，殷殷玉情，良用激感，別領雲誼，慶馳慕詢。

　敬懇　台槃出席歐洲會議後，順道赴美，與令郎敘晤，

　藉聚天倫，人生快事也。

　　為此盍頌

　教祺百吉

　　　　　蔣緯國　敬上　民八十一年

　　　　　　　　　　　十一月十一日

緯國用箋

蔣緯國 1992.11.11.（眼睛手術後恢復中，「吾兄旅途中寄以存注，良用激感」）

正皋首席顧問道鑒：頃接奉

惠贈「海峽兩岸相處之道」暨「評析宋、吳省長之爭」等資料，至感

盛意。兩岸歷經數十年隔絕，政經制度不同，對消除歧見之方式想法

互異，取得共識非一蹴可幾，唯有如大作所言，兩岸在關係互動中遵

循先哲「大小交往、樂天畏天」之明訓，以誠信為基礎，相互尊重，

始有助於目標之達成。謹函伸謝，順頌

道祺

辜振甫 拜啓 八十三年七月十四日

辜振甫 1994.07.14.（兩岸相處之道，誠如高見，以誠信為
基礎，始能達成目標）

月落人天涯——思情與懷念

何秀煌 著

三十年前，作者經由書信的往返，結識了沈宣仁先生——他細心、熱忱而積極。成為工作夥伴後，更進一步瞭解了沈氏深具中國傳統讀書人的自許以及現代教育家的遠見。而如今，哲人已遠，典型猶在。藉由本書的一字一句，作者刻劃沈氏的行事風格，細數沈氏的理想堅持，闡揚沈氏的教育願景，充分流露出無限的崇敬與追思——而這正是本書成書的目的。

遲開的茉莉

鍾梅音 著

嘗盡苦痛靈魂才是最美的靈魂——《遲開的茉莉》是一部恬淡細緻，文詞優美的短篇小說集。鍾梅音女士認為小說的靈魂在於人物的創造，此書成功實踐了她的創作理念。那些經歷人生苦澀磨難的角色們，有其傷痛有其脆弱，但最終仍迸發出燦爛的人性光輝，感動無數讀者，而這也是作者自身秉持不移的美好信念。不論時空如何遞嬗，這種溫暖的文學力量，總能透過閱讀，串聯起每個世代，慰藉你我的心靈。

池邊影事

杜忠誥 著

本書作者杜忠誥先生，既是揚名國內外的書法家，也是古文字學專家。他的學問涉獵廣博，尤其融攝東方儒、道、釋的學術精華而不立涯岸，是通識入門的絕佳引導。作者出身寒微，在臺祖先皆務農為生，無人讀書。以不甘暴棄，憑著剛毅不撓的意志，在逆境中發憤圖強，終能有所建樹。其刻苦自勵，不隨波逐流的上進精神，對於青年學子應具有一定的砥礪與激揚作用。本書集學者散文與藝術家現身說法於一編，兼具知性的實用與感性的審美功能；且知見端正，既有獨到的洞察力，又有高度的批判性，是能啟人靈智，值得一讀的好書。

六十石山上無風處聽風

亦耕 著

　　亦耕先生筆耕一向有原則：其一，選擇無人耕耘之田而深耕；其二，但問耕耘，不問收穫。無人耕耘之田，意思是沒人這樣寫或者沒人寫這個。因此凡所筆耕皆能戞戞獨造，言人之所未言，發人之所未發。又由於深耕，故筆鋒所及，每能穿透社會、文化、教育、政治，乃至人倫親情的表相，直指人心，入情入理。這樣的文章，只要是有心人，讀了沒有不共鳴的。筆耕而能引發讀者共鳴，便是作者「但問耕耘，不問收穫」的最大收穫了。本書輯錄的正是如此思想性藝術性兼具的文章。你可以好整以暇，拿它當文藝小品漫讀輕覽；也可以嚴陣以待，以多疑慎思的態度，與它正面碰撞，能撞出思想火花，便是讀者最大的收穫了。總之，「開卷有益」此書足以當之。